Didaktik der Geographie
Begriffe

Herausgeber:
Dieter Böhn

Oldenbourg

AUTOREN:

Prof. Dr. Ludwig Barth, Dresden • Gerd Bauriegel, Passau • Prof. Dr. Josef Birkenhauer, München • Prof. Dr. Dieter Böhn, Würzburg • Dr. Thomas Breitbach, Köln • Uta Dörmer, München • Dr. habil. Friedhelm Frank, München • Dr. Klaus Frey, Dresden • Prof. Dr. Wolfgang Hassenpflug, Kiel • Prof. Dr. Hartwig Haubrich, Freiburg • Prof. Dr. Johann-Bernhard Haversath, Gießen • Helmut Heinrich, Ingolstadt • Prof. Dr. Ingrid Hemmer, Eichstätt • Dr. Michael Hemmer, Eichstätt • Prof. Dr. Hans Hillenbrand, Augsburg • Prof. Dr. Helmuth Köck, Landau • Dr. Alois Müller, Bayreuth • Dr. Gabi Obermaier, München • Peter Pfriem, Würzburg • Dr. Kilian Popp, Hallstadt • Dr. Gerhard Preisler, Regensburg • Prof. Dr. Gisbert Rinschede, Regensburg • Dr. Thomas Schneider, Augsburg • Dr. Rudolf Schönbach, München • Gabriele Schrüfer, Bayreuth • Dr. Helmer Vogel, Würzburg • Dr. Hermann Volkmann, Stadtbergen • Dr. Joachim Vossen, Regensburg • Prof. Dr. Ulrich Wieczorek, Augsburg • Dr. Eduard Wittig, Bayreuth

Die Deutsche Bibliothek - CIP-Einheitsaufnahme

Didaktik der Geographie - Begriffe / Hrsg.: Dieter Böhn. [Autoren: Ludwig Barth ...]. - Völlige und stark erw. Neubearb., 1. Aufl. - München : Oldenbourg, 1999
  (Didaktik der Geographie)
  ISBN 3-486-88030-6

© 1999 R. Oldenbourg Verlag GmbH, München

Das Werk und seine Teile sind urheberrechtlich geschützt.
Jede Verwertung in anderen als den gesetzlich zugelassenen Fällen
bedarf deshalb der vorherigen schriftlichen Einwilligung des Verlages.

1. Auflage 1999 R E
Unveränderter Nachdruck   06   05   04   03   02   01   00   99
Die letzte Zahl bezeichnet das Jahr des Drucks.

Lektorat: Ingrid Voges, Daniela Brunner
Herstellung: Christa Schauer
Umschlaggestaltung: Klaus Hentschke, München,
            nach einem Konzept von Mendell & Oberer, München
Satz, Druck und Bindung: MB Verlagsdruck, M. Ballas, Schrobenhausen

ISBN 3-486-**88030**-6

Einführung

Diese lexikalische Zusammenstellung umfasst geographiedidaktische Begriffe im weiteren Sinne. Kriterien für die Aufnahme waren die Verwendung des jeweiligen Begriffs in der geographiedidaktischen Literatur und seine Bedeutung in der geographiedidaktischen Diskussion. Teilweise wurden Begriffe aus den Geowissenschaften, v. a. der Geographie, und den Erziehungswissenschaften aufgenommen, wenn sie in der Geographiedidaktik bedeutsam sind. Der Arbeitskreis der Geographiedidaktiker an bayerischen Universitäten legte pragmatisch fest, welche Begriffe aufgenommen wurden. Er ist für alle Anregungen sehr dankbar.

Mit dem Lexikon werden vier Ziele verfolgt:
1. Definitionsebene für die Geographiedidaktik
Die Zusammenstellung versteht sich als neutrale Begriffssammlung mit einer sachorientierten Darstellung des Diskussionsstandes. Natürlich sind manche Begriffe in der Literatur unterschiedlich definiert, teilweise sogar umstritten, hier versucht das Lexikon den neutralen Standort eines objektiven Berichterstatters einzunehmen; daher wurden auch Abweichungen von der überwiegend vertretenen Ansicht aufgelistet. Das gilt vor allem für die Bereiche Definition und Klassifikation. Die Darstellung der Diskussion setzt naturgemäß bei allem Bemühen um Neutralität stärker Akzente. Dennoch bleibt als Ziel: Auseinandersetzung und Wertung erfolgen in der (geographiedidaktischen) Literatur, nicht im Lexikon.
2. Information für die Studierenden
Ihnen soll geholfen werden, sich einen Überblick über die Begriffswelt einschließlich ihrer Kategorisierung und einen Einblick in die Diskussion zu verschaffen. Natürlich ersetzt die hier notwendige Kürze nicht die Auseinandersetzung mit der Thematik in der (geographiedidaktischen) Literatur.
3. Unterstützung für die Geographielehrerinnen und -lehrer aller Schularten und -stufen
Ihnen soll ermöglicht werden, die geographiedidaktische Literatur zu nutzen. Ziel ist darüber hinaus, zu einer aktiven Auseinandersetzung mit den jeweiligen Fragestellungen anzuregen, denn die Geographiedidaktik lebt auch von den Anstößen aus der Praxis des Unterrichts.
4. Information für die Wissenschaften außerhalb der Geographiedidaktik
Die Darstellung der fachspezifischen Terminologie der Geographiedidaktik soll die interdisziplinäre Diskussion verstärken. Da sich jeder Wissenschaftsbereich auch über seine eigene Sprache definiert, sind begriffliche Überschneidungen unvermeidbar.

Hinweise zur Benutzung des Begriffslexikons
1. Die Begriffe sind alphabetisch geordnet. Um eine große Zahl von Kurzdefinitionen zu vermeiden, werden viele Begriffe in einem größeren Zusammenhang erklärt.
2. Wenn ein Begriff nicht unter einem eigenen Stichwort zu finden ist, suche man beim Hauptbegriff oder versuche die Erschließung über das Begriffsfeld, z. B. stumme Karte unter Karte, Beschreibung im Gelände unter Arbeitstechniken.
3. Der Aufbau der einzelnen Darlegungen ist einheitlich. Das soll die Übersicht erleichtern, Querverbindungen aufzeigen, Vergleiche ermöglichen. Dieser Aufbau gliedert sich in die Abschnitte: Definition, Klassifikation, Zur geographiedidaktischen Diskussion, Literatur.
4. Der Abschnitt „Klassifikation" ist weit gefasst. Er enthält neben Klassifikationen im engeren Sinne auch Begriffshierarchien und Begriffsbereiche.
5. Der Gliederungsteil „Zur geographiedidaktischen Diskussion" verdeutlicht (wie bereits dargelegt), dass die Begriffe nicht statisch sind, sondern dass sich im Lauf der Zeit ihre Akzentuierung,

ihre Stellung in der Diskussion, ja teilweise ihre Bedeutung ändern.
6. Die Literatur nennt v. a. Einstiegsliteratur, die Auflistung erspart nicht weiterführendes Studium. Leicht zugängliche Handbücher wie z. B. Haubrich, H. u. a.: Didaktik der Geographie konkret sind umfassend herangezogen. Die Auswahl will Hilfe sein, nicht Wertung. Sie beschränkt sich meist auf die aktuelle Literatur, ältere Literatur ist meist dann aufgeführt, wenn sie noch entscheidend zur Begriffsbildung oder Definition beiträgt.
7. Jeweils etwa die Hälfte der Menschheit besteht aus weiblichen bzw. männlichen Mitgliedern. Wenn in traditioneller Weise die Begriffe Lehrer, Schüler usw. verwendet werden, ist dies als neutraler Sammelbegriff ohne jede Diskriminierung zu verstehen.

Anmerkung des Herausgebers
Die geographiedidaktischen Begriffe erscheinen nun in einer dritten Ausgabe, die wiederum eine völlige und stark erweiterte Neubearbeitung ist. Zum ersten Mal sind wir über die Mitglieder des Arbeitskreises der Geographiedidaktiker an bayerischen Universitäten hinausgegangen und konnten auch außerbayerische Kollegen zur Mitarbeit gewinnen.
Obwohl alle Beiträge in Diskussionen und im Umlaufverfahren intensiv diskutiert und besprochen wurden, trägt jeder Autor für seinen Beitrag die Verantwortung; dies ist auch durch die Nennung des Namens dokumentiert.
Allen Mitarbeitern am Lexikon danke ich für die lebhaften, fruchtbaren Diskussionen und die engagierte Zusammenarbeit, dem Verlag für Aufmunterung und Geduld. Besonderer Dank gilt dem Arbeitsteam, das mir bei den schwierigen Aufgaben des Angleichens und Kürzens engagiert geholfen hat: Gerd Bauriegel, Josef Birkenhauer, Uta Dörmer, Friedhelm Frank.
Wenn das Ziel erreicht wird, Geographiedidaktik verständlich und dadurch anregend zu vermitteln, wenn die Ergebnisse möglichst vielen zugute kommen, führte die Arbeit zum Erfolg.

Dieter Böhn

Aktualität

Definition
Aktualität bedeutet Berücksichtigung gegenwartsnaher Ereignisse sowie die aktuelle Vergegenwärtigung von Vergangenheit durch Medien (z. B. „Titanic"). Sie ist ein erdkundliches (→) Unterrichtsprinzip.

Klassifikation
Aktuelle Bezüge bieten für den Unterricht wichtige motivierende Anknüpfungspunkte. Solche Bezüge sind:
1. Nach Ereignissen/Inhalten:
Wichtige Tagesereignisse in Welt und Heimat (in Politik, Wirtschaft, Natur, wie z. B. Erdbeben, Hunger in der Welt, Umwelt, Weltkonferenzen, durch Menschen verursachte Umweltkatastrophen, kriegerische Auseinandersetzungen, Waldzustandsbericht und dergleichen).
2. Nach den verwendeten Medien:
Bucherscheinungen, Artikel in Illustrierten, Sendungen, Serien, die für die Schüler „gegenwärtig" und von Interesse sind wegen ihrer Bedeutsamkeit für Gegenwart und Zukunft.

Zur geographiedidaktischen Diskussion
Unterricht wird lebendig, gegenwartsnah, regt zum Vergleichen an, fördert selbstständiges Verfolgen von Nachrichten und ihre Einordnung. Dabei ist eine Verabsolutierung abzulehnen wie ebenfalls eine bloße Effekthascherei. Die mögliche Zukunftsbedeutung ist zu berücksichtigen.

Literatur
Haubrich, H. (1995): Geographie aktuell durch Medien. In: geographie heute, Jg. 16, H. 127, S. 4–5
Theißen, U. (1986): Aktualität. In: Köck, H. (Hrsg.): Grundlagen des Geographieunterrichts (= Handbuch des Geographieunterrichts, Band 1). Köln, S. 213–214

Josef Birkenhauer

Allgemeinbildung, geographische

Definition
Geographische Allgemeinbildung umfasst Wissen und Qualifikationen, die neben anwendungsbezogenen Kenntnissen über geographische Fakten auch Einsichten in räumliche Strukturen und Prozesse ermöglichen (→ Problemfelder, → Schlüsselbegriffe, → Schlüsselqualifikationen).

Klassifikation
Zur geographischen Allgemeinbildung rechnet man
1. Wissen über topographische Daten (z. B. Namen von Hauptstädten, Höhen von Bergen)
2. Orientierungsfähigkeit durch sachgerechte Anwendung von Karten und Plänen
3. Einsicht in räumliche Strukturen (z. B. Stadt-Umland-Beziehungen, Kennzeichen der Entwicklungsländer, globale Handelsstrukturen)
4. Einsicht in Prozesse (z. B. Industrialisierung in Indien)
5. Kenntnis der wechselseitigen Abhängigkeit von Mensch und Umwelt
6. Verständnis eigener und fremder Lebensumwelten.

Zur geographiedidaktischen Diskussion
Umgangssprachlich wird unter geographischer Allgemeinbildung vorwiegend topographisches Wissen verstanden (→ Topographie). Zur Zeit des länderkundlich orientierten Geographieunterrichts (→ Länderkundlicher Ansatz) war topographisches Wissen ein wesentliches Ziel des Unterrichts. In der Geographiedidaktik ist die geographische Allgemeinbildung umstritten. Man sieht in ihr teilweise eine bloße Anhäufung von isoliertem Wissen ohne Anwendungsbezug. Von der Öffentlichkeit wird aber gerade ein solches Wissen als eine Grundlage der Allgemeinbildung angesehen, es wird in Einstellungsprüfungen verlangt. Politikern und anderen mit erkennbaren Schwächen in der geographischen Allgemeinbildung spricht man auch Kompetenz in anderen Bereichen ab. Der Begriff Allgemeinbildung wird heute umfas-

sender aufgefasst, dazu gehört u. a. Umweltbildung. In der Internationalen (→) Charta der Geographischen Erziehung sind unter dem Abschnitt „Bildungsbeitrag der Geographie" auch Inhalte einer geographischen Allgemeinbildung aufgeführt, ohne den Begriff zu verwenden. Einig ist man sich weitgehend, dass Allgemeinbildung über das Wissen von Fakten hinaus das Erkennen von Strukturen umfassen muss, um durch die Einsicht in Zusammenhänge Ordnung in die Vorstellungswelt zu bringen.

In jüngster Zeit wird versucht, die geographische Allgemeinbildung durch einen Wettbewerb zu fördern (→ GeoWissen).

Literatur
Birkenhauer, J. (1988): Geographieunterricht und Allgemeinbildung. In: Geographie und ihre Didaktik, Jg. 16, H. 4, S. 173–182
Czapek, F.-M. (1992): Unterricht in Geographie – ein Schlüssel zur Allgemeinbildung. In: Geographische Rundschau, Jg. 44, H. 7/8, S. 464
Haubrich, H. (Hrsg.) (1994): Internationale Charta der Geographischen Erziehung (= Geographiedidaktische Forschungen, Band 24). Nürnberg
Verband Deutscher Schulgeographen (1995): Geographische Bildung und Umwelterziehung – eine Forderung unserer Zeit. Hannover

Dieter Böhn

Allgemeine Geographie →
Allgemeingeographischer Ansatz

Allgemeingeographischer Ansatz

Definition
Der allgemeingeographische Ansatz zielt auf das Auffinden von regelhaften gesetzmäßigen (nomothetischen) erdräumlichen Begriffen, (→) Modellen, Systemen und dergleichen, die unabhängig von spezifischen Räumen allgemein gültig sind. In Lehre und Unterricht vermittelt dieser Ansatz übertragbare Einsichten, die in verschiedenen Regionen wiedergefunden werden können. Wegen des Strebens nach systematischer Ordnung kann die allgemeine Geographie auch als systematische Geographie bezeichnet werden.

Klassifikation
Die Bereiche der allgemeinen bzw. systematischen Geographie gliedern sich in:
– Physiogeographie (Relief, Klima, Boden ...)
– Kulturgeographie (Landwirtschaft, Siedlungen, Stadt, Geschichte der Kulturlandschaft ...)
– Ökogeographie (Landschaftshaushalt, dessen Regelkreise bzw. Systeme ...)

Zur geographiedidaktischen Diskussion
In den wissenschaftstheoretischen Auseinandersetzungen zwischen 1960 und 1975 wurde der allgemeingeographische Ansatz als der allein zulässige erklärt und der (→) länderkundliche Ansatz als unwissenschaftlich, weil nur auf Singuläres bezogen, abgewertet. Die Gültigkeit der allgemeingeographischen Position gewann auch in der Geographiedidaktik die Oberhand (z. B. Schultze 1970), und zwar in einem solchen Maße, dass die so genannte Länderkunde aus den Lehrplänen einiger Bundesländer zwischen 1970 und 1980 völlig bzw. nahezu verschwand. Über Beispiele und (→) Fallstudien sollten im Idealfall weltweit vorkommende Strukturen erfassbar gemacht werden. Man glaubte damit, das bislang kaum gelöste Problem einer exemplarischen Erdkunde (→ Exemplarisches Prinzip) besser bewältigen zu können.

Hierzu formulierte Schultze (1970) vier so genannte kategoriale Strukturen, die jeweils entstehen aus dem Zusammenwirken von/durch:
– Naturfaktoren (Natur-Natur-Strukturen)
– der Erde als Lebensraum des Menschen (Mensch-Natur-Strukturen)
– der Arbeitsteilung zwischen Gebieten der Erde (funktionale Strukturen)
– Wertvorstellungen (gesellschaftlich-kulturell bedingte Strukturen).

Dass auch andere Klassifikationen möglich sind, zeigte Birkenhauer (um 1980) mithilfe der jeweils raumbezogen gedachten Schlüsselbegriffe

- Reichweiten (u. a. Einzugsbereiche von Städten, Ballungsräumen, Fremdenverkehrsregionen, agrarischen Versorgungsgebieten)
- Regeln (u. a. Ursachen der Zonierung der Erde)
- Risiken (u. a. Ursachen von Disparitäten, peripheren Räumen, Verstädterungen).

Da die von Schultze und seinen Mitautoren gewählten Beispiele (Schulbuch „geographie") wahllos über die Welt verstreut schienen, sprach man kritisch von „Tupfengeographie" oder „Aleatorik" (Fick 1978), d. h. Verteilung nach dem Zufall des Würfelns. Damit sollte auch zum Ausdruck gebracht werden, dass die Signifikanz des gewählten Beispiels nicht nach begründeten Kriterien gewährleistet war. Weitere Einwände bezogen sich auf den so nicht möglichen Erwerb fundierter topographischer Kenntnisse sowie auf die nicht oder nur schlecht geleistete weltweite Orientierung. Diese Aufgaben waren und sind der Erdkunde jedoch gesellschaftlich zugewiesen (Birkenhauer 1981). Auch der Nachweis, dass die Schüler notwendige (→) Qualifikationen für die Lebensmeisterung erhielten, konnte nicht beigebracht werden.

Aus allen diesen Gründen wurde ab 1980 nach und nach in verschiedenen Bundesländern der verabsolutierte Anspruch des allgemeingeographischen Ansatzes fallen gelassen und stattdessen vermehrt versucht, einen Kompromiss zu finden im Rahmen einer so genannten thematischen Geographie in regionaler Anordnung (Vom Nahen zum Fernen) mit Konzentration auf so genannte regionale Hauptübungsräume (z. B. Deutschland, Europa, Geozonen, Kulturerdteile).

Literatur
Bartels, D. (1980): Die länderkundliche Geographie. In: Kreuzer, G. (Hrsg.): Didaktik der Geographie. Hannover, S. 48–51
Birkenhauer, J. und H. Hendinger (1979–1981): Blickpunkt Welt 1–3. Unterägeri
Birkenhauer, J. (1981): Überlegungen zum Aufbau eines räumlichen Kontinuums. In: Hendinger, H. und H. Schrand (Hrsg.): Curriculumkonzepte der Geographie. Köln, S. 55–72
Böhn, D. und J.-B. Haversath (1994): Zum systematischen Aufbau topographischen Wissens. In: Geographie und ihre Didaktik, Jg. 22, H. 1, S. 1–20
Fick, E. (1978): Kategoriale Länderkunde statt aleatorischer Geographie. In: Frankfurter Beiträge zur Didaktik der Geographie, Band 2, S. 7–25
Flath, M. und G. Fuchs (Hrsg.) (1995): Fachdidaktische Standorte. Theoretische und aktuelle Positionen. Gotha
Hausmann, W. und G. Kirchberg (1997): Allgemeingeographischer Ansatz. In: Haubrich, H. u. a.: Didaktik der Geographie konkret. München, S. 118
Schultze, A. (1970): Allgemeine Geographie statt Länderkunde. In: Geographische Rundschau, Jg. 22, H. 1, S. 1–10
Schultze, A. (1998): Geographiedidaktik kontrovers. In: Praxis Geographie, Jg. 28, H. 4, S. 8–13

Josef Birkenhauer

Alltagsorientierung

Definition
Alltagsorientierung bezeichnet ein Unterrichtsprinzip, bei dem die Alltags- und Lebensverhältnisse von Menschen in verschiedenen Räumen der Erde eine wichtige Rolle spielen (→ Schülerorientierung).

Klassifikation
Nahezu jeder Teilbereich der alltäglichen Lebenswelten bietet potenzielle Zugänge und Themenfelder, z. B.:
- Familienstrukturen
- Schulalltag
- Essgewohnheiten
- Freizeitbeschäftigungen
- Alltag von Frauen, Männern, Kindern und Jugendlichen
- Kleidung
- Wertvorstellungen

Zur geographiedidaktischen Diskussion

Die Forderung, dass das Leben der Menschen und Völker in den verschiedenen Regionen der Erde im Mittelpunkt des Geographieunterrichts stehen soll, ist nicht neu. Eine Renaissance erlebte diese Forderung jedoch im Rahmen des (→) Interkulturellen Lernens und der (→) Internationalen Erziehung. Untermauert wird diese ferner durch die Interessenuntersuchungen von Hemmer/Hemmer (1996), Obermaier (1998) und Schmidt-Wulffen (1997), die allesamt ein hohes Interesse der Schülerinnen und Schüler am Alltagshandeln der Menschen empirisch nachweisen konnten (→ Geographieinteresse).

Neben vielfältigen Materialien und Fallbeispielen in Schulbüchern und geographiedidaktischen Zeitschriften bieten Berichte von gleichaltrigen Kindern und Jugendlichen aus anderen Ländern der Erde (vgl. Haubrich 1987) ein hohes Maß an Empathiefähigkeit. Die neuen Techniken (e-mail, Internet) eröffnen darüber hinaus neue Möglichkeiten der Kommunikation. Doch nach wie vor kann nur eine begleitende Reflexion über die Begrenztheit und Relativität der Aussagen der Gefahr einer vorschnellen Generalisierung und Bestätigung von (→) Vorurteilen/Stereotypen entgegenwirken.

Literatur

Böhn, D. (1992): Mehr Landeskunde bei der Länderkunde. Der Alltag in verschiedenen Ländern als Inhalt des Geographieunterrichts. In: Brogiato H.-P. und H.-M. Cloß (Hrsg.): Geographie und ihre Didaktik. Teil 2 (= Materialien zur Didaktik der Geographie, Heft 16). Trier, S. 441–450

Haubrich, H. (Hrsg.) (1987): How I see my country. Freiburg

Haubrich, H. (Hrsg.) (1987): Where and how I live. Freiburg

Hemmer, I. und M. Hemmer (1996): Welche Themen interessieren Jungen und Mädchen im Geographieunterricht? In: Praxis Geographie, Jg. 25, H. 12, S. 41–43

Obermaier, G. (1998): Strukturen und Entwicklung des Geographischen Interesses von Gymnasialschülern in der Unterstufe (= Münchner Studien zur Didaktik der Geographie, Band 9). München

Rohwer, G. (1996): Interkulturelles Lernen im Geographieunterricht. In: geographie heute, Jg. 17, H. 141, S. 4–10

Schmidt-Wulffen, W.-D. (1997): Jugendliche und „Dritte Welt" – Bewußtsein, Wissen und Interessen. In: GW-Unterricht, H. 66, S. 11–20

Michael Hemmer

Altersgemäßheit

Definition

Altersgemäßheit bedeutet die Auswahl und Gestaltung von Inhalten und Medien im Hinblick auf den jeweiligen Entwicklungsstand der Adressaten, z. B. der Schüler.

Klassifikation

Nach entwicklungspsychologischen Erkenntnissen müssen berücksichtigt werden:

– Gedächtnisleistungen. Vor dem Alter von 12 Jahren vorwiegend „mechanisch" (z. B. rasches Aufnehmen von topographischen Namen – daher z. B. Beliebtheit von „Stadt-Land-Fluss") und assoziativ (über äußerliche Merkmale); später zunehmend als so genanntes Vorstellungsgedächtnis (Vergegenwärtigung von Sachverhalten in der gedanklichen Vorstellung über Begriffe und (→) Modelle).

– Formales Denken. Allmählich ab 12 Jahren reversibles Umgehen mit Begriffen, Verstehen kausaler Zusammenhänge, zeitlicher Abläufe, Einsehen von Systemzusammenhängen (z. B. Verkarstung, Teufelskreis der Armut).

– Übergang vom kindlichen Sehen (Haften an „sprechenden" Details und Personen z. B. aus dem Nahraum oder der Verwandtschaft) zum Erwachsenen-Sehen (Streben nach Übersicht und Überblick – sowohl kognitiv als auch räumlich).

– Raumvorstellung. Räumliches Sehen entwickelt sich nach Piaget/Inhelder über bestimmte Stufen („topologisch" – einfache Reihung –: bis 7 Jahre; „perspektivisch" –

Entdecken und Benutzen der drei Perspektiven –: bis 11 Jahre; „objektiv" – Raum unabhängig vom jeweiligen Ich –: ab 12 Jahre).
– Sprache und Begriffe. Die sprachliche Ausdrucksfähigkeit und der Umgang mit komplexen Begriffen wachsen mit zunehmendem Alter. Viele spezifische Beispiele für die Geographie findet man in Birkenhauer (1983), Birkenhauer (1992), Kaminske (1993), Köck (1984).
Die Berücksichtigung der Altersgemäßheit hat Vorteile, kann aber auch zu Nachteilen führen.
– Vorteile: Vermeiden von Verfrühungen, Setzen der Inhalte in die seelische Nähe der Schüler, Herstellen des Kind-Sachbezugs auf angemessene Weise
– Nachteile: Kindertümelei in der Ausdrucksweise; Ausschließen „schwieriger" Sachverhalte, auch wenn sie für die Schüler bereits von brennendem Interesse oder vom sachlogischen Aufbau her notwendig sind.

Zur geographiedidaktischen Diskussion

Die Vorstellung der älteren deutschen Entwicklungspsychologie, dass die geistig-seelische „Reifung" endogen erfolgt, d. h. aufgrund automatisch ablaufender biologischer Vorgänge, ist aufzugeben. Aufgrund der Arbeiten von Piaget und seiner Schule, aber auch von anderen (vgl. z. B. Oerter) ist es angemessener, von (unscharfen) Stufen der Aneignung zu sprechen, und zwar in dem Sinn, dass es dem Schüler fortschreitend besser gelingt, komplexere Informationen zu verarbeiten und schwierigere Handlungen zu vollziehen. (Dabei ist das Beherrschen einfacherer Vollzüge im Denken und Handeln die jeweils notwendige Voraussetzung für das kontinuierlich-fließende Fortschreiten.) Bei der Verwendung des Ausdrucks „Stufe" sollte man sich darüber klar sein, dass damit nichts als ein mittlerer Durchschnittswert zu verstehen ist, den eine größere Anzahl von Individuen in der Regel in einem bestimmten Alter erreicht hat. Der Ausdruck „Stufe" ist somit ein Mittel zweckmäßiger Verständigung, ähnlich den Altersangaben.

Gegen das berechtigte Anliegen, Inhalte altersgemäß auszuwählen und darzustellen, wird häufig verstoßen. Oft sind die Schüler durch die Komplexität der Inhalte und den Abstraktionsgrad der Begriffe überfordert.

Literatur

Birkenhauer, J. (1980): Psychologische Grundlagen des Geographieunterrichtes. In: Kreuzer, G. (Hrsg.): Didaktik des Geographieunterrichts. Hannover, S. 104–135
Birkenhauer, J. (1983): Sprache und Denken im Geographieunterricht. Paderborn
Birkenhauer, J. (1992): Akzeptanz von Begriffen im Erdkundeunterricht (= Münchner Studien zur Didaktik der Geographie, Band 3). München
Dreher, E. und M. Dreher (1985): Entwicklungsaufgaben im Jugendalter. In: Liepmann, D. und A. Sticksrud (Hrsg.): Entwicklungsaufgaben und Bewältigungsprobleme in der Adoleszenz. Göttingen, S. 56–70
Fend, H. (1994): Die Entdeckung des Selbst und die Verarbeitung der Pubertät. Bd. 3. Bern
Kaminske, V. (1993): Überlegungen und Untersuchungen zur Komplexität von Begriffen im Erdkundeunterricht (= Münchner Studien zur Didaktik der Geographie, Band 4). München
Kirchberg, G. (1997): Entwicklung des räumlichen Denkens. In: Haubrich, H. u. a.: Didaktik der Geographie konkret. München, S. 70–73
Köck, H. (1984): Schüler und geographische Begriffe. In: Köck, H. (Hrsg.): Studien zum Erkenntnisprozeß im Geographieunterricht. Köln, S. 166–237
Oerter, R. und L. Montada (1987): Entwicklungspsychologie. München
Piaget, J. und B. Inhelder (1971): Die Entwicklung des räumlichen Denkens beim Kinde. Stuttgart

Josef Birkenhauer

Analytische Einführung in das Kartenverständnis → Kartenverständnis

Anschauung

Definition
Das Prinzip der Anschauung ist ein zentrales, methodisches Unterrichtsprinzip und bezeichnet die (→) Begegnung mit einem Ausschnitt der Wirklichkeit bzw. einem Abbild der Wirklichkeit.

Klassifikation
Anschauung kann gesehen werden als
– ein dynamischer Vorgang, ein Prozess der Erkenntnisgewinnung. In ihm vollzieht sich das Erfassen eines Sachverhaltes oder eines Zusammenhanges.
– ein Ergebnis, wenn das Erkannte in seinen Details schlüssig und als Ganzes den bisherigen Erfahrungen zugeordnet werden kann und die Gewinnung weiterer Erkenntnisse mitbestimmt.

Der Begriff der Anschauung erstreckt sich in der Geographiedidaktik auf folgende Dimensionen (Theißen 1986):
– Direkte Anschauung (= Realbegegnung) findet in Anwesenheit des Gegenstandes statt.
– Mediale Anschauung wird in der abbildgetreuen Darstellung in Abwesenheit des Gegenstandes erreicht. Da die räumliche Wirklichkeit im Geographieunterricht nur selten durch direkte Anschauung (Realbegegnung) erschließbar ist, spielt die mediale Anschauung hier eine besondere Rolle.
– Operative Anschauung ist die Erkenntnisgewinnung durch Eigentätigkeit, durch Umgestaltung von Wahrnehmungen und Vorstellungen. Operative Anschauung wird durch Nachahmen von Vorgängen und Prozessen im Rahmen von Modellexperimenten oder auch Naturexperimenten im Verlauf von Exkursionen erreicht.

Zur geographiedidaktischen Diskussion
Die Bedeutung der Anschauung für die Erkenntnisgewinnung ist unumstritten. Der Mensch, besonders das Kind und der Jugendliche, ist auch bei der geistigen Tätigkeit auf die vorhergehende sinnhafte Wahrnehmung angewiesen. Dies gilt in besonderem Maße für die Lerneffektivität und Gedächtnisleistung.

Das Prinzip der Anschauung ist eine Hauptforderung an den Geographieunterricht mit Auswirkungen auf die Wahl der Methoden (z. B. → Experimente, → Spiele, → Exkursionen) und den Einsatz anschaulicher (→) Medien.

Literatur
Haubrich, H. (1997): Unterrichtsprinzipien. In: Haubrich, H. u. a.: Didaktik der Geographie konkret. München, S. 248–249
Rinschede, G. (1997): Schülerexkursionen im Erdkundeunterricht – Ergebnisse einer empirischen Erhebung. In: Regensburger Beiträge zur Didaktik der Geographie, Band 2, S. 7–80
Theißen, U. (1986): Methodische Prinzipien. In: Köck, H. (Hrsg.): Grundlagen des Geographieunterrichts (= Handbuch des Geographieunterrichts, Band 1). Köln, S. 209–215

Gisbert Rinschede

Arbeitsblatt, Informationsblatt

Definition
Arbeits- und Informationsblätter sind Medienträger oder Verbundmedien, auf denen verschiedene (→) Medien miteinander kombiniert sind: Texte, (→) Kartenskizzen, (→) Profile, (→) Blockbilder, (→) Diagramme usw.

Klassifikation
Es lassen sich unterscheiden:
1. das Informationsblatt, das ausschließlich Informationen ohne Freiraum für die Bearbeitung der Aufgaben enthält. Es besteht vorwiegend aus Texten wie Zeitungsartikeln, Auszügen aus größeren Werken oder wissenschaftlichen Beiträgen, Urkunden, Schilderungen etc. sowie Tabellen, Diagrammen, Kartenskizzen oder Fotos. Arbeitsaufträge erfolgen z. B. durch den Lehrer.
2. das Arbeitsblatt (im engeren Sinn). Arbeitsblätter sind ein Mittel zur Ergebnisfixierung, zur Lernzielsicherung bis hin zur Lernzielkontrolle. Auf dem Arbeitsblatt kann der Schüler

Einträge vornehmen, schreiben, zeichnen und rechnen. Es enthält Arbeitsaufträge und Freiräume zum Ausfüllen und Eintragen, z. B. leere Zeilen, stumme Karten, unvollständige Tabellen und Lückentexte.

3. das kombinierte Informations-/Arbeitsblatt, auf dem zusätzlich zu Informationstexten und anderen Medien Arbeitsaufträge angegeben sind.

Zur geographiedidaktischen Diskussion
Die Bezeichnung Arbeitsblatt hat sich eingebürgert, auch wenn es teilweise nicht der selbstständigen Erarbeitung von Sachverhalten innerhalb der Erarbeitungsphase dient oder dienen sollte, sondern der Zusammenfassung, der Sicherung und dem Transfer von Kenntnissen und Einsichten innerhalb der Sicherungs- und Anwendungsphase.

Arbeits- und Informationsblätter werden häufig von den Lehrern selbst erstellt. Ebenso werden sie heute in geographiedidaktischen Zeitschriften, Lehrerhandbüchern und Schülerarbeitsheften zu Unterrichtseinheiten angeboten.

Die Ausstattung der Schulen mit Reproduktionsgeräten hat in den letzten Jahrzehnten den Einsatz der Arbeits- und Informationsblätter sprunghaft ansteigen lassen. Vor einer zu häufigen Verwendung wird dennoch gewarnt. Gut zusammengestellt und sparsam angewandt, sind jedoch die Informationsblätter vor allem in höheren Klassenstufen eine sinnvolle Ergänzung der Informationen in den Schulbüchern.

Literatur
Bauer, H. (1984): Arbeitsblätter im Erdkundeunterricht. In: Lehrerjournal, H. 9, S. 377–380
Birkenhauer, J. (1997): Verbundmedien. In: Birkenhauer, J. (Hrsg.): Medien. Systematik und Praxis (= Didaktik der Geographie). München, S. 211–232
Brucker, A. (1986): Arbeitsheft – Arbeitsmappe – Arbeitsblatt. In: Brucker, A. (Hrsg.): Medien im Geographie-Unterricht. Düsseldorf, S. 227–234
Brucker, A. (1988): Arbeitsheft – Arbeitsblatt – Informationsblatt. In: Haubrich, H. u. a.: Didaktik der Geographie konkret. München, S. 268–269
Eckert, R. (1980): Das Arbeitsblatt im Unterricht. Gestaltungshilfen und Beispiele für Grund- und Hauptschule. München.
Sperling, W. (1981): Geographielehrmittel (Arbeitsblätter, Arbeitsmappen). In: Geographieunterricht und Landschaftslehre, Band 1, Grundlegung/Teil 1. Duisburg, S. 364–366

Gisbert Rinschede

Arbeitsheft → Geographieheft, Arbeitsmappe → Geographieheft, Arbeitsmittel → Medien, Arbeitsstreifen → Film

Arbeitstechniken/Arbeitsweisen im Geographieunterricht

Definition
Fachspezifische Arbeitstechniken/Arbeitsweisen sind regelhaft ablaufende Arbeitsgeschehen, durch die der Schüler geographische Informationen gewinnt.

Klassifikation
Fraedrich (1986) interpretiert Arbeitstechniken/Arbeitsweisen des Geographieunterrichts als synonyme Begriffe für erdkundeunterrichtlich angewendete instrumentale (→) Lernziele und verknüpft sie mit erdkundlichen (→) Medien.

– Beobachten (z. B. in der Karte dargestellte geographische Objekte in der Wirklichkeit feststellen; Bestimmung der Himmelsrichtungen, Wetterbeobachtung)
– Arbeit mit Modellen (z. B. Phänomene des Raumes in verkleinerter, dreidimensionaler Darstellung in den Sandkasten übertragen)
– Arbeit mit Bildern (z. B. Bildmaterial entsprechend dem geographischen Aussagewert beschaffen, auswählen und beurteilen)
– Arbeit mit Skizzen (z. B. Lage- und Grundrissskizzen ungefähr maßstäblich richtig anlegen; einfache Profilskizzen zeichnen)
– Arbeit mit Plänen und Karten (z. B. aus kartographischen Daten eine Vorstellung von

Wirklichkeit entwickeln und diese beschreiben)
- Arbeit mit Zahlen und grafischen Darstellungen (z. B. Interpretation einer Statistik)
- Verbale Darstellung (z. B. über eigene Untersuchungen mündlich/schriftlich berichten)
- Arbeit mit Texten (z. B. geographische Aussagen aus Publikationen ermitteln, entnehmen, auswerten)

Geographische Arbeitsmethoden, die auch erdkundeunterrichtlich elementarisierungsfähig sind, wurden bereits von Scholz u. a. (1976) systematisiert:
- Allgemeine geographische Arbeitsmethoden (z. B. Beobachtung und Beschreibung im Gelände; Anfertigung von Skizzen; Veranschaulichung grafischer Darstellungen)
- Arbeitsmethoden in der physischen Geographie (z. B. Wasserstandsmessungen an Binnengewässern; Beschreibung eines Bodenprofils)
- Arbeitsmethoden in der Kulturgeographie (z. B. Kartierung der landwirtschaftlichen Flächennutzung; Verkehrszählung; kartographische Darstellung von Pendlerströmen)

Die Begriffe „Arbeitsweisen" und „Arbeitstechniken" werden auch differenziert gebraucht: Arbeitsweisen werden vom Lehrer für seinen Unterricht geplant, Arbeitstechniken werden vom Schüler für den Erwerb von Kenntnissen selbstständig benutzt.

Zur geographiedidaktischen Diskussion
Für den Geographieunterricht ist besonders die Umsetzung der für die Geographie wichtigen Methoden und Verfahren bedeutsam, nämlich die Beobachtung, die Kartierung, die Messung und die Befragung. Der Umgang mit erdkundlichen Arbeitstechniken für erdkundliches Lernen läuft handlungsorientiert ab und befähigt damit die Schüler zu selbstständigem Handeln. Der Implikationszusammenhang von Zielen, Inhalten und Arbeitstechniken/Arbeitsweisen ist unverzichtbarer Bestandteil des Geographieunterrichts.

Literatur
Fraedrich, W. (1986): Arbeitstechniken im Geographieunterricht. Köln
Scholz, D. u. a. (1976): Geographische Arbeitsmethoden. Gotha/Leipzig

Eduard Wittig

Arbeitstransparent

Definition
Das Arbeitstransparent ist eine durchsichtige Kunststofffolie, die Medienträger verschiedenster (geographischer) Inhalte ist.

Klassifikation
Folien können als Einzeltransparent oder als Aufbautransparent für die schrittweise Entwicklung komplexer oder dynamischer Sachverhalte eingesetzt werden. Folien sind Medienträger für Bilder, Grafiken, Karten, Texte. Vorteile sind der Einsatz ohne Verdunkelung, die schnelle und ständige Verfügbarkeit sowie die Möglichkeit zusätzlicher Bearbeitung im Unterricht. Nachteilig ist, dass bei fertiger Vorgabe die Entwicklung des Inhalts im Unterricht zurücktritt.

Zur geographiedidaktischen Diskussion
Arbeitstransparente haben heute in vielen Fällen Funktionen der Wandtafel bzw. der Diaprojektion übernommen (→ Tafelbild).

Literatur
Brucker, A. (1997): Folie und Transparent. In: Haubrich, H. u. a.: Didaktik der Geographie konkret. München, S. 306–307
Sperling, W. (1981): Geographielehrmittel (Arbeitstransparente – OH-Projektion). In: Geographieunterricht und Landschaftslehre, Band 1, Grundlegung/Teil 1. Duisburg, S. 370–376
Theißen, U. (1986): Transparent. In: Köck, H. (Hrsg.): Grundlagen des Geographieunterrichts (= Handbuch des Geographieunterrichts, Band 1). Köln, S. 270–274

Theißen, U. (Hrsg.) (1996): Folien und Transparente (= geographie heute, Jg. 17, H. 140)

Gisbert Rinschede

Artikulationsstufen → Verlaufsplanung

Atlas

Definition
Der Atlas ist eine systematische Zusammenstellung von Karten in Buchform oder in einer Folge von Einzelkarten (= Loseblattsammlung), die über einen bestimmten Raum und/oder ein bestimmtes Themengebiet informieren.

Klassifikation
Atlanten lassen sich gliedern (Volkmann 1997):
– nach dem geographischen Bezugsraum in Himmels-, Erd- (Welt-), National-, Regional-, Heimat- und Stadtatlanten
– nach dem Gegenstandsbereich in topographische und Fachatlanten
– nach den Benutzern in Schul-, Haus-, Auto-, Planungs- und andere Atlanten
– nach der Art der Abbildung, wie z. B. Satelliten- und Luftbildatlanten

Schulatlanten sind auf die Inhalte und Zielsetzungen des Unterrichts ausgerichtet. Dadurch unterscheiden sie sich von anderen Atlanten, z. B. von Hausatlanten mit oft umfangreichen Ortsangaben und von Straßenatlanten.

Zu den Kennzeichen von Schulatlanten gehören die Reduktion von Inhalten auf das für wesentlich Erachtete und die Beschränkung auf wenige Maßstäbe, um den Vergleich von Räumen zu ermöglichen.

Nach dem Einsatz im Geographieunterricht werden unterschieden:
– Heimatatlas. Er stellt als regionaler Grundschulatlas für die 3./4. Klassen (z. T. auch 5./6. Klassen) den Heimatraum in den Mittelpunkt und gibt kartographisch Landschaften, Städte und Wirtschaftszentren wieder. Als Hilfen zur Einführung ins Kartenverständnis enthält er Medien wie Bilder, Luftbilder, Panoramakarten, Blockbilder und Profile.
– Weltatlas. Er bietet eine umfassende Darstellung der Erdoberfläche und besteht aus physischen und thematischen Karten sowie aus ergänzenden grafischen Darstellungen und Kartogrammen.

Für die geographische Untersuchung des Nahraumes stehen am Ende der Sekundarstufe I und in der Sekundarstufe II teilweise zur Verfügung:
– Regionalatlas. Er umfasst einen begrenzten Raum, z. B. Provinz, Bundesland, Planungsregion, und besteht überwiegend aus thematischen Karten.
– Planungsatlas. Er stellt eine Sammlung von thematischen Karten für Planungszwecke einer Region oder eines Staatsgebietes dar.
– Topographischer Atlas. Er setzt sich aus einer Auswahl topographischer Kartenausschnitte verschiedener Maßstäbe und aus dazugehörigen, interpretierenden Texten, Kartenskizzen, Profilen, Blockbildern etc. zusammen.
– Luftbildatlas. Er enthält Schräg- und Senkrechtaufnahmen; manche bieten ergänzende Interpretationstexte (→ Luftbilder).
– Weltraumbildatlas. Er enthält Satellitenaufnahmen, z. T. mit Vergleichskarten und Interpretationstexten (→ Satelliten- bzw. Weltraumbilder).

Nach der Schulstufe, für welche der Atlas konzipiert ist, lassen sich unterscheiden:
– Grundschulatlas (meist ein Heimatatlas, s. o.)
– Sekundarstufenatlas.

Häufig sind Atlanten für Schularten konzipiert, wobei man solche für Hauptschulen von denen für Realschulen/Gymnasien trennen kann. Beim Hauptschulatlas (z. T. Grundausgabe genannt) ist die Zahl der Karten geringer, vor allem die der thematischen.

Zur geographiedidaktischen Diskussion
Mit den Inhalten und Methoden des Geographieunterrichts haben sich die Schulatlanten in Funktion, Inhalt und Aufbau erweitert.

Zu Zeiten des länderkundlichen Unterrichts hatte der Atlas eine überwiegend orientierende Funktion. Heute liegt ein wichtiger Schwerpunkt auf der Arbeit mit thematischen Karten,

weil beim (lern)zielorientierten Unterricht dem Atlas die Funktion eines thematisch ausgerichteten Arbeitsmittels zukommt.
Der Anteil der physischen Übersichtskarten hat sich zugunsten der thematischen Karten verringert. Es gibt Versuche, physische und thematische Karten zu kombinieren (z. B. „Geographische Grundkarte" im Alexander-Atlas). Teilweise werden physische und thematische Karten des gleichen Maßstabs einander gegenübergestellt (z. B. im Atlas Mensch und Raum) oder folgen einander (z. B. im Diercke-Atlas).
Offen ist die Frage nach der optimalen Kartenanordnung. Entsprechend den meisten Lehrplänen sind die Karten regional nach dem Prinzip vom Nahen zum Fernen geordnet, wobei physische Karten das Grundgerüst darstellen. Teilweise hat man versucht, den Atlas nach Sachgruppen zu gliedern (thematische Karten im Alexander-Atlas).
Auch die Frage nach dem altersspezifischen Stufenatlas (Heimatatlas, Sekundarstufenatlas I und II) wird kontrovers diskutiert (vgl. Richter 1997). Inzwischen werden außer dem Heimatatlas für Grundschulen auch altersdifferenzierte Atlanten hergestellt (Alexander Schulatlas für Sek. I und Alexander Pro für Sek. II). In der Praxis überwiegt die Ausrichtung nach Schularten.

Literatur

Feller, G. (1982): Karte und Atlas im Erdkundeunterricht. In: Jander, L., W. Schramke und H.-J. Wenzel (Hrsg.): Metzler Handbuch für den Geographieunterricht. Stuttgart, S. 128–197
Mayer, F. (Hrsg.) (1992 a): Schulkartographie –Wiener Symposium 1990 (= Wiener Schriften zur Geographie und Kartographie 5). Wien
Mayer, F. (1992 b): Schulkartographie heute – Entwicklungsstand und Zukunftsaspekte. In: Mayer, F. (Hrsg.) (1992 a): Schulkartographie – Wiener Symposium 1990 (= Wiener Schriften zur Geographie und Kartographie 5). Wien, S. 7–36
Richter, D. (1997): Der Atlas. In: Haubrich, H. u. a.: Didaktik der Geographie konkret. München, S. 284–285

Sperling, W. und A. Brucker (1986): Atlas, Schulatlas. In: Brucker, A. (Hrsg.): Medien im Geographie-Unterricht. Düsseldorf, S. 161–178
Theißen, U. (1986): Karte und Atlas. In: Köck, H. (Hrsg.): Grundlagen des Geographieunterrichts (= Handbuch des Geographieunterrichts, Band 1). Köln, S. 278–279
Thöneböhn, F. (1996): Rezeption und Verwendung des geographischen Schulbuches in der Sekundarstufe I. Essen
Volkmann, H. (1988): Geographical textbooks and atlases as mirrors of curriculum development in the Federal Republic of Germany. In: Birkenhauer, J. and B. Marsden (ed.): German didactics of geography in the seventies and eighties. A review of trends and endeavours. München, pp. 197–227
Volkmann, H. (1997): Atlanten. In: Birkenhauer, J. (Hrsg.): Medien. Systematik und Praxis (= Didaktik der Geographie). München, S. 233–241

Gisbert Rinschede

Außerschulische Lernorte

Definition

Lernorte außerhalb des Schulgebäudes wie auch unabhängig von der Schule als Institution sind Orte, an denen sich unmittelbare (→) Begegnung mit der räumlichen Realität ereignen kann.

Klassifikation

Zwei Ebenen sind zu unterscheiden:
1. Orte zur unmittelbaren Begegnung
– Betriebe
– Aufschlüsse, Deponien
– Museen
– Lehrpfade
– Stadtteile und Gebäude, Siedlungen
– Gewässer (→ Exkursion)
2. Kriterien für die Qualität eines außerschulischen Lernorts sind u. a.
– Authentizität
– hoher Anmutungs- und Erlebensgrad

- Überschaubarkeit
- Prägnanz (Eindeutigkeit des Sachverhalts)
- erkennbare Strukturen am Lernort
- Sensibilisierung für ästhetische und sachliche Probleme
- Wecken von Aktivitäten, Engagement
- exemplarischer Charakter

Zur geographiedidaktischen Diskussion
Der Wert unmittelbarer Begegnung ist seit Rousseau allgemein und im Geographieunterricht im Besonderen unumstritten. Trotz dieser Tradition sind weitere empirische Untersuchungen notwendig, besonders darüber,
- welche Lernorte für Kinder, Jugendliche und Erwachsene besonders geeignet sind und warum dies der Fall ist,
- welche Lernorte für welche Problemstellungen eher geeignet sind als andere,
- was sich im Kopf von Besuchern solcher Lernorte abspielt,
- ob es spezifische Abläufe für das Unterrichten an diesen Orten gibt,
- welche Hinweise vorweg notwendig sind.

Die Lernprozesse an solchen Orten unterliegen keinen anderen Einsichten und Regeln als das Unterrichten in der Schule, sodass man nicht von einer speziellen Didaktik für außerschulische Lernorte sprechen kann. Doch führt die Arbeit bei außerschulischen Lernorten zu einem Lernen mit allen Sinnen. Außerdem ist es für die Schüler leichter möglich, Einzelbeobachtungen in den Gesamtzusammenhang eines umfassenderen Geländes einzuordnen.

Literatur
Birkenhauer, J. (Hrsg.) (1995): Außerschulische Lernorte (= Geographiedidaktische Forschungen, Band 26). Nürnberg
Birkenhauer, J. (1996): Lehrpfade in Bayern (= Münchner Studien zur Didaktik der Geographie, Band 7). München
Koch, J. (1997): Fächerverbindender Unterricht am außerschulischen Lernort. In: Münchner Studien zur Didaktik der Geographie, Band 8. München, S. 193–200

Kroß, E. (Hrsg.) (1991): Außerschulisches Lernen (= geographie heute, Jg. 12, H. 88)
Schrand, H. (1992): Erdkunde vor Ort als didaktisches Prinzip. In: geographie heute, Jg. 13, H. 104, S. 2–5

Josef Birkenhauer

Begegnung (mittelbare/unmittelbare; direkte/indirekte; originale)

Definition
In der Geographiedidaktik wird im Allgemeinen mit Begegnung die Art und Weise bezeichnet, in der Schüler und Lerngegenstand in Kontakt treten.

Klassifikation
Es lassen sich zwei Arten der Begegnung voneinander unterscheiden:
- direkte bzw. unmittelbare Begegnung: Der Schüler tritt mit der Realität in Kontakt. Meist geschieht dies im Sinne eines Lernens vor Ort (→ Außerschulische Lernorte).
- indirekte bzw. mittelbare Begegnung: Schüler und Realität treten nicht miteinander in Kontakt. Der Lerngegenstand wird dem Schüler über die Einbindung von Medien vermittelt.

Wegen der uneinheitlichen Definition lässt sich die originale Begegnung beiden Arten zuordnen. Haubrich und Theißen gebrauchen diese synonym zu unmittelbarer bzw. direkter Begegnung, während Birkenhauer originale Begegnung in Anlehnung an Roth (1963) als ein Prinzip versteht, bei dem Schüler und Gegenstand in einen möglichst ursprünglichen, fesselnden und gehaltvollen Kontakt gelangen, der Betroffenheit, Problembewusstsein, Frage- und Infragestellung ermöglicht.

Zur geographiedidaktischen Diskussion
Traditionell herrscht in der Geographiedidaktik die Meinung vor, dass die direkte bzw. unmittelbare Begegnung die höhere Lernintensität ermöglicht und deshalb, wo immer möglich, verwirklicht werden soll. Ihre besonderen Stärken werden in ihrer größeren Anschaulichkeit und

der Ganzheitlichkeit der Auseinandersetzung mit dem Lerngegenstand gesehen. Genau an dieser vermeintlichen Stärke setzen auch die Zweifel an. Indirekte bzw. mittelbare Begegnung hätte den Vorteil, dass die Komplexität der Realität auf das Wesentliche reduziert werden könne und damit das Verständnis erleichtert werde.

Von vielen Geographiedidaktikern wird „Begegnung" im Sinne der oben genannten Definition gebraucht. Dieses Verständnis ist gegenüber dem in der Allgemeinen Pädagogik eingeengt. Dort ist die Begegnung die erste Stufe im nach Lehr- und Lernprozessen gegliederten Unterricht. Sie soll den Lernenden durch Information motivieren und zu Problemstellungen führen.

Literatur
Daum, E. (1982): Originale Begegnung. In: Jander, L., W. Schramke und H.-J. Wenzel (Hrsg.): Metzler Handbuch für den Geographieunterricht. Ein Leitfaden für Praxis und Ausbildung. Stuttgart, S. 72–73
Engelhard, K. (1997): Verlaufsplanung. In: Haubrich, H. u. a.: Didaktik der Geographie konkret. München, S. 398
Haubrich, H. (1997): Außerschulisches Lernen. In: Haubrich, H. u. a.: Didaktik der Geographie konkret. München, S. 208
Jank, W. und H. Meyer (1991): Didaktische Modelle. Frankfurt am Main
Roth, H. (1963): Pädagogische Psychologie des Lehrens und Lernens. Hannover
Schrand, H. (1992): Erdkunde vor Ort als didaktisches Prinzip. In: geographie heute, Jg. 13, H. 104, S. 2–5
Theißen, U. (1986): Originale Begegnung. In: Köck, H. (Hrsg.): Grundlagen des Geographieunterrichts (= Handbuch des Geographieunterrichts, Band 1). Köln, S. 209–210

Friedhelm Frank

Begriffe

Definition
Ein Begriff ist ein Wort, das einen bestimmten Sachverhalt bezeichnet (→ Schlüsselbegriffe).

Klassifikation
Begriffe lassen sich in Grundbegriffe und solche einteilen, die sich bei einer bestimmten Fragestellung unter Grundbegriffen einordnen bzw. sich aus ihnen ableiten lassen. Ein Grundbegriff ist dabei eine axiomatisch festgelegte abstrakte Bezeichnung, die in einem System zur Definition weiterer Begriffe verwendet wird (z. B. Gebirge, Siedlung). Manchmal wird „Grundbegriffe" auch zur Bezeichnung fachlich grundlegender Begriffe verwendet (z. B. Ringel 1997).
Aus Grundbegriffen lassen sich ganze Begriffssysteme entwickeln.

Zur geographiedidaktischen Diskussion
Begriffe dienen dazu, die Mannigfaltigkeit der Wirklichkeit durch vereinheitlichende Vorstellungen zu reduzieren, zu vereinheitlichen und zu ordnen (Birkenhauer 1996). Die geographiedidaktische Forschung (v. a. Birkenhauer, Kaminske, Ringel) hat ermittelt, dass die sprachliche Kompetenz des Schülers etwa mit 12 Jahren, vollständig erst mit etwa 17 Jahren so weit ausgebildet ist, dass auch Begriffe mit umfassender Komplexität, hohem Abstraktionsgrad und geringer Anwendungshäufigkeit voll verstanden werden.
Dabei gilt, dass ein Begriff umso leichter erfasst und richtig angewendet wird, je
– größer seine „emotionale Nähe" ist (z. B. Begriffe aus Freizeit, Sport),
– umfassender er an einem konkreten Beispiel erarbeitet wurde,
– weniger logisch unzusammenhängende Merkmale er enthält,
– stärker der Begriff als wichtig herausgestellt ist,
– öfter er in unterschiedlichen Zusammenhängen verwendet wird.

Gefordert wird (z. B. Kaminske 1993), die fachsprachlichen Begriffe besonders in Grundschule und Sekundarstufe I zu begrenzen. Ein Begriff müsse in seinen Merkmalen an einem konkreten Beispiel induktiv erarbeitet werden, dann sei er als vereinfachende intersubjektive Bezeichnung eines komplexen Sachverhaltes einzuführen.

Untersuchungen an Schulbüchern ergaben, dass vielfach Begriffe verwendet werden, ohne dass sie nach ihrer Bedeutung unterschieden (z. B. wichtige Begriffe hervorgehoben und in einem Glossar zusätzlich definiert) und verständlich erläutert werden (z. B. Ringel 1997).

Literatur

Birkenhauer, J. (Hrsg.) (1983): Sprache und Denken im Geographieunterricht. Paderborn

Birkenhauer, J. (1992): Akzeptanz von Begriffen im Erdkundeunterricht (= Münchner Studien zur Didaktik der Geographie, Band 3). München

Birkenhauer, J. (1995): Sprache und Begriffe als Barrieren im Erdkundeunterricht. In: Zeitschrift für den Erdkundeunterricht, Jg. 47, H. 11, S. 458–462

Birkenhauer, J. (1996): Begriffe im Geographieunterricht. In: Geographie und ihre Didaktik, Jg. 24, H. 1, S. 1–15 und H. 2, S. 57–70

Hartl, M. (1990): Begriffe und geographische Begriffssysteme. In: Böhn, D. (Hrsg.): Didaktik der Geographie – Begriffe. München, S. 14

Kaminske, V. (1993): Überlegungen und Untersuchungen zur Komplexität von Begriffen im Erdkundeunterricht (= Münchner Studien zur Didaktik der Geographie, Band 4). München

Kaminske, V. (1994): Begriffslisten als Rahmen für ein Grundwissen – wichtig oder nicht? In: Geographie und ihre Didaktik, Jg. 22, H. 1, S. 20–26

Köck, H. (1991): Didaktik der Geographie – Methodologie. München

Ringel, G. (1980): Begriffe im Geographieunterricht und ihre Einführung. In: Zeitschrift für den Erdkundeunterricht, Jg. 32, H. 11, S. 421–434

Ringel, G. (1997): Geographische Begriffe in Schulbüchern. In: geographie heute, Jg. 18, H. 153, S. 40–41

Dieter Böhn

Beobachtung

Definition

Unter Beobachtung wird die zielgerichtete, planmäßige und bewusste Wahrnehmung eines geographischen Sachverhalts innerhalb seines Wirkungszusammenhanges verstanden. Der Sachverhalt kann dabei sowohl als Ganzes (das Tal) oder in seinen Einzelteilen betrachtet werden (die Terrasse). Die Beobachtung ist eine fachspezifische Arbeitsweise der Geographie (→ Arbeitstechniken/Arbeitsweisen).

Klassifikation

In der traditionellen Geographie hatte die Beobachtung einen hohen Stellenwert als originäre fachspezifische Arbeitsweise des Geographen. In diesem Verständnis konnte nur die Beobachtung des Raumes den für die Wissenschaft Geographie grundlegenden Raumbezug herstellen.

Eine korrekte Beobachtung soll in folgenden Schritten vorgehen:
1. Betrachten des Sachverhalts im Gelände
2. Beschreiben des Sachverhalts
3. Speichern bzw. dokumentieren der Beobachtungen (z. B. Notiz, Skizze, Kartierung)
4. Auswerten und interpretieren

Zur geographiedidaktischen Diskussion

Im Geographieunterricht war bis in die 70er-Jahre die Beobachtung im Gelände eine sehr wichtige fachspezifische Arbeitsweise, die vor allem im Rahmen von (→) Exkursionen geübt und angewandt wurde. Mit der Hinwendung zu den Methoden der empirischen Wissenschaften in der Geographie wurde die Geländebeobachtung zunehmend als unwissenschaftlich abgelehnt. Besonders kritisiert wurde die Subjektivität der auf der Grundlage von Beobachtungen gewonnenen Erkenntnisse, da diese sehr stark von der spezifischen, interessegeleiteten Wahrnehmung des Betrachters abhängig sind. Innerhalb der Exkursionsdidaktik erlebt die Beobachtung in der spezifischen Form der (→) Spuren- bzw. Zeichensuche eine Renaissance. Bislang fehlt es an einer auf empirische Kenntnisse fußenden Methodik des Beobachtens.

Literatur
Bader, F. J. W. (1975): Einführung in die Geländebeobachtung. Darmstadt
Daum, E. (1982): Exkursion. In: Jander, L., W. Schramke und H.-J. Wenzel (Hrsg.): Metzler Handbuch für den Geographieunterricht. Ein Leitfaden für Praxis und Ausbildung. Stuttgart, S. 71–75
Sowade, A. (1978): Die Organisationsformen des Unterrichts unter Berücksichtigung der Unterrichtsexkursion. In: Akademie der Pädagogischen Wissenschaften der Deutschen Demokratischen Republik (Hrsg.): Methodik Geographieunterricht. Berlin, S. 207–220

Friedhelm Frank

Betrachtungsweisen der Geographie

Definition
Die Betrachtungsweisen der Geographie sind Kategorien, welche die Vielfalt der Erscheinungen auf der Erdoberfläche nach formalen, funktionalen und zeitlichen Aspekten gliedern.

Klassifikation
Hauptsächlich werden drei Einteilungen verwendet:
1. die physiognomische (oder formale oder strukturale) Betrachtungsweise. Sie erfasst die äußeren Erscheinungsformen und deren Verbreitungsmuster im Raum (Beispiel: in der Stadt Geschosszahlen).
2. die funktionale Betrachtungsweise. Sie erfasst die räumlichen Beziehungen und Abhängigkeiten im natur- wie kulturgeographischen Bereich (Beispiele: Ökologische Regelkreise, Bodennutzung einer dörflichen Gemarkung als Funktion der differenzierten Naturausstattung oder als Funktion der Entfernung und Arbeitsintensität).
3. die zeitliche Betrachtungsweise. Hierbei gibt es vier Richtungen:
– die historisch-genetische Betrachtungsweise, die sich auf die Entstehungsgeschichte räumlicher Phänomene bezieht (z. B. Altstadt mit unregelmäßigem Straßenmuster, junge Stadtteile mit regelmäßig angelegtem Grundrissbild. Hier gibt es eine vorschreitende Interpretation, die den historischen Entwicklungsprozess auf einer Zeitachse bis zum heutigen Zustand verfolgt, und eine rückblickende/retrospektive Interpretation, die den heutigen Zustand anhand historischer Phänomene in der Landschaft, z. B. in Art einer Spurensuche auf einer Exkursion, erläutert.
– die prozessuale Betrachtungsweise, der es vor allem auf die aktuellen Abläufe selbst ankommt (z. B. Wanderungsprozesse).
– die gerichtete prognostische Betrachtungsweise, die sich auf zukünftige Entwicklungen geographischer Phänomene bezieht (z. B. der stark ansteigende Anteil der städtischen Bevölkerung in Entwicklungsländern).
– die aktiv in die Zukunft gerichtete planerische Betrachtungsweise (z. B. Raumplanung).
Jede dieser geographischen Betrachtungsweisen darf (im Geographieunterricht) nicht isoliert von den anderen gesehen werden. Alle greifen vielmehr ineinander, beleuchten ein- und dasselbe und führen erst in ihrem Zusammenwirken zu einem befriedigenden Erkenntnisgewinn.

Zur geographiedidaktischen Diskussion
Alle Betrachtungsweisen werden im Unterricht meist unter einer bestimmten Fragestellung miteinander verknüpft. Im Lauf der Geschichte des Geographieunterrichts setzte man die Akzente unterschiedlich. Während der Vorherrschaft der (→) Länderkunde überwog die physiognomische Betrachtungsweise, ergänzt durch die funktionale. Seit die Allgemeine Geographie den Unterricht prägt, wird die funktionale Betrachtungsweise besonders betont. Kennzei-

chen ist unter anderem das Gliederungssystem der (→) Daseinsgrundfunktionen. Hinzu kommt der prognostische Aspekt. Gegenwärtig wird, bei Verstärkung des regionalgeographischen Prinzips und besonderer Berücksichtigung zunehmender globaler Vernetzung sowie unter Beibehaltung einer allgemeingeographischen Grundstruktur, die funktionale Betrachtungsweise schwerpunktmäßig angewendet.

Die Betrachtungsweisen der Geographie haben besondere Bedeutung bei der Strukturierung von Unterrichtsinhalten (→ Didaktische Analyse) und der darauf bauenden Schichtung der Lernzielebenen. So ergibt sich häufig eine Dreistufung in
– Erscheinungsebene (Ebene der Informationsaufnahme und -verarbeitung)
– Beziehungs-/Erklärungsebene (Ebene des Erklärens und Urteilens)
– Entscheidungs-/Handlungsebene (Ebene des Entscheidens und Handelns)

Literatur
Leser, H. (1986): Paradigmen, Betrachtungsweisen und System der Geographie. In: Köck, H. (Hrsg.): Grundlagen des Geographieunterrichts (= Handbuch des Geographieunterrichts, Band 1). Köln, S. 10–21
Richter, D. (1997): Lehrplansäule Betrachtungs- und Arbeitsweisen. In: Haubrich, H. u. a.: Didaktik der Geographie konkret. München, S. 146–147
Dieter Böhn/Helmuth Köck/Gisbert Rinschede

Betriebserkundung → Exkursion

Bezugswissenschaften

Definition
Bezugswissenschaften des Geographieunterrichts sind solche Wissenschaften, aus denen Inhalte, Methoden und Erkenntnisse in den Unterricht übernommen werden. Da Erdkunde ein (→) Zentrierungsfach ist, gibt es mehrere Bezugswissenschaften.

Klassifikation
1. Geographie ist die wichtigste Bezugswissenschaft. Innerhalb der Geographie kann der Schwerpunkt auf Teilgebieten der Regionalen Geographie oder der Allgemeinen Geographie liegen. Innerhalb der Allgemeinen Geographie wiederum ist eine verstärkte Ausrichtung auf die Physische Geographie oder die Anthropogeographie möglich.
2. Von den anderen Bezugswissenschaften werden ausgewählte Themen im Geographieunterricht behandelt:
– Weitere Geowissenschaften: v. a. Geologie, Paläontologie, Mineralogie, Geophysik, Meteorologie
– Weitere Naturwissenschaften, z. B. Biologie, Astronomie
– Geisteswissenschaften außerhalb der Geowissenschaften: v. a. Soziologie, Politikwissenschaft, Wirtschaftswissenschaften, Ethnologie, Volkskunde, Geschichte, Kunstgeschichte
– Erziehungswissenschaften, v. a. Pädagogik, Psychologie.

Zur geographiedidaktischen Diskussion
Die Bedeutung der einzelnen Bezugswissenschaften für den Geographieunterricht wechselt, je nachdem wie man die (→) Bildungsaufgaben und -ziele dieses Unterrichts definiert, welche geographiedidaktischen, pädagogischen, fachwissenschaftlichen Strömungen vorherrschen und wie stark sich administrative Vorgaben auswirken.

Zur Zeit des Vorherrschens der Länderkunde im Geographieunterricht war die Geographie als Bezugswissenschaft dominant. Geographiedidaktik verstand sich als „Abbilddidaktik", die geographische Kenntnisse in vereinfachter Form vermittelte. In den 70er-Jahren erfolgte eine verstärkte Ausrichtung auf die Soziologie (→ Sozialgeographischer Ansatz), teilweise auf die Politikwissenschaft (→ Gesellschaftsbezogene Ansätze), seit den 80er-Jahren gewann die Biologie an Bedeutung (→ Ökologischer Ansatz).

Die Erziehungswissenschaften haben besonders durch die Pädagogik auf Inhalte und Ziele des Geographieunterrichts großen Einfluss (→ Einflussfaktoren), die Psychologie wird vor allem zur Erreichung möglichst effektiver Unterrichtsmethoden herangezogen (z. B. Lernpsychologie).

Literatur

s. (→) Einflussfaktoren, (→) Zentrierungsfach

Dieter Böhn

Bild

Definition

Das Bild ist eine zweidimensionale, meist fotografische Darstellung eines begrenzten Ausschnittes der Erdoberfläche.

Klassifikation

Nach Aufnahmestandort bzw. Aufnahmewinkel:
– Bodenaufnahme
– Luftaufnahme (→ Luftbilder), als Schrägaufnahme oder Senkrechtaufnahme
– Satellitenaufnahme (→ Satelliten- bzw. Weltraumbilder)

Nach der Darbietungsform:
– Lichtbild (Dia oder Folie)
– Handbild (u. a. im Schulbuch)
– Wandbild

Zur geographiedidaktischen Diskussion

Das Bild ist eine wichtige Informationsquelle und gilt als guter Ersatz für eine unmittelbare (reale) Anschauung geographischer Objekte. Der Vorteil der Bilder liegt darin begründet, dass sie im Gegensatz zu Film und Fernsehen beliebig lange, oft und gründlich betrachtet werden können (→ Film).

Beim unterrichtlichen Einsatz ist zu beachten, dass ein Bild informiert
– über einen Ausschnitt aus der visuell sichtbaren Realität,
– über einen subjektiven Ausschnitt der Wirklichkeit,
– mit authentischer Information über die Wirklichkeit. Es ist ein Zeitdokument (Stonjek 1997).

Auch das Foto kann Wirklichkeit verfälschen, z. B. durch eine bestimmte Wahl des Aufnahmewinkels und Zeitpunktes, Auswahl der Bilder innerhalb einer Diareihe.

Der Einsatz von Bildern im Geographieunterricht hat folgende Aufgaben (Stonjek 1997):
– Bilder können motivieren, sich mit räumlichen Erscheinungen auseinander zu setzen.
– Bilder bieten die Möglichkeit, bei der Interpretation Wissen um räumliche Strukturen und raumverändernde Prozesse anzuwenden und zu erproben.
– Bilder schaffen die Anschauung zu räumlichen Erscheinungen als Ausdruck von räumlichen Strukturen und als das Ergebnis von raumverändernden Prozessen. Dazu ist das Vergleichen mehrerer Bilder in einer Bildfolge hilfreich.
– Bilder erfordern, dass man lernt, in ihnen auch das zu sehen, was sie vordergründig nicht zeigen.
– Bilder sollten in ihren vielfältigen Funktionen im öffentlichen Leben (z. B. in der Werbung) erkannt werden.

Literatur

Brucker, A. (1988): Das Bild: Wand-, Hand- und Stehbild; Luft- und Satellitenbild. In: Haubrich, H. u. a.: Didaktik der Geographie konkret. München, S. 228–235

Stonjek, D. (1997): Bilder. In: Birkenhauer, J. (Hrsg.): Medien. Systematik und Praxis (= Didaktik der Geographie). München, S. 73–93

Theißen, U. (1986): Bilder. In: Köck, H. (Hrsg.): Grundlagen des Geographieunterrichts (= Handbuch des Geographieunterrichts, Band 1). Köln, S. 263–270

Gisbert Rinschede

Bildkarte

Definition
Die Bildkarte ist eine Kombination von Karte und Bildern; sie dient der Erleichterung des Kartenverständnisses.

Klassifikation
Bei einer Bildkarte sind bildhafte Darstellungen in eine Karte zur besseren Veranschaulichung von Symbolen eingefügt. Sie besteht demnach aus folgenden Medien:
– Bildhafte Darstellung wie z. B. Foto oder Zeichnung von Erscheinungen der Wirklichkeit.
– Karte. In sie sind an bestimmten Stellen bildhafte Darstellungen eingefügt (z. B. Gebäude in Stadtplänen).
Die Bildkarte darf nicht verwechselt werden mit dem (→) Panoramabild/der Panoramakarte.

Zur geographiedidaktischen Diskussion
Im Unterricht wird die Bildkarte vor allem bei der Einführung in das (→) Kartenverständnis eingesetzt zur Veranschaulichung von markanten räumlichen Gegebenheiten wie Gebäude, Denkmäler, Berge, Flüsse etc.
Im Rahmen des synthetischen Verfahrens wird nach der Begegnung mit der Wirklichkeit vor Ort und der anschließenden Darstellung im Sandkasten/Modell eine zweidimensionale Kartenskizze erstellt, vor allem bestehend aus dem Wege- und Straßennetz und aus Fotos markanter Phänomene. Werden die Fotos durch Zeichnungen der Kinder ersetzt, ist das genetische Verfahren mit einbezogen, das die räumliche Vorstellung der Schüler berücksichtigt.
Die Bildkarte findet auch außerhalb der Einführung ins Kartenverständnis ihre Verwendung, z. B. bei der Behandlung charakteristischer Gegebenheiten im Nahraum, die bezüglich ihrer Lage, räumlichen Beziehungen und Entstehungsprozesse analysiert werden.
Schließlich dient die Bildkarte als Poster der Darstellung der Ergebnisse von Projekten.

Literatur
Rose, R. (1973): Von der Landschaft – zur Landkarte – zur Landschaft. In: Engelhard, W.-D. und H. Glöckel (Hrsg.): Einführung ins Kartenverständnis. Bad Heilbrunn, S. 95–102
Wilimsky, H. (1984): Vom Bild zur Karte. In: Ehrenwirth Grundschulmagazin, Jg. 11, H. 12, S. 13–14

Gerhard Preisler

Bildungsaufgaben und -ziele des Geographieunterrichts

Definition
Die Bildungsaufgaben des Geographieunterrichts bestimmen sich von jenem Beitrag her, den das Fach zur ganzheitlichen und mündigen Entfaltung des Schülers und seiner Befähigung zur Meisterung des Lebens in der Welt und zum Verstehen von Welt leisten soll. Diese Bildungsaufgaben werden über Ziele und Qualifikationen konkretisiert (→ Curricularer Ansatz).

Klassifikation
Allgemein sind zwei Bereiche auszumachen:
– Allgemeinbildung. Diese wird nach Inhalt und Umfang durch den jeweiligen Diskussionsstand in Gesellschaft und Pädagogik stark beeinflusst. Der allgemeine Rahmen wird dabei durch Mündigkeit (der Person) und Wertebewusstsein (innerhalb der Gesellschaft) gesetzt. Ständige Offenheit und Sensibilität für je neue Zusammenhänge sind wesentlich.
– Qualifikationen. Sie ergeben sich aus den Lebensanforderungen (z. B. Verstehen von Karten, Fähigkeit zur Mitgestaltung räumlicher Planungen u. dgl.) (→ Planungsdidaktik).
Besondere Aufträge für den Geographieunterricht sind u. a.:
– Verständnis für Lebensumwelten, Abbau von Klischees und Vorurteilen, d. h. also Praktizieren von Toleranz, Einsicht in die Verschiedenartigkeit von Räumen sowie deren unterschiedliche natur- und kulturgeographische Ausstattung
– Einsicht der Abhängigkeit der Völker und

Staaten voneinander bei immer stärkerer Globalisierung (→ Eine Welt)
- Verständnis der Abhängigkeit von ökologischen Grundlagen aller Art (Mensch und Umwelt, Ressourcenknappheit, Bewahrung der Erde, pfleglicher Umgang)

Zu diesen Aufgaben sind bestimmte (→) Qualifikationen zu erwerben (→ Curricularer Ansatz, → Lernziele).

Da Zielsetzungen das Wozu des Geographieunterrichts bestimmen und von dort aus die Inhalte, führen Zieländerungen zu Änderungen und Akzentverschiebungen bei den Inhalten (→ Vaterländische Erdkunde, → Völkische Erdkunde, → Geographieunterricht in der DDR).

Zur geographiedidaktischen Diskussion

Nach Robinsohn (1967) spielten Lernziele und (→) Qualifikationen eine so große Rolle, dass die Lehrpläne z. T. radikal verändert wurden und häufig die frühere Orientierung an der Länderkunde und an der Aufgabe der Allgemeinbildung kaum noch als wichtig erschien. Nach 1980 wurde die Forderung nach Allgemeinbildung wieder lauter. Diese sollte im Geographieunterricht z. B. über (→) Problemfelder, (→) Schlüsselprobleme und (→) Schlüsselbegriffe erreicht werden. In der DDR blieb jedoch die Orientierung am „länderkundlichen Durchgang" sowie an natur- und wirtschaftsgeographischen Räumen und Bezügen erhalten. Ab etwa 1980 wurde aber auch hier zunehmend auf Schlüsselbegriffe hin abgehoben, allerdings stark wissenschaftsorientiert.

In der „Internationalen (→) Charta der Geographischen Erziehung" wurden weltweit empfohlene Bildungsaufträge umfassend und kohärent von Problemfeldern ausgehend vorgelegt. Diese Empfehlungen stimmen auf weiten Strecken mit den Vorstellungen der deutschen Geographiedidaktik überein.

Literatur

Birkenhauer, J. (1986): Erziehungswissenschaftlicher Rahmen. In: Köck, H. (Hrsg.): Grundlagen des Geographieunterrichts (= Handbuch des Geographieunterrichts, Band 1). Köln, S. 59–95

Birkenhauer, J. (1988): Erdkunde und Allgemeinbildung. In: Geographie und ihre Didaktik, Jg. 16, H. 4, S. 173–182

Birkenhauer, J. (1994): Veränderte Weltbilder. In: geographie heute, Jg. 15, H. 120, S. 51–52

Hasse, J. (1994): Geographie und Bildung. In: Praxis Geographie, Jg. 24, H. 4, S. 4–7

Haubrich, H. (Hrsg.) (1994): Internationale Charta der Geographischen Erziehung (= Geographiedidaktische Forschungen, Band 24). Nürnberg

Haubrich, H. (1997): Ziele des Geographieunterrichts. In: Haubrich, H. u. a.: Didaktik der Geographie konkret. München, S. 36–39

Rhode-Jüchtern, T. (1997): Den Raum lesen lernen. Perspektivenwechsel als geographisches Konzept (= Didaktik der Geographie). München

Richter, D. (1997): Prinzipien geographischer Bildung und Umwelterziehung. In: Haubrich, H. u.a.: Didaktik der Geographie konkret. München, S. 150–151

Robinsohn, S. B. (1967): Bildungsreform als Revision des Curriculum. Neuwied und Berlin

Schmidt-Wulffen, W.-D. (1994): Schlüsselprobleme. In: Praxis Geographie, Jg. 24, H. 3, S. 13 ff.

Schrand, H. (1995): Das Selbstverständnis des Erdkundeunterrichts in den alten Bundesländern. In: Flath, M. und G. Fuchs (Hrsg.): Fachdidaktische Standorte. Theoretisches Erbe und aktuelle Positionen (= Zweites Gothaer Forum zum Geographieunterricht 1994). Gotha, S. 23–27

Josef Birkenhauer

Bilingualer Geographieunterricht

Definition

Bilingualer Unterricht ist die Erteilung von Unterricht in Sachfächern sowohl in Deutsch als auch in einer modernen Fremdsprache. Ziel dieses Unterrichts ist sowohl die Vermittlung geographischer Kenntnisse als auch eine den schulischen Verhältnissen angepasste Kompetenz in beiden Sprachen.

Klassifikation

1. Nach dem Umfang des Fremdsprachenerwerbs
Ursprünglich wurde Bilingualität als Fähigkeit eines Menschen verstanden, zwei Sprachen (möglichst auf muttersprachlichem Niveau) gleichzeitig zu beherrschen. Heute kann damit auch Unterricht in Sachfächern für muttersprachlich deutsche Schüler gemeint sein.

2. Nach der Jahrgangsstufe
Bilingualer Unterricht kann entweder in einzelnen Sachfächern der Regelschule oder in speziellen zweisprachigen Zweigen oder Schulen unterrichtet werden.

Zur geographiedidaktischen Diskussion
Aufgrund ihrer spezifischen Eigenheiten bietet sich Geographie für das bilinguale Arbeiten in besonderer Weise an:
- Die Beschäftigung mit fremden Ländern verlangt nach interkultureller Kompetenz.
- Es besteht bereits die Nähe zur (→) Landeskunde in den modernen Fremdsprachen.
- Der hohe Anteil visueller Medien kann mit einfachen sprachlichen Mitteln bereits in einem frühen Stadium des Fremdsprachenerwerbs beschrieben werden.

Bilingualer Geographieunterricht soll keine Zubringerfunktion für den allgemeinen Fremdsprachenunterricht (z. B. → Landeskunde) haben, sondern die Schüler sollen geographische Sachverhalte auch in einer modernen Fremdsprache verstehen und ausdrücken können. Aus diesem Grund werden Noten für die Inhalte und nicht den sprachlichen Ausdruck gegeben.

Obwohl breit angelegte methodische Untersuchungen bisher fehlen, bestätigen Praxisberichte, dass der bilinguale Unterricht dazu beitragen kann, Sprechängste abzubauen und damit zu einer verstärkten Motivation am Geographieunterricht führt. Dies äußert sich unter anderem darin, dass das Wissen über die behandelten Zielländer höher ist als bei nicht-bilingualen Schülergruppen. Auch die sonst zu beobachtende Verlangsamung der Wissenszunahme in der Mittelstufe tritt in geringerem Maße ein. Weber (1993) konnte außerdem feststellen, dass der bilinguale Unterricht bei Schülern zu einer höheren kognitiven, affektiven und psychosozialen Kompetenz führt, er somit auch zum (→) interkulturellen Lernen beiträgt.

Literatur
Ernst, M. (1992): Bilingualer Sachfachunterricht. Ein Beitrag zur interkulturellen Erziehung. In: Geographische Rundschau, Jg. 44, H. 11, S. 612
Ernst, M. (1995): Bilingualer Fachunterricht in Deutschland. Überblick zur Problematik mit Adressen und Literaturhinweisen. In: Zeitschrift für den Erdkundeunterricht, Jg. 47, H. 9, S. 359–362
Friedrich, V. (1991): Erdkunde auf Englisch. Chancen und Probleme bilingualen Unterrichts. In: geographie heute, Jg. 12, H. 95, S. 42–43
Kirchberg, G. (1997): Bilinguales Lernen. In: Haubrich, H. u. a.: Didaktik der Geographie konkret. München, S. 244–247
Rischke, D. (1997): „Erdkunde ‚in English' macht viel mehr Spaß!" – Versuch einer Standortbeschreibung des bilingualen Erdkundeunterrichts. In: geographie heute, Jg. 18, H. 156, S. 44–45
Weber, R. (1993): Bilingualer Erdkundeunterricht und Internationale Erziehung (= Geographiedidaktische Forschungen, Band 23). Nürnberg

Gerd Bauriegel

Blockbild

Definition
Das Blockbild ist eine perspektivische Zeichnung eines Ausschnitts der Geosphäre. Es vereinigt Gelände- und Profilzeichnung, d. h. es lässt an der „Oberfläche" des Blocks die Geländeform und an den Seiten häufig den Bau des Erdinneren im Schnitt als Profil erkennen. Der Landschaftsquerschnitt ist eine Erweiterung des Blockbildes, da er einen größeren Ausschnitt und eine Abfolge von Landschaften darstellt.

Klassifikation

Blockbilder sind zweidimensionale Vertreter der konkreten Modelle auf verschiedenen Medienträgern wie Tafel, Schulbuch, Atlas, Arbeitsblatt und Folie. Es lassen sich drei verschiedene Blockbildarten unterscheiden:
- das geologisch-tektonische Blockbild, das in vereinfachter schematischer Weise geotektonische Grundbegriffe und Vorgänge, wie Hebung, Senkung, Faltung, Verwerfung, Grabenbruch, Horstbildung etc. veranschaulicht;
- das morphologische Blockbild, das verschiedene Oberflächenformen häufig auch in ihrer Abhängigkeit vom geologischen Untergrund darstellt;
- das landschaftliche Blockbild, das neben den naturlandschaftlichen Gegebenheiten auch noch wichtige Elemente der Kulturlandschaft, wie Siedlung, Wirtschaft, Verkehr etc. zeigt. Das so genannte Flächenprofil stellt den Übergang vom Blockbild zum (→) Profil dar, bei dem ein einfaches Höhenprofil schematisch in die Tiefe (3. Dimension) erweitert wird.

Der Landschaftsquerschnitt wurde besonders im länderkundlichen Unterricht verwendet. Dabei verzichtete man häufig auf das zweite Seitenprofil.

Zur geographiedidaktischen Diskussion

Statt des Begriffs Blockbild wird auch in Anlehnung an den angloamerikanischen und französischen Sprachgebrauch der Begriff Blockdiagramm verwendet. Allerdings ist dieser Terminus irreführend, da das Blockbild kein (→) Diagramm enthält. Ebenso ist der Begriff Blockprofil abzulehnen, denn das Profil bildet nur einen zweidimensionalen Sachverhalt (Schnitt) ab.

Mit der Abwendung von der Länderkunde nahm der Einsatz des Landschaftsquerschnitts im Unterricht ab. Auch blieb der unterrichtliche Einsatz der geologischen und morphologischen Blockbilder vorwiegend auf die physiogeographischen Themen beschränkt. Das landschaftliche Blockbild spielt heute bei solchen Unterrichtsthemen eine Rolle, die Beziehungen zwischen naturgeographischen und kulturgeographischen Elementen zeigen können (z. B. Geologie, Morphologie und Bodennutzung). Häufig findet es Verwendung zur Darstellung von landschaftsökologischen Zusammenhängen.

Vielfach wird statt des Blockbildes das einfacher zu erstellende (→) Profil verwendet. Ebenso wie bei Profil-, (→) Landschafts- und (→) Sachzeichnung besteht beim Blockbild die Gefahr der zu starken Überhöhung und Vereinfachung. Besonders bei der Darstellung von Ländern oder ganzen Kontinenten kann es zur Verzerrung der Maßstabsverhältnisse kommen, wenn z. B. Millionenstädte nur durch einzelne Häuschen veranschaulicht werden.

Literatur

Achilles, F.-W. (1983): Zeichnen und Zeichnungen im Geographieunterricht. Köln, S. 97–112

Birkenhauer, J. (1997): Blockbild – Landschaftsquerschnitte. In: Birkenhauer, J. (Hrsg.): Medien. Systematik und Praxis (= Didaktik der Geographie). München, S. 125–129

Brucker, A. (1988): Das Profil. In: Haubrich, H. u. a.: Didaktik der Geographie konkret. München, S. 308–311

Büschenfeld, H. (1977): Das Profil. In: Beiheft Geographische Rundschau, Jg. 7, H. 4, S. 172–175

Knübel, H. (1977): Der Landschaftsquerschnitt. Das Flächen- oder Übersichtsprofil. In: Beiheft Geographische Rundschau, Jg. 7, H. 4, S. 176–180

Theißen, U. (1986): Blockbild. In: Köck, H. (Hrsg.): Grundlagen des Geographieunterrichts (= Handbuch des Geographieunterrichts, Band 1). Köln, S. 276–278

Gisbert Rinschede

Brückenfunktion
der Geographiedidaktik

Definition

Geographiedidaktik berücksichtigt Ziele, Methoden und Ergebnisse sowohl der Fachwissenschaften als auch der Erziehungswissenschaften (→ Geographiedidaktik).

Klassifikation
1. Fachwissenschaftlich orientierte Geographiedidaktik. Ihr Ziel ist primär die Vermittlung von Erkenntnissen und Methoden der Geographie sowie benachbarter Natur- und Sozialwissenschaften. Als Hauptaufgabe gilt das Verständlichmachen wissenschaftlicher Erkenntnisse durch (→) Vereinfachung bzw. Elementarisierung.
2. Erziehungswissenschaftlich orientierte Geographiedidaktik. Ihr Ziel ist vor allem die Vermittlung von Qualifikationen (→ Curricularer Ansatz) bzw. Kompetenzen (→ Raumverhaltenskompetenz), die im Leben anwendbar sind. Außerdem müsse der Geographieunterricht zur (→) Allgemeinbildung beitragen. Hauptaufgaben sind zum einen die pädagogisch begründete Auswahl und die effektive Vermittlung (geo)wissenschaftlicher Erkenntnisse, zum anderen die Vermittlung von (→) Schlüsselqualifikationen mithilfe geographischer Beispiele.

Literatur
Haubrich, H. und K. Engelhard (1997): Pädagogische Orientierung des Geographieunterrichts. In: Haubrich, H. u. a.: Didaktik der Geographie konkret. München, S. 21–48
Köck, H. (1991): Didaktik der Geographie – Methodologie. München
Oblinger, H. (1976): Fachwissenschaft und Erziehungswissenschaft in der Geographiedidaktik. In: Bauer, L. und W. Hausmann (Hrsg.): Geographie. München, S. 96–102
Richter, D. und K. Engelhard (1997): Fachwissenschaftliche Grundlagen des Geographieunterrichts. In: Haubrich, H. u. a.: Didaktik der Geographie konkret. München, S. 87–112
Weitere Literatur s. (→) Geographiedidaktik.

Dieter Böhn

Charta, Internationale Charta der Geographischen Erziehung

Definition
Die Internationale Charta der Geographischen Erziehung ist eine Vereinbarung der Internationalen Geographischen Union (IGU) über Bedeutung, Ziele, Inhalte, Lehrpläne, Medien, Methoden und Rahmenbedingungen der Geographie in Lehrerbildung und Schule.

Zur geographiedidaktischen Diskussion
Die Internationale Charta der Geographischen Erziehung wurde in über 70 Ländern veröffentlicht, von über 500 Mitgliedern der Kommission für Geographische Erziehung der Internationalen Geographischen Union diskutiert und 1992 auf dem Internationalen Geographentag in Washington proklamiert.

Literatur
Haubrich, H. (Hrsg.) (1994): International Charter on Geographical Education (= Geographiedidaktische Forschungen, Band 24). Nürnberg

Hartwig Haubrich

Chorologischer Ansatz

Definition
Der chorologische Ansatz betont die Erfassung und Erklärung räumlicher Verbreitungsmuster und Ordnungen im Geographieunterricht. Ziel ist eine raumwissenschaftliche Grundorientierung des Unterrichts (→ Regionalgeographische Ansätze, → Paradigma).

Klassifikation
Es gibt fast beliebig viele Klassifikationen, da jede Fragestellung eine eigene Abgrenzung ermöglicht.
Beispiele sind:
1. Funktionalräume (z. B. Stadt-Umland)
2. Territorien (Staaten)
3. Planungsräume
4. Geozonen

Zur geographiedidaktischen Diskussion

Nach Köck (1986) zielt der chorologische Ansatz auf spezifisch geographisch ausgerichtete, eng an der Fachwissenschaft orientierte Fragestellungen. Das Ziel ist die Erkenntnis räumlicher Ordnungssysteme.

Literatur
Gregory, D. (1986): Chorology. In: Johnston/Gregory/Smith (ed.): The Dictionary of Human Geography (Blackwell). Oxford, pp. 52–53
Köck, H. (1986): Chorologischer Ansatz. In: Köck, H. (Hrsg.): Grundlagen des Geographieunterrichts (= Handbuch des Geographieunterrichts, Band 1). Köln, S. 193–194

Dieter Böhn

Computer im Geographieunterricht

Definition

Der Computer ist ein Hilfsmittel sowie ein Medium zur Information, zur veranschaulichenden Darstellung und zur Unterstützung von Lernprozessen im Geographieunterricht,
1. bei der Erstellung und Auswertung von Unterrichtsmaterial,
2. zur Realisierung der Unterrichtsformen (→) Spiel, Simulation,
3. zur Unterstützung bei der Realisierung von Freiarbeit (→ Offener Unterricht), (→) Handlungsorientierung (z. B. Projekt) und interkultureller Kommunikation (→ Internet),
4. als Medium zur Realisierung der originalen (→) Begegnung im Sinne der Definition von Birkenhauer.

Zur geographiedidaktischen Diskussion

Die zunehmende Fähigkeit der Schüler, mit Rechnern kreativ und selbstständig umzugehen, ermöglicht ihr Mitwirken bei der Unterrichtsvorbereitung und eine gestaltende Mitarbeit im Unterricht, was Motivation und Lernerfolg beträchtlich steigern kann. Eine ähnlich starke Schülerbeteiligung ist bei der Auswertung und Aufbereitung von im Unterricht oder bei Projektvorhaben gewonnenen Daten gegeben. Dabei helfen für den Geographieunterricht erstellte Programme (z. B. zur Erstellung von Bevölkerungspyramiden oder Klimadiagrammen) der Lehrkraft, bzw. den Schülern, effektiv zu arbeiten. In hohem Maße kann wechselseitiges Lehren und Lernen stattfinden; die Arbeit mit dem Computer ist geeignet, das Lernklima in der Schule zu verbessern und Leistungsanreize zu schaffen.

Für den Geographieunterricht von großer Bedeutung ist die Gruppe der Simulationsspiele (z. B. SimCity / vgl. Reisigs 1995, Ökopolis u. v. a.) und der Computersimulationen von physio- und anthropogeographischen Prozessen mit interaktiven Möglichkeiten innerhalb des Softwareangebots.

Der Computer kann in diesem Zusammenhang auch als Hilfsmittel bei der Durchführung von Planspielen (→ Spiele) beispielsweise zu raumwirksamen Problemstellungen im Nahraum verwendet werden. Verschiedene Lösungsvarianten können mit Scanner, digitalisierten Karten und Bildbearbeitungssoftware veranschaulicht und für eine abschließende Beurteilung besser prognostiziert werden.

Die Grenzen für den Einsatz des Computers im Unterricht liegen in der immer noch fehlenden oder mangelhaften Ausbildung eines beträchtlichen Teils der Lehrkräfte, auch mangelnden Bereitschaft von Teilen der Lehrerschaft, sich mit dem Computer intensiv auseinander zu setzen, in den beschränkten Möglichkeiten der Sachaufwandsträger, mit der technischen Entwicklung Schritt zu halten und Schulen mit Computeranlagen in ausreichender Anzahl nach dem Stand der Technik auszurüsten, und nicht zuletzt auch im unterschiedlichen Niveau der Schüler bei den Fähigkeiten und Fertigkeiten für den Umgang mit Computern.

Literatur
Albrecht, V. (1994): „MOBIT" als Beispiel einer Geosimulation. In: Geographie und Schule, Jg. 16, H. 88, S. 10 ff.
Haubrich, H. (1997): Simulant. In: Frank, F., V.

Kaminske und G. Obermaier (Hrsg.): Die Geographiedidaktik ist tot, es lebe die Geographiedidaktik. Festschrift zur Emeritierung von Josef Birkenhauer (= Münchner Studien zur Didaktik der Geographie, Band 10). München, S. 237–252

Hemmer, I. (1994): Computersimulationen im Geographieunterricht. In: Schrettbrunner, H. (Hrsg.): Software für den Geographieunterricht (= Geographiedidaktische Forschungen, Band 18). Nürnberg

Kloss, B. (1987): Computereinsatz im Erdkundeunterricht. Augsburg

Koller, A. (1994): Praxis des Computereinsatzes im Geographieunterricht. In: Geographie und Schule, Jg. 16, H. 88, S. 23 ff.

Phol, B. (1995): Softwaretypen für den Erdkundeunterricht. In: Praxis Geographie, Jg. 25, H. 3, S. 40 ff.

Reisgis, F. (1995): SimCity. In: Praxis Geographie, Jg. 25, H. 3, S. 28

Schrettbrunner, H. (1996): Software für Geographie. Nürnberg

Peter Pfriem

Curricularer Ansatz

Definition

Der curriculare Ansatz geht von einem Lehrplan, Curriculum genannt, aus, bei dem die (→) Lernziele im Hinblick darauf ausgesucht werden, ob sie (→) Qualifikationen zur Bewältigung des gegenwärtigen und zukünftigen Lebens der Schüler leisten können. Hauptziel des Unterrichts ist es in dieser Sicht daher nicht, dem Schüler ein möglichst umfangreiches Fachwissen zu vermitteln.

Klassifikation

Curricula lassen sich nach verschiedenen Bereichen voneinander unterscheiden:
– Allgemein bildende Curricula oder
– fachspezifische Curricula.
Im Geographieunterricht ist allerdings in beiden Fällen auf die Vermittlung räumlicher Qualifikationen zu achten (→ Raumverhaltenskompetenz).

Zu deren Ermittlung soll in drei Schritten vorgegangen werden:
1. Welche Lebenssituationen hat der Schüler zukünftig zu erwarten?
2. Welche Qualifikationen kann ihm der Geographieunterricht zu deren Bewältigung an die Hand geben?
3. Anhand welcher Lerninhalte können die Qualifikationen vermittelt werden?

Zur geographiedidaktischen Diskussion

Der bereits seit dem Barock verwendete Begriff Curriculum bedeutet in seinem ursprünglichen Wortsinn curriculum scholasticum nichts anderes als Lehrplan. Ende der 60er-Jahre wurde er von Robinsohn aus der angelsächsischen Bildungsdiskussion ins Deutsche übernommen und prägte als curricularer Ansatz vor allem in den 70er-Jahren die Entwicklung der Lehrpläne. Die Qualifikationsanforderungen werden in Form unterrichtlich umsetzbarer Lernziele formuliert, denen erst in einem anschließenden Schritt die entsprechenden geographischen Lerninhalte zugeordnet werden.

Es stellte sich allerdings bald heraus, dass alle curricularen Lehrpläne bestenfalls Aussagen darüber machen konnten, mit welchen Zielen ein Thema behandelt werden sollte, d. h. welche Einsichten die Schüler aus dem jeweiligen Inhalt gewinnen sollten. Eine Analyse zukünftiger Lebenssituationen, die Ableitung sich daraus ergebender Qualifikationen bzw. Lernziele sowie die eindeutige Zuordnung entsprechender Inhalte gelang hingegen nicht. Seit den 80er-Jahren kam es daher wieder zu einer stärkeren Verbindung der Lernziele mit den entsprechenden Lerninhalten sowie einer erneuten Betonung des allgemein bildenden Charakters des Geographieunterrichts (→ Allgemeinbildung, geographische).

Literatur

Birkenhauer, J. (1986): Curriculartheoretische Didaktik. In: Köck, H. (Hrsg.): Grundlagen des

Geographieunterrichts (= Handbuch des Geographieunterrichts, Band 1). Köln, S. 79–82
Daum, E. (1980): Plädoyer gegen Lernzielorientierung. In: Geographie im Unterricht, Jg. 5, H. 2, S. 42–44
Ernst, E. (1970): Lernziele in der Erdkunde. In: Geographische Rundschau, Jg. 22, H. 5, S. 186–194
Haubrich, H. (1997): Quellen geographischer Lehr- und Lernziele. In: Haubrich, H. u. a.: Didaktik der Geographie konkret. München, S. 36–39
Hausmann, W. und G. Kirchberg (1997): Lernzielorientierung. In: Haubrich, H. u. a.: Didaktik der Geographie konkret. München, S. 122–123
Köck, H. (1980): Theorie des zielorientierten Geographieunterrichts. Köln
Robinsohn, S. B. (1967): Bildungsreform als Revision des Curriculum. Neuwied und Berlin

Gerd Bauriegel

Daseinsgrundfunktionen

Definition
Die Daseinsgrundfunktionen (auch Grunddaseinsfunktionen, Grundfunktionen) bezeichnen in der Geographie die Hauptbereiche, innerhalb derer sich menschliches Leben abspielt.

Klassifikation
Nach Partzsch (1964) handelt es sich um folgende sieben Daseinsgrundfunktionen:
– In Gemeinschaften leben
– Sich versorgen
– Wohnen
– Arbeiten
– Sich bilden
– Sich erholen
– Am Verkehr teilnehmen

Zur geographiedidaktischen Diskussion
Bei der Einführung der Daseinsgrundfunktionen griff Partzsch auf städtebauliche Überlegungen zurück, die in der Charta von Athen (1933) enthalten sind (klare Trennung der Funktionen in der Anlage von Städten). Als wichtigste Konstruktions- und Gliederungsgesichtspunkte geographischer Inhalte wurden sie in der so genannten Münchner Schule der Sozialgeographie verwendet.
Sie wurden von Didaktikern für die Strukturierung von Lehrplänen im Sinne der Lebenssituationen nach Robinsohn ab 1969 aufgegriffen. Zum Tragen kamen sie besonders in den Lehrplänen der Grundschule und den Lehrplänen für die Klassen 5 und 6 (→ Sozialgeographischer Ansatz).
Bevor sie sich in den Sekundarstufen etablieren konnten, trat eine gewisse Ernüchterung (ab etwa 1972) ein. Kritisch wurde ausgeführt:
1. Der Begriff „Funktion" ist falsch; richtiger sei „Grundbedürfnis" (basic need).
2. Ihre strikte Anwendung führe zu einem neuen Schematismus und zerreiße so wesentliche Zusammenhänge und (→) Problemfelder. Außerdem würden sie eine Abschottung zu anderen Fächern herbeiführen, die diese Begrifflichkeit nicht kennen.
3. Sinnvoll dagegen seien die Daseinsgrundfunktionen als Suchinstrumente, von denen aus erdwissenschaftliche Sachverhalte für die Schüler motivational erschlossen werden können.
Diese kritische Sichtweise setzte sich in der Folgezeit im Wesentlichen durch (vgl. Richter 1997).
Für Köck (1980, 1986) bildeten die Daseinsgrundfunktionen eine theoretische Handhabe, um die Grundfunktionen als so genannten Scheinwerfer für die Ermittlung raumrelevanter (→) Qualifikationen zu verwenden.

Literatur
Birkenhauer, J. (1974): Die Daseinsgrundfunktionen und die Frage einer „curricularen Plattform" für das Schulfach Geographie. In: Geographische Rundschau, Jg. 26, H. 12, S. 499–503
Köck, H. (1980): Theorie des zielorientierten Geographieunterrichts. Köln
Köck, H. (1986): Raumrelevante Verhaltensdispositionen als Ziele. In: Köck, H. (Hrsg.):

Grundlagen des Geographieunterrichts (= Handbuch des Geographieunterrichts, Band 1). Köln, S. 143–151
Partzsch, D. (1964): Daseinsgrundfunktionen. In: Handwörterbuch der Raumforschung und Raumordnung. Hannover. Bd. 1, S. 424–430
Richter, D. (1997): Daseinsgrundfunktionen. In: Haubrich, H. u. a.: Didaktik der Geographie konkret. München, S. 164
Ruppert, K. und F. Schaffer (1969): Zur Konzeption der Sozialgeographie. In: Geographische Rundschau, Jg. 21, S. 205–214

Josef Birkenhauer

Diagramm

Definition
Das Diagramm ist eine zeichnerische Veranschaulichung von quantifizierbaren Werten oder Größen bzw. von Zusammenhängen zwischen zwei oder mehreren quantifizierbaren Werten oder Größen.

Klassifikation
Es lassen sich folgende Formen unterscheiden, die sich z. T. überlappen:
– das Strich- oder Stabdiagramm, das die lineare Dimension wiedergibt (z. B. Länge von Verkehrswegen)
– das Balken- und Säulendiagramm, das der Veranschaulichung von Rangreihen dient (z. B. Niederschläge)
– das Band- oder Streifendiagramm, das in Teilmengen gegliedert ist und Prozentwerte grafisch ausdrückt (z. B. Bodennutzung)
– das Punktdiagramm, das der vergleichenden Darstellung von Größen in Bezug zu bestimmten Raumeinheiten dient (z. B. Bevölkerungsdichte)
– das Flächendiagramm, das als Quadrat, Kreis, Signatur oder Bild flächenhafte Dimensionen angibt (z. B. Größe der Erdteile)
– das Kreissektorendiagramm, das als eine besondere, häufig verwendete Form des Flächendiagramms eine kombinierte Darstellung sowohl absoluter als auch relativer Werte durch Einteilung in Sektoren gestattet (z. B. Beschäftigte in Wirtschaftssektoren)
– das Körperzeichendiagramm (oder Volumendiagramm), bei dem die Figurengrößen (Kugel, Würfel) mit zunehmendem Inhalt nur relativ langsam wachsen (z. B. Förder- und Produktionszahlen)
– das Kurvendiagramm, das sich bei kontinuierlicher Wertänderung oder sehr dichter Folge von Messungen oder Zählungen ergibt. Es eignet sich besonders zur Kennzeichnung von Abläufen, Veränderungen, Prozessen und Entwicklungen (z. B. Jahresgang der Temperatur)
– das kombinierte Diagramm, das komplexe Sachverhalte und Beziehungszusammenhänge veranschaulicht (z. B. Klimadiagramm als Kombination von Säulen- und Kurvendiagramm)
– das Strahlendiagramm, das als Richtungspfeil Mengen und Bewegungen von Größen darstellt, die von einem zu einem anderen Ort gelangen (z. B. Einfuhr und Ausfuhr, Herkunft der Gastarbeiter)
– das Dreiecksdiagramm, das eine prozentuale Gruppierung von Werten nach jeweils drei typischen Eigenschaften darstellt, die zusammen 100 % ergeben (z. B. Korngrößenzusammensetzung nach Anteilen an Ton, Schluff und Sand)
– das Pyramidendiagramm, das eine Häufigkeitsverteilung durch übereinander gesetzte Band- oder Streifendiagramme darstellt (z. B. Alterspyramide der Bevölkerung)
– das Korrelationsdiagramm, das die koordinatenmäßige Lage von Punkten angibt (z. B. Länder nach Bruttosozialprodukt und Energieverbrauch)
– das Zähldiagramm, das geometrische, symbolische oder naturalistische Zähleinheiten (Kreisscheiben, Quadrate, Symbolfiguren) verwendet (Einwohner pro km^2)
– das Flussdiagramm (→ Schemazeichnung).

Zur geographiedidaktischen Diskussion
Bei der Ersteinführung von Diagrammen sollte ein enger Bezug zu einer konkreten Lebenssi-

tuation gesucht werden. Ferner sollten die wesentlichen Entstehungsschritte von der Datenerhebung über die Tabellierung bis zur grafischen Umsetzung nachvollzogen werden.
Die verschiedenen Formen des Diagramms sind lern- und entwicklungspsychologisch unterschiedlich zu bewerten. So sind Zähldiagramme mit figürlichen Darstellungen für jüngere Schüler besser zu verstehen. Kurvendiagramme sollten erst nach der Einführung des Säulendiagrammes und des Kreisdiagrammes und nach Vorliegen der entsprechenden geometrischen Voraussetzungen eingesetzt werden. Besondere Schwierigkeiten entstehen bei der Verwendung von Diagrammen mit logarithmischen Maßstäben.
Der Einsatz von Diagrammen im Unterricht soll in folgenden Schritten ablaufen (Engelhard 1986):
– Aufnehmen (Einlesen in das Diagramm)
– Beschreiben (Verbalisierung)
– Analysieren (Erkennen von Zusammenhängen und Bewertung)
– Anwenden (Übertragung der Information auf übergreifende Fragestellungen).
Im Unterricht soll die Möglichkeit der Manipulation von Aussagen durch Diagramme thematisiert werden (→ Medienerziehung).

Literatur
Achilles, F.-W. (1983): Zeichnen und Zeichnungen im Geographieunterricht. Köln
Brucker, A. (1988): Das Diagramm. In: Haubrich, H. u. a.: Didaktik der Geographie konkret. München, S. 276–279
Engelhard, K. (1986): Das Diagramm. In: Brucker, A. (Hrsg.): Medien im Geographie-Unterricht. Düsseldorf, S. 101–117
Stonjek, D. (1997): Diagramme – Veranschaulichung statistischer Daten. In: Birkenhauer, J. (Hrsg.): Medien. Systematik und Praxis (= Didaktik der Geographie). München, S. 138–158
Gisbert Rinschede

Didaktische Analyse

Definition
In der didaktischen Analyse geht es um die begründete Auswahl von Unterrichtsinhalten und deren Anordnung (Strukturierung) im Hinblick auf das Unterrichtsziel.

Klassifikation
Kriterien zur Kennzeichnung unterrichtsrelevanter Lerngegenstände unter Berücksichtigung der Grundfragen (Wozu? Was? Warum? Für wen?) sind:
– Gesellschaftsrelevanz
– Schülerrelevanz
– Fachrelevanz
Die gesellschaftliche Relevanz des Lerngegenstandes zielt ab auf spezifische Verwendungsmöglichkeiten im privaten und öffentlichen Leben.
Folgende Bereiche sind vor allem wichtig:
– Lehrplanbezug (vorgegeben)
– Bedeutung der Thematik (Erkenntnisse und Einsichten) für Raumbewältigung in gegenwärtigen und zukünftigen Lebenssituationen
– Gewinnung von methodischen Fähigkeiten und Fertigkeiten
– Eignung des Themas zur Erreichung sozialer Ziele
– Gewinnung von Kriterien zur Bewertung, zum Abbau von Vorurteilen usw.
Die Schülerrelevanz ist bestimmt durch
– die anthropologisch-psychologischen Voraussetzungen, Lernfähigkeit (Lernstand, Lernstil, Lerntempo), Lernbedürfnis
– die soziokulturellen Voraussetzungen
Diese anthropologisch-psychologischen und soziokulturellen Voraussetzungen lassen sich entsprechend auch für den Lehrer bestimmen.
Die Fachrelevanz des Lerngegenstandes wird deutlich in mehreren fachlichen Repräsentanz-Eigenschaften wie
– Problemeigenschaften
– exemplarische Bedeutung
– fachmethodische Eigenschaft
Diese drei Komponenten bestimmen die inhaltliche Strukturierung des Themas (Einsehbarkeit

der Struktur) (→ Sachanalyse/Sachinformation). Ergebnisse dieser Überlegungen bzgl. der Strukturierung der Unterrichtsinhalte sollen in der Sachanalyse/Sachinformation zu Beginn eines Unterrichtsentwurfes festgehalten werden.

Zur geographiedidaktischen Diskussion
Der Begriff der didaktischen Analyse stammt in der hier verwendeten Bedeutung von Klafki (1962), der sie als den „Kern der Unterrichtsvorbereitung" bezeichnet. Gemeint ist hiermit die zentrale Frage nach dem Bildungsgehalt des jeweiligen Bildungsinhaltes. Die Ergebnisse der didaktischen Analyse beeinflussen die Entscheidung, ob der jeweilige Bildungsinhalt Gegenstand des Unterrichtsprozesses wird und in welcher Weise er aufzuarbeiten ist. In einem anderen Sinn wird der Begriff der didaktischen Analyse innerhalb der Unterrichtsanalyse der Berliner Schule verwendet. Im Bereich des lerntheoretischen Ansatzes der Berliner Schule erfolgt jedoch weniger eine didaktische Analyse, sondern eine Analyse des Unterrichts (→ Unterrichtsanalyse) im Hinblick auf seine Bedingungs- und Entscheidungsfelder.

Literatur
Engelhard, K. (1997): Unterrichtsplanung und -analyse. In: Haubrich, H. u. a.: Didaktik der Geographie konkret. München, S. 367–430
Klafki, W. (1962): Didaktische Analyse als Kern der Unterrichtsvorbereitung. In: Die Deutsche Schule, Jg. 54, S. 138–148
Klafki, W. (1991): Neue Studien zur Bildungstheorie und Didaktik. Weinheim und Basel
Schröder, H. (1992): Grundwortschatz Erziehungswissenschaft. München
Gisbert Rinschede

Dienstleistungsfach Geographie

Definition
Als Dienstleistungsfach liefert der Geographieunterricht fachliche Inhalte und Methoden, die für zahlreiche andere Fächer von Bedeutung sind.

Klassifikation
Kirchberg (1993) nennt zwei Hauptbereiche:
1. (→) Topographie als genereller Dienstleistungsauftrag, z. B. topographisches Orientierungswissen und räumliche Ordnungsvorstellungen
2. Geographische (→) Arbeitstechniken als Dienstleistung, z. B. Umgang mit Karten und statistischem raumbezogenen Material.

Zur geographiedidaktischen Diskussion
Die Betonung des Schulfaches Geographie als Dienstleistungsfach für möglichst viele andere Fächer unterstreicht einmal das Bemühen um eine weitgehende fächerübergreifende Kooperation, zum andern ist es der Versuch, die Geographie an der Schule über diese Funktion aufzuwerten.

Literatur
Kirchberg, G. (1993): Die Bedeutung des Geographieunterrichts als Dienstleistungsfach für andere Unterrichtsfächer. In: Geographie und Schule, Jg. 15, H. 84, S. 29–34
Dieter Böhn

Direkte Begegnung → Begegnung

Dritte Welt
im Geographieunterricht

Definition
Unter dem Begriff Dritte Welt versteht man – ebenso wie unter dem Begriff Entwicklungsländer – Staaten geringeren Entwicklungsstandes. Er entstand 1955 während der Zeit des Kalten Krieges zwischen der so genannten Ersten (westlichen) und Zweiten (sozialistischen) Welt und bezeichnete ursprünglich diejenigen Länder, die keinem dieser beiden Blöcke ideologisch, militärisch oder wirtschaftlich zuzuordnen waren. Im Gegensatz dazu betont das Konzept der Entwicklungsländer den dynamischen Aspekt, d. h. die Einsicht und den Willen dieser Staaten, den bestehenden Zustand der wirtschaftlichen

Unterentwicklung zu überwinden (→ Eine Welt).

Klassifikation
Eine unumstrittene Abgrenzung von Ländern der Dritten Welt nach ihrem Entwicklungsstand existiert nicht. Neben einer rein ökonomischen Klassifikation wird häufig eine Kombination der Indikatoren wie z. B. ein relativ hohes Bevölkerungswachstum, unzureichende Nahrungsmittelversorgung, ein niedriges Pro-Kopf-Einkommen sowie dessen stark ungleiche Verteilung herangezogen. Unterschieden werden in der Regel zwei Untergruppen:
Als Schwellenländer werden diejenigen Staaten verstanden, die in ihrem Industrialisierungsprozess bereits weiter fortgeschritten sind. Eine allgemeine Definition für diese Staatengruppe hat sich bisher nicht durchgesetzt. Es werden sowohl ökonomische (Pro-Kopf-Einkommen, Anteil an der Weltindustrieproduktion usw.) als auch nichtökonomische (durchschnittliche Lebenserwartung, Alphabetisierungsquote) als Indikatoren herangezogen.
Neben den „normalen" Entwicklungsländern (less developed countries: LDC) werden schließlich die besonders armen Entwicklungsländer zu den so genannten least developed countries (LLDC) zusammengefasst und meist mit der Vierten Welt gleichgesetzt. Abgrenzungskriterium ist dabei eine Kombination der drei Indikatoren extrem niedriges Pro-Kopf-Einkommen, niedriger Anteil des verarbeitenden Sektors der Industrieproduktion sowie geringe Alphabetisierungsquote.
Mit dem Ende des Ost-West-Konflikts verschwand auch die bis dahin vertretene Dreiteilung der Welt. Die bisherige „Zweite Welt" wurde zum größeren Teil den Entwicklungsländern, zum kleineren den Industrieländern zugeschlagen.

Zur geographiedidaktischen Diskussion
Im Geographieunterricht (→ Geographiedidaktische Leitvorstellung) wurde die Erde zunächst vorwiegend als Bewährungsraum von Lebensformengruppen in ihrer Auseinandersetzung mit der Natur gesehen, z. B. die Indios im tropischen Regenwald Amazoniens. Das Bildungsziel dieses stark länderkundlichen Unterrichts zielte vorwiegend auf die Vermittlung möglichst umfangreicher kognitiver Kenntnisse ab. Im Verlauf der 70er-Jahre rückte das Interesse an einer vergleichenden Betrachtung globaler Disparitäten im wirtschaftlichen und sozialen Bereich stärker in den Mittelpunkt. Verantwortlich hierfür war die Ablösung der Länderkunde durch das allgemeingeographische bzw. das sozialgeographische Prinzip sowie eine stärkere Einbeziehung der Sozialwissenschaften und raumplanerischer Aspekte (→ Allgemeine Geographie, → Sozialgeographischer Ansatz). Im Mittelpunkt des Geographieunterrichts standen in dieser Zeit Fragen der Abgrenzung von Entwicklungsländern und die miteinander in Konkurrenz stehenden Entwicklungsstrategien (z. B. Modernisierungstheorien versus Dependenztheorien).
Als Ergänzung, zum Teil auch in Konkurrenz hat sich in der geographiedidaktischen Diskussion seit einigen Jahren daneben das Konzept der (→) Einen Welt stärker durchgesetzt.

Literatur
Fraedrich, W. (1996): Entwicklungsländer im Erdkundeunterricht. In: geographie heute – Sammelband Entwicklungsländer, S. 4–5
Kroß, E. (1991): „Global denken – lokal handeln". In: geographie heute, Jg. 12, H. 93, S. 40–45
Nohlen, D. (Hrsg.) (1996): Lexikon Dritte Welt. Reinbek
Nuscheler, F. (1995): Lern- und Arbeitsbuch Entwicklungspolitik. Bonn
Schmidt-Wulffen, W.-D. (1986): Unterentwicklung/Dritte Welt. In: Jander, L., W. Schramke und H.-J. Wenzel (Hrsg.): Metzler Handbuch für den Geographieunterricht. Köln, S. 494–502
Tajnsek, M. (1996): Das Thema im Unterricht. In: Informationen zur politischen Bildung 252: Entwicklungsländer, S. 51–54
Tröger, S. (1994): Leben in der „Einen Welt" – Leben in der „Un-Einen Welt". In: Praxis Geographie, Jg. 24, H. 3, S. 8–12

Gerd Bauriegel

Dynamisches Prinzip

Definition
Beim dynamischen Prinzip handelt es sich um die Gestaltung erdkundlicher Unterrichtseinheiten, bei der man von den wesentlichen Grundzügen eines Sachverhaltes ausgeht, nämlich den Dominanten und deren Bedingungsfaktoren (Dynamen). Das dynamische Prinzip soll zu raumstrukturierenden Einsichten führen.

Klassifikation
Mit dem dynamischen Prinzip schlug Spethmann (1928, 1937) eine Gestaltungsweise vor, die dem Schematismus der Länderkunde alten Stils (→ Länderkundliches Schema, „Hettner-Schema") diametral entgegengesetzt ist. Werden beim länderkundlichen Schema prinzipiell alle Bereiche gleichwertig gesehen, so werden beim dynamischen Prinzip nur die in einer Raumstruktur wirksam gewordenen wichtigen Gestaltungskräfte herausgearbeitet und in ihrem gegenseitigen Prozessgefüge einsichtig gemacht. Dazu sollen die wesentlichen Charakterzüge herausgearbeitet werden (z. B. Zentralismus als Dyname führt zum „wesentlichen Charakterzug", dass die wichtigsten Museen, Theater, Bibliotheken, Zentralen von Wirtschaftsunternehmen ihren Sitz in der Hauptstadt haben). Dynamen und Dominanten sind von der Fragestellung abhängig, sie leiten sich nicht aus dem Raum selbst ab.

Zur geographiedidaktischen Diskussion
Obwohl Spethmanns Darlegungen geographiedidaktisch einsichtig sind, haben sie sich lange nicht durchsetzen können. Die eingefahrenen Gleise erwiesen sich als stärker. Obwohl es Spethmann allein um eine Verbesserung der Schlüssigkeit länderkundlicher Darstellungen ging, ist die dynamische Gestaltungsweise auf alle erdkundlichen Sachverhalte, auch die allgemeingeographischen, anzuwenden. Beides, grundsätzliche Einsichtigkeit dieser Gestaltung wie auch ihre allgemeine Anwendbarkeit, dürften heute allgemein akzeptiert sein. Nachdrücklich setzte sich Birkenhauer für den Transfer der Spethmann'schen Ideen von der Wissenschaft auf das Schulfach ein.

Literatur
Birkenhauer, J. (1971): Erdkunde. Bd. 1. Düsseldorf, S. 163–172
Spethmann, H. (1928): Dynamische Länderkunde. Breslau
Spethmann, H. (1937): Das länderkundliche Schema in der deutschen Geographie. Berlin

Josef Birkenhauer

Eine Welt

Definition
Aus der Sicht der Einen Welt stellt die Erde ein globales System dar, in dem menschliche Aktivitäten in einer Region Konsequenzen im weltweiten Umfang haben. Ursache dieser weltweiten Auswirkungen ist die immer stärkere Zunahme weltweiter Abhängigkeiten der Mensch-Natur-Beziehungen (→ Dritte Welt, → Kulturerdteile).

Zur geographiedidaktischen Diskussion
1971 stellte der Club of Rome seine Thesen zur Endlichkeit des Wirtschaftswachstums vor (Meadows 1972). Obwohl diese nicht unumstritten waren, wurde mit ihnen dennoch zum ersten Mal einer größeren Öffentlichkeit die Notwendigkeit des schonenden Umgangs mit den endlichen Ressourcen stärker bewusst. Die zunehmenden wirtschaftlichen, sozialen und ökologischen Probleme im Zusammenwirken mit dem Eingeständnis einer gescheiterten Entwicklungspolitik führten allerdings erst mit der UN-Konferenz über Umwelt und Entwicklung in Rio de Janeiro (1992) zu der weltweit akzeptierten – wenn auch bisher erst in Ansätzen durchgesetzten – Erkenntnis, dass die Erde als einheitlicher Lebensraum aller Menschen nur durch gemeinsame Anstrengungen vor weiterer Zerstörung bewahrt werden kann (Agenda 21). Für den Geographieunterricht bedeutet dies, dass den Schülern die Bedeutung einer umweltgerechten Entwicklung sowohl in ihrem eige-

nen Land als auch in anderen Ländern besonders deutlich vor Augen geführt werden muss. Die Aufteilung in verschiedene „Welten" muss also der Sicht vom einen Planeten Platz machen (→ Dritte Welt).

Literatur
Bloomfield, P. (1998): The Challenge of Agenda 21 at Key Stages 1, 2 and 3. In: Geography, Vol. 83, No. 359, pp. 97–104
Engelhard, K. (1995): „Eine Welt" oder „Keine Welt" ist keine Alternative. In: Bünstorf, J. und E. Kroß (Hrsg.): Geographieunterricht in Theorie und Praxis. Beiträge zur Fachdidaktik – Arnold Schultze zum 65. Geburtstag. Gotha, S. 107–118
Kroß, E. (1991): „Global denken – lokal handeln". In: geographie heute, Jg. 12, H. 93, S. 40–45
Kroß, E. (1992): Von der Inwertsetzung zur Bewahrung der Erde – Die curriculare Neuorientierung der Geographiedidaktik. In: geographie heute, Jg. 13, H. 100, S. 57–62
Kroß, E. (1996): Vom Entwicklungsländer-Unterricht zum Eine-Welt-Unterricht. In: geographie heute – Sammelband Entwicklungsländer, S. 114–115
Meadows, D. u. a. (1972): Die Grenzen des Wachstums. Stuttgart
Tröger, S. (1993): Das Afrikabild bei deutschen Schülerinnen und Schülern. Saarbrücken
Tröger, S. (1994): Leben in der „Einen Welt" – Leben in der „Un-Einen Welt". In: Praxis Geographie, Jg. 24, H. 3, S. 8–12

Gerd Bauriegel

Einflussfaktoren
auf den Geographieunterricht

Definition
Einflussfaktoren oder Determinanten sind diejenigen Größen, welche Ziele, Inhalte und Methoden des Geographieunterrichts bestimmen.

Klassifikation
Wie bei allen Unterrichtsfächern wirken auch auf den Geographieunterricht eine Vielzahl von Einflussfaktoren ein. Beispiele sind:
1. Fachwissenschaften, z. B. Geographie und ihre Bezugswissenschaften
2. Erziehungswissenschaften, v. a. die jeweiligen pädagogischen Strömungen, z. B. emanzipatorische Erziehung
3. Gesellschaft, z. B. Wertesysteme
4. Politik, z. B. Parteien
5. Interessengruppen, z. B. Elternverbände
6. Verwaltung, z. B. Schulverwaltung
7. Schüler als Subjekt des Geographieunterrichts
8. Lehrer als Gestalter des Geographieunterrichts

Zur geographiedidaktischen Diskussion
Die Einflussfaktoren auf den Geographieunterricht sind in ihrer Stärke und vor allem in ihren Wechselwirkungen noch kaum erforscht. Der Einfluss der Schulverwaltung mit ihren formalen Vorgaben wie Stundenzahl und Lehrplan wird meist unterschätzt, der Einfluss der Lehrerpersönlichkeit mit ihrem Vorwissen und ihren inhaltlichen wie didaktischen Präferenzen ist noch kaum bekannt. Einen sehr geringen Einfluss hat trotz vieler gegenteiliger Behauptungen der Schüler (→ Geographieinteresse).

Literatur
Haubrich, H. und K. Engelhard (1997): Pädagogische Orientierung des Geographieunterrichts. In: Haubrich, H. u. a.: Didaktik der Geographie konkret. München, S. 21–48
Kirchberg, G. (1997): Psychologische Aspekte des Geographieunterrichts. In: Haubrich, H. u. a.: Didaktik der Geographie konkret. München, S. 49–86
Köck, H. (1997): Zum Bild des Geographieunterrichts in der Öffentlichkeit (= Perthes Pädagogische Reihe). Gotha
Richter, D. und K. Engelhard (1997): Fachwissenschaftliche Grundlagen des Geographieunterrichts. In: Haubrich, H. u. a.: Didaktik der Geographie konkret. München, S. 87–112

Wagner, H. (1997): Veränderte Kindheit – veränderte Raumwahrnehmung? Über die Rolle neuer Medien in Geographieunterricht und Kinderzimmer. In: Geographie und ihre Didaktik, Jg. 25, H. 1, S. 1–19

Dieter Böhn

Einführung in das Kartenverständnis → **Kartenverständnis**

Einzelbild

Definition
Das geographische Einzelbild ist eine lebensnahe, anschauliche, handlungsbetonte Lehreinheit, die primär Sinne und Gefühle des Schülers anspricht. Es umfasst eine kleine überschaubare erdräumliche Einheit.

Klassifikation
Einzelbilder verdeutlichen verschiedene inhaltliche Bereiche:
1. Eindrucksvolle naturgeographische Strukturen, z. B. „In einer Tropfsteinhöhle"
2. Handlungsbetonte Zusammenhänge zwischen dem Naturraum und seiner Nutzungsmöglichkeit, z. B. „Leben im tropischen Regenwald"
3. Aktuelle und dramatisch verlaufende, einmalig oder periodisch wiederkehrende Ereignisse in Natur, Wirtschaft und Gesellschaft, z. B. „Sturmflut auf der Hallig", „Hungerkatastrophe im Sahel"
4. Aktivitäten menschlicher Gruppen spannend aufzeigen, z. B. „Forschungsstation in der Antarktis".

Zur geographiedidaktischen Diskussion
Das Einzelbildverfahren wurde für den länderkundlichen Unterricht entwickelt, als man die Behandlung eines Landes im Unterricht in mehrere überschaubare Einzelbilder gliederte. Im allgemeingeographischen Unterricht stellen Einzelbilder an räumlich überschaubaren Beispielen allgemein gültige Strukturen und Prozesse dar.

Das Einzelbild kann wegen seiner anschaulichen, erlebnisbetonten Form bis etwa zum 15. Lebensjahr (8. Jahrgangsstufe) eingesetzt werden. Obwohl es einen Einzelfall darstellt, soll es wie die (→) Fallstudie zu übertragbaren Einsichten führen. Dabei sollte Klischeebildung vermieden werden (→ Vorurteil).

Literatur
Theißen, U. (1986): Einzelbildverfahren. In: Köck, H. (Hrsg.): Grundlagen des Geographieunterrichts (= Handbuch des Geographieunterrichts, Band 1). Köln, S. 220–221

Helmut Heinrich/Dieter Böhn

Elementarisierung → **Vereinfachung**

Entdeckendes Lernen

Definition
Bei dieser Art des Lernens soll ein Sachverhalt entdeckt werden, der dem Schüler noch nicht bekannt ist, wie z. B. ein geographischer Zusammenhang. Der Weg dorthin darf dabei nicht bis ins Letzte festgelegt sein. Er muss vielmehr Chancen selbstständigen Suchens ermöglichen und so die Entwicklung von Denkstrategien beim Schüler fördern (→ Handlungsorientierung, → Offener Unterricht).

Klassifikation
Das entdeckende Lernen, das seit der Reformpädagogik auch als „learning by doing" bekannt ist, steht dem traditionellen, gelenkten Unterrichten gegenüber. Lenkungsmaßnahmen lassen sich in der Regel allerdings nie ganz ausschließen. Eine weitere Unterscheidung kann nach kurzphasigem (innerhalb einer Unterrichtsstunde) oder langphasigem (über zwei oder mehr Unterrichtsstunden) entdeckenden Lernen getroffen werden.

Zur geographiedidaktischen Diskussion
Wegen der Vielzahl der Materialien sowie der Möglichkeit der originalen (→) Begegnung ist der Geographieunterricht für diese Art des Ler-

nens besonders gut geeignet. Allerdings ist die unmittelbare Begegnung mit dem Lerngegenstand als Idealfall aus räumlichen und zeitlichen Gründen nicht immer möglich. An ihre Stelle können zur Lösung einer problemhaltigen Situation (→ Problemorientierter/-lösender Unterricht) daher auch Materialien (z. B. Karten, Diagramme, Bilder, Quellentexte usw.) treten, sofern diese Aufforderungscharakter besitzen und bei den Schülern Lust am Suchen und Auffinden eigener Lösungen wecken.

Literatur

Gudjons, H. (1992): Handlungsorientiert lehren und lernen. Bad Heilbrunn
Haubrich, H. (1997): Entwickelndes und entdecken lassendes Verfahren. In: Haubrich, H. u. a.: Didaktik der Geographie konkret. München, S. 202–203
Köck, P. und H. Ott (1994): Wörterbuch für Erziehung und Unterricht. Donauwörth
Neber, H. (Hrsg.) (1975): Entdeckendes Lernen. Weinheim und Basel
Peterßen, W. H. (1997): Entdeckendes Lernen. In: Lernmethoden – Lehrmethoden. Wege zur Selbstständigkeit (= Friedrich Jahresheft XV). S. 122
Schönbach, R. (1973): Entdeckendes Lernen im Erdkundeunterricht. In: Pädagogische Welt, Jg. 27, H. 10, S. 588–599

Gerd Bauriegel

Entwicklungsländer → **Dritte Welt**

Erdkunde/Geographie
als Bezeichnung des Unterrichtsfaches

Definition
Geographie bzw. Erdkunde sind Bezeichnungen des Schulfaches, das sich vor allem mit räumlichen Strukturen und Prozessen sowie deren Ursachen und Auswirkungen befasst.

Zur administrativen Festlegung
Der Name des Unterrichtsfachs wird von den einzelnen Kultusministerien festgelegt. In Deutschland wird in den alten Bundesländern vorwiegend der Begriff „Erdkunde" verwendet, in den neuen „Geographie". In Österreich heißt das Fach „Geographie und Wirtschaftskunde-Unterricht" bzw. „Geographie und Wirtschaftsgeographie".
Neben all diesen Bezeichnungen sind noch weitere Namen für das Schulfach im Gebrauch, z. B. „Welt- und Umweltkunde", „Weltkunde". Geographie ist auch Teil anderer Unterrichtsfächer, z. B. (→) „Gemeinschaftskunde", „Heimatkunde", (→) „Heimat- und Sachkunde", „Geschichte/Sozialkunde/Erdkunde".
In den Bezeichnungen drücken sich teilweise programmatische Zielsetzungen aus (z. B. „Heimatkunde").

Zur geographiedidaktischen Diskussion
Das Schulfach wurde im deutschen Sprachraum bis in die 50er-Jahre traditionell Erdkunde genannt. Während die Wissenschaft Geographie zahlreiche Teilgebiete verlor, weil diese sich verselbstständigten, behielt das Schulfach seine Breite. Es wird als (→) Zentrierungsfach und (→) Dienstleistungsfach für alle Bereiche angesehen, die sich primär mit dem Raum und räumlichen Strukturen beschäftigen. Schulbücher verwenden sowohl die Bezeichnung Erdkunde als auch Geographie, wobei der Begriff Geographie teilweise auch dann verwendet wird, wenn das Schulfach offiziell Erdkunde genannt wird.
Köck fordert den Begriff „Geographie", weil er das Schulfach eng an die Fachwissenschaft mit ihren wissenschaftstheoretischen Ansätzen gebunden wissen will (→ Chorologischer Ansatz, → Geographiedidaktik). Birkenhauer fordert eine stärkere Verankerung in der Schule und eine klare Ausrichtung auf pädagogische Zielsetzungen und spricht sich für den Namen „Erdkunde" aus. Wo Namen auf eine Hereinnahme anderer Inhalte hinweisen (z. B. Politik, Umwelt, Geschichte, Wirtschaft), ist der geographische Anteil am Gesamtinhalt des Unterrichts

unterschiedlich groß. Ungeachtet der Bezeichnung verändern sich Ziele und Inhalte des Unterrichtsfaches je nach den pädagogischen, politischen oder fachdidaktischen Zielsetzungen, die als Bestimmungsfaktoren das Fach beeinflussen.

Literatur
Friese, H.W. (1994): Zur Entwicklung des Geographieunterrichts in Deutschland. In: Zeitschrift für den Erdkundeunterricht, Jg. 46, H. 10, S.400–404
Hasse, J. (1994): Die Suche nach dem „richtigen" Weg in der Erdkunde. In: Geographie und ihre Didaktik, Jg. 22, H. 3, S. 144–159
Köck, H. (1991): Didaktik der Geographie – Methodologie. München
Richter, D. (1996): Notwendigkeit und Grenzen des Geographieunterrichts in Deutschland. Fünf Thesen zur Identitätskrise der Geographie. In: Zeitschrift für den Erdkundeunterricht, Jg. 48, H. 4, S. 167–172
Sitte, W. u. a. (1994): Quo vadis Geographie? In: geographie heute, Jg. 15, H. 119, S. 46–47
Weitere Literatur s. (→) Geographiedidaktik.

Dieter Böhn

Erdkundeheft → Geographieheft, Erdkunderaum → Fachraum

Erkenntnisleitende Ansätze

Definition
Erkenntnisleitende Ansätze sind grundlegende Arten geographischer Weltbetrachtung.

Klassifikation
Für den Geographieunterricht von erkenntnisleitender Bedeutung sind:
– der (→) chorologische Ansatz, der räumliche Strukturen zum Erkenntnisgegenstand hat;
– der raumprozessuale Ansatz, der die Betrachtung räumlicher Strukturen um die Dimension der Zeit erweitert;
– der raumsystemare Ansatz, der erdräumliche Wirkungsgesamtheiten zum Gegenstand hat;
– der raumgesetzliche (nomologische) Ansatz, der allgemeine Struktur-, Prozess- und Systemmerkmale erdräumlicher Sachverhalte herausarbeitet;
– der exemplarische Ansatz, der raumgesetzliche Erkenntnisse an signifikanten Beispielen vermittelt;
– der Modellansatz, der exemplarisch gewonnene raumgesetzliche Struktur-, Prozess- und Systemmerkmale formalisiert abbildet.

Zur geographiedidaktischen Diskussion
Einen grundlegenden Aspekt in der geographiedidaktischen Diskussion bildet zunächst die Frage nach der unterrichtlichen Legitimation dieser Ansätze. Diese ist insofern gegeben, als alle genannten Ansätze einerseits leistungsfähige Instrumente sachgerechter und effizienter geographischer Welterschließung darstellen, andererseits Konzepte lebensalltäglichen raumbezogenen Denkens und Handelns liefern.
Diese Ansätze dürfen nicht verabsolutiert werden, sondern sind im Sinne von Unterrichtsprinzipien als sich wechselseitig ergänzend zu berücksichtigen. Kriterien ihrer altersbezogenen Stufung und Dosierung sind z. B. der Komplexitätsgrad, der Abstraktheitsgrad, der Grad ihrer kognitiven und affektiven Bedeutung für die Schüler.

Literatur
Köck, H. (1983): Erkenntnisleitende Ansätze in Geographie und Geographieunterricht. In: Geographie im Unterricht, Jg. 8, S. 317–325
Köck, H. (1984): Zum Interesse der Schüler an geographischen Fragestellungen. In: Köck, H. (Hrsg.): Studien zum Erkenntnisprozeß im Geographieunterricht. Köln, S. 37–112
Köck, H. (1993): Raumbezogene Schlüsselqualifikationen. In: Geographie und Schule, Jg. 15, H. 84, S. 14–22
Köck, H. (1994): Zum Profil des modernen Geographieunterrichts. In: Internationale Schulbuchforschung, Jg. 16, H. 3, S. 309–331

Helmuth Köck

Exemplarisches Prinzip

Definition
Das Exemplarische ist ein Prinzip der Stoffauswahl. Seine Aufgabe ist es, aus der Fülle von Sachverhalten jene zu bestimmen, die für den Schüler relevant sind.

Klassifikation
1. Quellen

Das Exemplarische entstammt der so genannten bildungstheoretischen Didaktik, die nach 1945 in den westlichen Bundesländern zunächst beherrschend war. Vertreter waren u. a. Derbolav, die beiden Flitner, v. Hentig, Klafki, Spranger, Wilhelm. Formuliert wurde das Prinzip erstmals durch Wagenschein (1948). Die Diskussion führte zu den „Tübinger Beschlüssen" von 1951, durch die den Fächern aufgetragen wurde, sich auf die „ursprünglichen Phänomene der geistigen Welt" zu beschränken (sinngemäß für die Naturwissenschaften) und damit den „Mut zur Lücke" zu wagen. Überblicke (so genannte Phasen der Orientierung) sollten die intensive Beschäftigung mit den bedeutenden Phänomenen zusammenfassend abrunden.

2. Pädagogische Akzentuierungen

Die bildungstheoretische Pädagogik entwickelte keinen allgemein akzeptierten Kanon. Wichtige Vertreter und ihre Ansichten sind:
- Wagenschein (1950): Exemplarisch ist das für das Fach Typische, Fundamentale, Gesetzmäßige.
- Scheuerl (1958): Das Typische.
- Klafki (1964): Das Repräsentative. Er unterscheidet fünf kategoriale Sachverhalte. Diese sind
  1. das, was grundlegende und wiederkehrende Bedeutung für Mensch und Natur besitzt (Zonierung der Erde),
  2. das, was aus der Vergangenheit prägende Bedeutung für die Strukturen der Gegenwart aufweist (Industriegebiete, Ballungsraum),
  3. das, was auf ein weltumspannendes Verstehen bezogen ist (Plattentektonik),
  4. das, was die Grundbereiche unseres geistigen Daseins erhellt (Kulturerdteil),
  5. das, was hilft die Zukunft zu meistern (→ Globalisierung).
- Wilhelm (1967): Das Exemplarische bestimmt sich aus/von
  - den „Horizonten" (z. B. das Religiös-Sinnstiftende),
  - den „Strukturen" (z. B. Epochen der Geschichte, weltweite Abhängigkeiten),
  - den modellhaften Einsichten (z. B. Hierarchien zentraler Orte).
- Klafki (1986) nach seiner Wende zur kritisch-konstruktiven Didaktik: Schlüsselprobleme.

3. Das Exemplarische in der Geographiedidaktik
- Knübel (1960): Vorschlag des „pars-prototo"-Prinzips (ein Beispiel für alle ähnlichen, z. B. die Niloase für alle Stromoasen, eine Bischofsstadt für alle Bischofsstädte, Mittelengland für ganz England)
- Hermann (1963): Das Typische im Besonderen (z. B. Gliederung in Stadtviertel am Beispiel einer konkreten Stadt)
- Schultze (1970): Die vier kategorialen Strukturen (→ Allgemeingeographischer Ansatz)
- Köck (1980): Orientierung an den Daseinsgrundfunktionen, die als „Scheinwerfer" dienen

Zur geographiedidaktischen Diskussion
Beim exemplarischen Prinzip geht es nicht um ein Gestaltungsprinzip für den Unterricht, sondern um ein Prinzip der Stoffauswahl. Diese Funktion der Reduzierung der Stoffmenge ist unbestritten. Allerdings gibt es bisher keine einheitliche Auffassung über die Auswahlkriterien. Innerhalb der Geographiedidaktik führte die Diskussion um das Exemplarische dazu, dass das Fach für curriculare Fragen sehr aufgeschlossen war (→ Qualifikationen) wie ebenfalls für die Beschäftigung mit Lernzielen (aus der Lernpsychologie).

Literatur
Birkenhauer, J. (1975): Das Exemplarische Prinzip in der Erdkunde und seine Problematik.

In: Erdkunde. Eine Didaktik für die Sekundarstufe I. Band 2. Düsseldorf, S. 44–57
Birkenhauer, J. (1986): Normativ-geisteswissenschaftliche Pädagogik. In: Köck, H. (Hrsg.): Grundlagen des Geographieunterrichts (= Handbuch des Geographieunterrichts, Band 1). Köln, S. 75–76
Hausmann, W. (1997): Exemplarisches Prinzip. In: Haubrich, H. u. a.: Didaktik der Geographie konkret. München, S. 116–117
Hentig, H. v. (1993): Schule neu denken. München
Hermann, H. (1960): Individualität und Typus. In: Knübel, H. (Hrsg.): Exemplarisches Arbeiten in der Erdkunde. Braunschweig
Klafki, W. (1964): Studien zur Bildungstheorie und Didaktik. Weinheim
Klafki, W. (1986): Diskussion um Allgemeinbildung. In: Erziehung und Wissen, Jg. 36, H. 5, S. 12–14
Knübel, H. (Hrsg. u. Autor) (1960): Exemplarisches Arbeiten in der Erdkunde. Braunschweig
Köck, H. (1980): Theorie des zielorientierten Geographieunterrichts. Köln
Scheuerl, H. (1958): Die exemplarische Lehre. Tübingen
Wagenschein, M. (1959): Zur Klärung des Unterrichtsprinzips des exemplarischen Lernens. In: Die Deutsche Schule, Jg. 51
Wilhelm, Th. (1967): Theorie der Schule. Stuttgart

Josef Birkenhauer

Exkursion

Definition

Die Exkursion ist eine Form des außerschulischen Unterrichts zur direkten, realen (originalen) räumlichen und thematischen (→) Begegnung mit geographischen Sachverhalten (→ Außerschulische Lernorte). Ergänzend zum normalen Unterricht im Klassenzimmer soll sie den Schülern eine zielgerichtete Erfassung geographischer Phänomene, Strukturen und Prozesse vor Ort ermöglichen.

Klassifikation

1. Nach den Durchführungsformen und der räumlich-zeitlichen Dimension der Exkursion:
– Unterrichts- (Beobachtungs-, Erkundungs-, Informations-)gänge im unmittelbaren Schulumfeld: von kurzer Dauer, meist auf enge Thematik begrenzt, vor allem im Grundschulbereich von Bedeutung
– Lehrwanderungen (Erkundungswanderungen) in die mittlere und weitere Umgebung: zum Teil unter Benutzung von Verkehrsmitteln, Dauer bis zu mehreren Stunden. An ausgewählten Punkten werden geographische Erscheinungsformen zu einer bzw. mehreren Thematiken erkundet bzw. beobachtet und erläutert.
– Lehr-, Studienfahrten (Exkursionen im engeren Sinn): ganztägig (unter Umständen auch länger) und in entferntere Gebiete führend. Sie können die Funktion einer Unterrichtseinheit einnehmen, da die Thematik(en) komplexer und nach Möglichkeit umfassender dargestellt wird (werden). Diese Form wird vor allem in der Oberstufe eingesetzt. Zu unterscheiden sind hierbei thematisch begrenzte Exkursionen (ein bestimmter, eng umrissener Sachverhalt wird durch verschiedene Beobachtungen geklärt – Beispiel Glaziale Serie) und Übersichtsexkursionen (ein bestimmter Landschaftsausschnitt wird unter Behandlung verschiedener, für ihn typischer Themenkreise vorgestellt).
2. Nach dem didaktischen Ort der Exkursion:
– Anfangsphase: Einführung, Motivation durch Hinführung zu einer Problemstellung (Motivierende Exkursion) u. a.
– Erarbeitungsphase: Erkunden von Zusammenhängen bzw. Untersuchung vorformulierter Aufgaben und Problemstellungen (Arbeitsexkursion).
– Überprüfungs-/Sicherungsphase: Zusammenfassung, Vertiefung, Sicherung, Festigung, Transfer von im Unterricht gewonnenen Einsichten, Erkenntnissen und Vorstellungen (Vertiefende bzw. Transferexkursion).
3. Nach der Methodik, Zielsetzung und Umsetzbarkeit der Exkursion u. a.:

– Kennenlernen geographischer Problemstellungen
– Erfassung geographischer Strukturen und Prozesse
– Schulung der Beobachtungs- und Kombinationsfähigkeit sowie Einübung und Anwendung weiterer geographischer Arbeitstechniken
4. Nach der Lehrer-/Schüler-Aktivität:
– Darbietende Exkursion (Informationsvermittlung durch den Lehrer)
– Arbeitsexkursion (Schüler aktiv beteiligt)

Zur geographiedidaktischen Diskussion
Nach Maßgabe von Zeit und Komplexität der Thematik sollten die Schüler bei der Durchführung einer Exkursion möglichst mit herangezogen werden, sei es durch einfaches Beantworten von zielgerichteten Fragen im Gelände bis hin zur selbstständigen Übernahme und Erläuterung einzelner Teilbereiche oder Punkte. Auch eine vom Lehrer straff geführte Übersichtsexkursion sollte die Schüler nicht völlig in einer rezeptiven Rolle belassen.
Während ein kurzer Unterrichtsgang, etwa zur Erläuterung verschiedener Baumarten, auch einmal spontan erfolgen kann, wird mit zunehmender Komplexität und Länge der Exkursion die sorgfältige Planung von Route, Haltepunkten und dabei zu treffenden Beobachtungen und Aussagen immer wichtiger; sie sollte den logischen Aufbau der Exkursion vorgeben.
Als wichtige Gütekriterien für die erfolgreiche Durchführung der Exkursion sollten folgende Punkte gewährleistet sein (vgl. Birkenhauer 1995, S. 11): Authentizität (Phänomene im originalen Zusammenhang und an der Originallokalität ansprechen), Überschaubarkeit (Stellung des Phänomens im Gesamtzusammenhang klarlegen), Prägnanz (deutliche und eindeutige Erkennbarkeit des Phänomens gewährleisten), Strukturiertheit (einzelne Punkte in logischer Reihung aufeinander abstimmen), Problemorientiertheit (Teilnehmer von sich aus an Fragestellungen heranführen und zum Finden von Erklärungen anregen) und Adressatenbezogenheit (Kenntnisniveau, Alter der Teilnehmer usw. berücksichtigen).

Exkursionen haben in der Geographie einen hohen Stellenwert, da sie am besten originale (→) Begegnungen mit dem jeweiligen Betrachtungsgegenstand ermöglichen; dabei können und sollen auch spezifische Medien und Arbeitsmittel Anwendung finden (Karte, Kompass, Bestimmungsbuch usw.). Neben der Motivationswirkung kommt der Exkursion als genuiner geographischer Arbeitsmethode ein hoher Verständlichkeits- und Behaltenswert zu.
In Anbetracht des Stellenwertes der Exkursion wäre es wünschenswert, wenn die methodologische Diskussion über ihre optimale Gestaltung weiter intensiviert werden könnte (→ Außerschulische Lernorte, → Geländearbeit).

Literatur
Beyer, L. (1989): Erdkundeunterricht im Gelände. In: Arbeitskreis Südtiroler Mittelschullehrer (Hrsg.): Erdkundeunterricht im Gelände. Bozen
Beyer, L. (1991–1993): Mit Schülern unterwegs: Eine Übersicht über Veröffentlichungen, erschienen 1970–1990 über geographische Geländearbeiten, Wanderungen, Klassenreisen und Kursfahrten (Teil 1,2,3, Fortsetzung). In: Praxis Geographie, Jg. 21/H. 5 (S. 40–45), 6 (S. 50–52), 7/8 (S. 69–72); Jg. 23/H. 7/8 (S. 33–38)
Birkenhauer, J. (Hrsg.) (1995): Außerschulische Lernorte (= Geographiedidaktische Forschungen, Band 26). Nürnberg
Daum, E. (1982): Exkursion. In: Jander, L., W. Schramke und H.-J. Wenzel (Hrsg.): Metzler Handbuch für den Geographieunterricht. Stuttgart, S. 71–75
Haubrich, H. (1997): Außerschulisches Lernen. In: Haubrich, H. u. a.: Didaktik der Geographie konkret. München, S. 208–213
Hemmer, M. (1996): Grundzüge der Exkursionsdidaktik. In: Bauch, J. u. a.: Exkursionen im Naturpark Altmühltal. S. 9–16
Knirsch, R. (1979): Die Erkundungswanderung. Paderborn
Noll, E. (Hrsg.) (1981): Exkursionen (= geographie heute, Jg. 2, H. 3)
Rinschede, G. (1997): Schülerexkursionen im Erdkundeunterricht: Ergebnisse einer empirischen Erhebung bei Lehrern und Stellung der

Exkursion in der fachdidaktischen Ausbildung. In: Preisler/Rinschede/Sturm/Vossen (Hrsg.): Schülerexkursionen im Erdkundeunterricht, II: Empirische Untersuchungen und Exkursionsbeispiele. Regensburger Beiträge zur Didaktik der Geographie, 2, S. 7–80

Wieczorek, U. (1995): Didaktische Probleme bei der Gestaltung von Schülerexkursionen. In: Birkenhauer, J. (Hrsg.): Außerschulische Lernorte: HGD-Symposium Benediktbeuern 1993 (= Geographiedidaktische Forschungen, Band 26). Nürnberg, S. 111–126

Thomas Schneider/Rudolf Schönbach

Experiment

Definition

Das Experiment ist ein Verfahren zur überprüfbaren Ermittlung von Einsichten in einen geographisch relevanten, regelhaften und meist auf Naturphänomene bezogenen Vorgang. Dieser wird zunächst isoliert, künstlich an einem (→) Modell oder geeigneten Objekt erzeugt, dann beobachtet und anschließend erklärt.

Klassifikation

1. Nach der Versuchsanordnung in
– Modellexperimente (z. B. Experiment mit dem Heizstrahler zur Verdeutlichung der Sonneneinstrahlung),
– Naturexperimente (z. B. Erosion auf einem Sandhaufen).
2. Nach methodischen Zielsetzungen in
– Demonstrationsexperimente (vor der Klasse),
– Schülerexperimente.

Zur geographiedidaktischen Diskussion

Die Eignung von Experimenten für den Geographieunterricht ist heute weitgehend anerkannt. Als Vorteile werden genannt: Anschaulichkeit, Motivationscharakter, (→) Handlungsorientierung, Hinführen zu abstrahierendem und logischem Denken, Möglichkeit der Gemeinschaftsarbeit und Förderung individueller Schülerfähigkeiten, Kreativität etc. Trotz dieser Vorzüge hat das Experiment in der unterrichtlichen Praxis keinen großen Stellenwert. Ein grundsätzliches Problem bildet die Reduktion der Wirklichkeit zur „Wirklichkeit" des Experiments mit der daraus resultierenden Frage der Übertragbarkeit (→ Transfer). Praktische Probleme bestehen in dem vermeintlich hohen Aufwand von Experimenten. Die Geographiedidaktik beschäftigt sich daher zurzeit weniger mit theoretisch-didaktischen Fragen des Experimenteinsatzes als mit der Suche nach Möglichkeiten, geeignete Experimente einschließlich der dazu gehörenden methodischen Anleitungen für den Lehrer verfügbar zu machen. Durch die Publikation von Themenheften in schulgeographischen Zeitschriften und Experimentsammlungen wurden hier Fortschritte erzielt.

Literatur

Haubrich, H. (1997): Experiment. In: Haubrich, H. u. a.: Didaktik der Geographie konkret. München, S. 204–207

Kortmann-Netmitz, I. (1988): Einfache Experimente für den Erdkundeunterricht. Stuttgart

Lehmann, O. (1964): Das Experiment im Geographieunterricht. Berlin

Niemz, G. (1979): Aspekte des Experimenteinsatzes im Geographieunterricht. In: Praxis Geographie, Jg. 9, H. 4, S. 158–163

Salzmann, W. (1981): Experimente im Geographieunterricht. Köln

Salzmann, W. (1986): Experimente im Erdkundeunterricht. In: geographie heute, Jg. 7, H. 43, S. 4–7

Theißen, U. (1986): Experimente. In: Köck, H. (Hrsg): Grundlagen des Geographieunterrichts (= Handbuch des Geographieunterrichts, Band 1). Köln, S. 241–247

Thomas Breitbach

Experten im Unterricht

Definition

Experten im Unterricht sind schulfremde Fachleute, die Informationen aus erster Hand liefern.

Klassifikation
Experten im Unterricht haben einen hohen Stellenwert. Sie werden entweder als Gäste in die Schule geholt oder von der Klasse in ihrem eigenen Tätigkeitsbereich vor Ort aufgesucht.

Zur geographiedidaktischen Diskussion
Experten im Unterricht können motivierender und lerneffektiver sein als die Informationsvermittlung durch die alltäglich am Lernprozess beteiligten Lehrer und Schüler. Jedoch ist eine intensive Vorbereitung mit dem Fachmann hinsichtlich der Abgrenzung des Themenbereiches und der altersspezifischen Strukturierung des Stoffes sowie eine Vorbereitung mit den Schülern erforderlich. Nach der Informationsvermittlung durch den Fachmann muss eine entsprechende Verarbeitung im Unterricht erfolgen.

Gisbert Rinschede

Fächerübergreifende Bildungs- und Erziehungsaufgaben

Definition
Fächerübergreifende Bildungs- und Erziehungsaufgaben umfassen Ziele und Inhalte, die eine besondere Relevanz für die Gegenwart und die Zukunft des Menschen aufweisen (z. B. → Umwelterziehung), für die jedoch keine eigenen Schulfächer eingerichtet wurden, sondern die im Rahmen des bestehenden Fächerkanons von mehreren Fächern vermittelt werden sollen (→ Fächerübergreifender Unterricht).

Klassifikation
Bereits in der Grundschule sind z. B. in Bayern fächerübergreifende Bildungs- und Erziehungsaufgaben vorgesehen. Zwei Beispiele sind:
– Aufbau und Festigung von Werthaltungen,
– Verantwortliches Leben und Wirken in der Gemeinschaft.
Diese werden in den weiterführenden Schulen konkretisiert.
Die einzelnen Schulfächer vermitteln bei ihrer Behandlung der fächerübergreifenden Bildungs- und Erziehungsaufgaben immer nur Teilaspekte. Das Fach Erdkunde spielt, je nach Aufgabe, eine mehr oder weniger wichtige Rolle. Die folgenden Beispiele beziehen sich auf die bayerischen Lehrpläne:
– Leitfunktion z. B. bei den Themen Europa, (→) Dritte Welt, Umwelt, politische Bildung,
– wesentliche Beiträge z. B. bei Freizeit, Mensch und Technik, (→) Weltbild,
– geringe Beiträge z. B. bei Familie und Sexualität, Gesundheit, Musische Bildung.

Zur geographiedidaktischen Diskussion
Die fächerübergreifenden Bildungs- und Erziehungsaufgaben werden von der Gesellschaft, den Bildungspolitikern und den Lehrern als wichtig und vermittlungswürdig erachtet. Es ist im (→) Lehrplan jedoch nicht festgelegt, wie ausführlich sie behandelt werden sollen. Deswegen geraten die Verweise auf sie in die Gefahr, eine reine Alibifunktion zu erfüllen.

Literatur
Schäfer, Th. (1992): Aspekte des Bildungs- und Erziehungsauftrags im neuen Lehrplan für das bayerische Gymnasium. In: Der Bayerische Schulgeograph, Jg. 13, H. 32, S. 20–21
Staatsinstitut für Schulpädagogik und Bildungsforschung (Hrsg.) (1995): Der Bildungs- und Erziehungsauftrag der Schule; Handreichung zu neuen Lehrplänen für bayerische Schulen. München

Uta Dörmer/Gabi Obermaier

Fächerübergreifender Unterricht/ Fachübergreifender Unterricht

Definition
Unter Fächerübergreifendem/Fachübergreifendem Unterricht versteht man die Verbindung der Inhalte und Ziele eines Unterrichtsfaches (in diesem Fall Geographie) mit Inhalten und Zielen anderer Unterrichtsfächer (→ Fächerübergreifende Bildungs- und Erziehungsaufgaben,

→ Gemeinschaftskunde, → Heimatkundliches Prinzip).

Klassifikation
1. Unterschiede der Intensität:
– Hinweise: Vergleichbare Ziele und Inhalte in anderen Fächern werden lediglich angesprochen, um den Zusammenhang erkennbar zu machen (z. B. bei Lateinamerika auf Geschichte – koloniales Erbe verweisen).
– Aufbau auf Kenntnissen aus anderen Fächern: Der Fachunterricht kann dadurch effizienter gestaltet werden (Vermeidung von Doppelungen) und das Wissen und die Fähigkeiten der Schüler können verfestigt werden (z. B. Mathematik – Maßstabsrechnen).
– Wahl fachspezifischer Aspekte bzw. besondere Schwerpunktsetzung: In der Regel muss hier mit den Kollegen geklärt werden, welche Aspekte sie in ihrem Unterricht behandeln, damit das Thema vollständig erfasst wird (z. B. Thema Regenwald in Geographie und Biologie).
– (→) Projekte: Im Rahmen des Fachunterrichts können Projekte in Zusammenarbeit mit anderen Unterrichtsfächern durchgeführt werden (z. B. die amerikanische Stadt in Geographie und Englisch).
2. Möglichkeiten der Realisierung:
– in der regulären Unterrichtszeit
– (→) Exkursion, Unterrichtsgang
– Betriebserkundung
– Schullandheimaufenthalt (→ Schullandheim)
– Studienfahrt
– Studientag
– Projekttag

Zur geographiedidaktischen Diskussion
Die Problematik wird hier an bayerischen Lehrplänen (→ Lehrplan) aufgezeigt. In den seit 1990 erschienenen bayerischen Lehrplänen wird durch Kürzel auf die erstmals verpflichtende fächerübergreifende Zusammenarbeit bei den einzelnen Zielen und Inhalten hingewiesen. Es ist jedoch keine bestimmte Art der Umsetzung festgeschrieben, sondern es liegt im persönlichen Ermessen der Lehrkraft, wie die Forderung nach fächerübergreifendem Unterricht eingelöst wird. In der Regel lässt er sich im Rahmen des regulären Unterrichts ohne besonderen zusätzlichen Aufwand verwirklichen (z. B. durch Hinweise und Anknüpfungen an das Vorwissen der Schüler). Umfangreiche Vorhaben erfordern zusätzlichen Aufwand und eine verstärkte Zusammenarbeit der Kollegen. Ihre Umsetzung reicht oft über die reguläre Unterrichtszeit hinaus (z. B. Projekttag).

Literatur
Kendelsbacher, P. (1995): Fächerübergreifender Unterricht – Zu Möglichkeiten und Problemen dieser Arbeitsweise. In: Zeitschrift für den Erdkundeunterricht, Jg. 47, H. 3, S. 137–140
Köck, P. und H. Ott (1994): Wörterbuch für Erziehung und Unterricht. Donauwörth, S. 211–212
Schultz, H.-D. (1997): Fachunterricht oder fächerübergreifender Unterricht. In: Zeitschrift für den Erdkundeunterricht, Jg. 49, H. 10, S. 387–388
Staatsinstitut für Schulpädagogik und Bildungsforschung (Hrsg.) (1995): Der Bildungs- und Erziehungsauftrag der Schule. München

Uta Dörmer/Gabi Obermaier

Fachraum

Definition
Der Fachraum ist ein von Ausstattung und Anordnung der Unterrichtsmittel her auf die speziellen Bedürfnisse des Geographieunterrichts eingerichteter Unterrichtsraum (vgl. Physikraum, Chemieraum).
Vom Fachraum in diesem Sinne ist der Sammlungsraum zu unterscheiden, der nicht zum Unterricht, sondern zur Aufbewahrung fachspezifischer Arbeitsmittel dient (z. B. Kartensammlung).

Zur geographiedidaktischen Diskussion
Wichtig für den Fachraum sind ausreichende Demonstrationsmöglichkeiten für Medien und

genügend Flächen zur Vorführung geographischer Experimente.
Im Geographieunterricht gewinnt der fachunabhängige Computerraum an Bedeutung, da der (→) Computer im Geographieunterricht immer öfter eingesetzt wird.

Literatur
Brucker, A. (1988): Fachraum – Sammlungsraum. In: Haubrich, H. u. a.: Didaktik der Geographie konkret. München, S. 292–293
Feller, G. (1982): Fachraum für Geographie. In: Jander, L., W. Schramke und H.-J. Wenzel (Hrsg.): Metzler Handbuch für den Geographieunterricht. Stuttgart, S. 76–81
Sperling, W. (1981): Fachraum für den Geographieunterricht. In: Sperling, W.: Geographieunterricht und Landschaftslehre, Band 1, Grundlegung/Teil 1. Duisburg, S. 175
Dieter Böhn

Fallstudie

Definition
Eine Fallstudie ist eine Lehreinheit, in der an einem konkreten Beispiel ein allgemein gültiger Sachverhalt aufgezeigt wird.

Klassifikation
1. Aus der Analyse des Einzelfalls werden allgemein gültige Erkenntnisse gewonnen (nomothetische Strukturen und Prozesse).
2. Im Gegensatz zum (→) Einzelbild zielt die Fallstudie nicht auf ein erlebnishaftes Verstehen, sondern auf eine kognitive Auseinandersetzung.

Zur geographiedidaktischen Diskussion
Die Definition unterscheidet sich von der oben angeführten, z. B. nach dem Meyers Lexikon, nach der sich eine Fallstudie bewusst auf die Beschreibung von Einzelfällen konzentriert und einen Verzicht auf Verallgemeinerung und Klärung komplexer Tatbestände einschließt.
Fallstudien werden im Geographieunterricht gerne eingesetzt, weil sie von überschaubaren Einzelfällen ausgehen. Hohe Bedeutung hatte die Fallstudie im Geographieunterricht der 70er-Jahre (z. B. „In der Volkskommune Immergrün" zur Darstellung der sozialistischen Landwirtschaft im China der 70er-Jahre).
In den wenigsten Fällen wird bei der Fallstudie reflektiert, in welchem Maße das Einzelbeispiel für den dargestellten Sachverhalt allgemeine Gültigkeit besitzt. Je umfassender an einem Beispiel nomothetische oder zumindest transferierbare Strukturen und Prozesse herausgearbeitet werden sollen, umso wahrscheinlicher sind Fehler bei der allgemeinen Gültigkeit zu erwarten.

Literatur
Heinrich, H. (1990): Fallstudie. In: Böhn, D. (Hrsg.): Didaktik der Geographie – Begriffe. München, S. 31
Meyers Großes Taschenlexikon (1977): Fallstudie. Mannheim
Dieter Böhn

Fernerkundung

Definition
Fernerkundung ist die Gesamtheit von Verfahren zur Gewinnung von Informationen über die Erdoberfläche durch Messung und Interpretation der von ihr reflektierten oder emittierten Strahlung (→ Luftbilder, → Satelliten- bzw. Weltraumbilder, → GIS).

Klassifikation
Der Vorgang, bei dem die Strahlung durch einen Sensor erfasst und gespeichert wird, ist die Aufnahme. Luft- und Satellitenbilder sind Ergebnisse der Aufnahme (DIN 18716-3). Außerhalb des Spektrums des sichtbaren Lichts können Sensoren auch weitere Bereiche des elektromagnetischen Feldes erfassen.
Zu unterscheiden ist zwischen
– den Aufnahmeverfahren (aktiv, passiv; Kamera, Scanner, Radartechnik),
– den Ergebnissen der Aufnahme (Bilder und ihre Eigenschaften, z. B. Auflösung),

– der (meist digitalen) Bildverarbeitung (z. B. Entzerrung, Kontrast),
– den Auswertungsverfahren (visuelle, rechnergestützte).

Fernerkundung ist eine Form der Abbildung der Erdoberfläche, welche neben die traditionelle kartographische Abbildung tritt. Dies ist ein zukunftsrelevanter Ansatz visueller Welterschließung durch den Geographieunterricht. Allerdings erfordert Fernerkundung neue Sehgewohnheiten (von oben, mit großem Blickfeld, mit fremdartigen Farben, ohne maßstabsabhängige Generalisierung).

Sie bietet dafür zahlreiche Möglichkeiten:
– Sie ist visueller Weltzugang.
– Sie ist (z. B. im Heimatraum erlernt) ein global gültiger Erkenntnisschlüssel.
– Sie ermöglicht Einsicht in Raumstrukturen, die unserer terrestrischen Perspektive verborgen bleiben.
– Sie ist eine Methode des direkten Wissenserwerbs aus dem realen Abbild der Erde.
– Sie erlaubt entdeckendes Lernen.
– Sie ist mit ihrem Flächenbezug eine geographische Methode, die zu Präzisierung und Objektivierung nötigt.
– Sie bietet ein Instrument für fächerübergreifendes Arbeiten.
– Sie bietet aktuelle Bilder rasch veränderlicher Systeme (z. B. Wassertemperaturen der Ozeane, Wachstum der Städte usw.).

Zur geographiedidaktischen Diskussion

Der Einsatz der Fernerkundung ist auf allen Anspruchsniveaus des Lernens möglich (Wiedererkennen, Übertragen, Interpretieren), ebenso bei unterschiedlicher Medientechnik (von der einfachen Farbfolie bis zur Bildverarbeitung auf dem Computer, der Einbindung in ein (→) GIS und dem Bildbezug aus dem (→) Internet).

Die Fernerkundung, die daraus resultierenden Satellitenbilder als Medien und die technische Infrastruktur digitaler Bildverarbeitung sind im Geographieunterricht noch weit weniger verbreitet, als es ihrem pädagogischen Wert entspricht. Die Gründe dafür sind vielfältig, etwa mangelnde Ausbildung, fehlende Kenntnis der Möglichkeiten, fehlende Verankerung in den Lehrplänen und der Aus- und Weiterbildung sowie eine zu geringe Zahl aufbereiteter Medien.

Literatur

Breitbach, T. (1996): Stellenwert und Handhabung der Fernerkundung im Geographieunterricht. In: Geographie und Schule, Jg. 18, H. 104, S. 26–39

Hassenpflug, W. (1996): Fernerkundung und Satellitenbilder – Methoden und geographisch bedeutsame Potentiale. In: Geographie und Schule, Jg. 18, H. 104, S. 3–11

Hassenpflug, W. (1998): Was kann Fernerkundung für Schule und Bildung leisten? In: Dech, S.W. und W. Mett (Hrsg.): Tagungsband 14. Nutzerseminar des deutschen Fernerkundungszentrums der DLR 1997. Oberpfaffenhofen

Löffler, E. (1993): Geographie und Fernerkundung. Stuttgart

Wieczorek, U. (1997): Wissenschaftliche und technische Grundlagen der Fernerkundung. In: Zeitschrift für den Erdkundeunterricht, Jg. 49, H. 11, S. 320–323

Serie: Satellitenbilder. In: Geographie und Schule, Hefte 109–116

Im Internet: http://www.uni-kiel.de/ewf/geographie/forum/unterric/material/einf_fe/index.htm

Wolfgang Hassenpflug

Film

Definition

Der Film ist ein Laufbild und daher im Geographieunterricht besonders geeignet für die Darstellung prozessualer räumlicher Sachverhalte.

Klassifikation

1. Nach der Zielgruppe:
– Unterrichtsfilm (speziell für den Unterricht produziert, u. a. Schulfernsehen),
– sonstige Filme.

2. Nach der Technik (z. B. Film, Video, CD-Rom).

3. Nach Inhalt und Intention lassen sich zwei Hauptgruppen unterscheiden:
– Der Übersichtsfilm erstrebt eine Gesamtschau eines bestimmten Raumes (z. B. Entlang des Rheins, Hochland von Bolivien).
– Der exemplarische Film hat nur wenige, oft allgemeingeographische Fragestellungen. Weitere Bezeichnungen dieser Filmart sind thematischer Film, Demonstrationsfilm und Arbeitsstreifen.
4. Nach der Darstellungsweise:
– Realaufnahmen,
– Zeichnerische und grafische Aufnahmen.

Zur geographiedidaktischen Diskussion
Der Film übertrifft das „statische" Bild meist dort, wo Bewegungsabläufe (im natur- und kulturgeographischen Bereich) darzustellen sind. Noch stärker als das (→) Bild kann der Film durch subjektive Handhabung von Einstellungen, Kameraschwenks, Blenden, Einblendungen, Montagen, Tricks, Ausschnittauswahl, Szenenlänge und beigefügte Kommentare manipulieren bzw. unbeabsichtigte Wirkungen auslösen. Nachteilig kann sich die Flüchtigkeit des Filmbildes, die Fülle der gezeigten Details und eine aufdringliche textliche Kommentierung auswirken.
Arbeitsmöglichkeiten mit dem Film sind u. a. die Auswahl von Bildsequenzen, Wechsel zwischen Filmbetrachtung und -auswertung, Weglassen des Tons. Auch sollte ein Film nicht länger als 15 Minuten dauern. Der Film sollte durch Arbeitsaufträge erschlossen werden. Derzeit werden thematisch orientierte Filme den Übersichtsfilmen vorgezogen, da sie sich zielgerichteter einsetzen lassen.
Die Hauptforderungen an die Filmgestaltung lassen sich wie folgt zusammenfassen (Kraatz 1997):
– Filme müssen im Horizont des Rezipienten gestaltet sein.
– Bild und Kommentar müssen optimal aufeinander bezogen sein.
– Der Aufbau muss für den Schüler transparent sein.
– Filme müssen prozessorientiert sein.

Heute besteht vielfach die Möglichkeit, dass Schüler selbst einen (Video-)Film herstellen, z. B. über (→) Experimente, (→) Projekte, (→) Exkursionen. Besonders hier kann der notwendige Beitrag zur Medienerziehung über den geographischen Inhalt hinaus geleistet werden.

Literatur
Brucker, A. (1997): Der Unterrichtsfilm. In: Haubrich, H. u. a.: Didaktik der Geographie konkret. München, S. 268–271
Ketzer, G. (1972): Der Film im Geographieunterricht (= Der Erdkundeunterricht, H. 15). Stuttgart
Kraatz, Th. (1994): Empirische Analyse erdkundlicher Unterrichtsfilme – Ein Beitrag zur geographiedidaktischen Medienforschung anhand ausgewählter Beispiele (= Münchner Studien zur Didaktik der Geographie, Band 5). München
Kraatz, Th. (1997): Film (Unterrichtsfilm, Schulfernsehen, Fernsehen). In: Birkenhauer, J. (Hrsg.): Medien. Systematik und Praxis (= Didaktik der Geographie). München, S. 185–210
Gisbert Rinschede

Folie → Arbeitstransparent, Formenwandel → Länderkunde

Forschungsprojekt

Definition
Im Forschungsprojekt erhalten die Schüler am Beispiel einer adressatengerechten geowissenschaftlichen Problemstellung Einblick in die Theoriebildung und in die Methodik wissenschaftlichen Arbeitens.

Klassifikation
Nach der Lernintention und den zu erreichenden Ergebnissen kann zwischen „offenen" und „geschlossenen" Forschungsprojekten differenziert werden.
– Geschlossene Forschungsprojekte zeigen an einem konkreten Beispiel, wie eine gültige Theorie nach und nach entwickelt wurde. Die

Forschungsgeschichte ist in der Regel der rote Faden für die Erarbeitung im Unterricht (Grau 1978, Kistler 1980).
- Offene Forschungsprojekte gehen in der Regel von aktuellen Fragestellungen angewandter Geowissenschaften aus der Lebenswelt der Schüler aus (Hemmer 1992 und 1993). Ziel ist es u. a. auch, den gesellschaftlichen Kontext wissenschaftlicher Entscheidungen klar zu machen.

Zur geographiedidaktischen Diskussion

Ziel des Forschungsprojektes ist es, die Schüler in den Erkenntnisweg wissenschaftlichen Arbeitens einzuführen. Vor allem der Formulierung und Überprüfung von Hypothesen kommt eine zentrale Bedeutung zu. Mit seiner wissenschaftspropädeutischen Ausrichtung wird sein Stellenwert im Rahmen des Geographieunterrichts der Sek. II sehr hoch angesetzt. Wurden anfangs auch kultur- bzw. sozialgeographische Beispiele für Forschungsprojekte entwickelt, so hat sich durchgesetzt, in diesem Rahmen fast ausschließlich Themen mit naturwissenschaftlichen Inhalten zu behandeln.

Vor allem bei Vertretern der Geowissenschaften an den Hochschulen rief der Begriff Forschungsprojekt immer wieder Verwunderung hervor. Aufgrund ihres Verständnisses von Forschungsprojekten hielten sie solche in der Schule für nicht durchführbar. Auch aus didaktischer Sicht trifft der Begriff „Projekt" oft nicht zu. Offenheit und Selbstständigkeit der Schüler als wichtige Voraussetzungen eines (→) Projekts sind nur selten gegeben. In den bayerischen Lehrplänen wird deshalb inzwischen von „geowissenschaftlicher Theoriebildung" gesprochen.

Literatur

Grau, W. (1978): Das Nördlinger Ries und seine Entstehungstheorien. In: Geographische Rundschau, Jg. 30, H. 4, S. 144–147

Hemmer, I. (1992): Untersuchungen zum wissenschaftspropädeutischen Arbeiten im Geographieunterricht der Oberstufe (= Geographiedidaktische Forschungen, Band 21). Nürnberg

Hemmer, I. (1993): Exkurs: Geowissenschaftliche Theoriebildung. In: Deuringer, L. (Hrsg.): Fundamente. Jahrgangsstufe 11. Deutschland – Natur-, Wirtschafts- und Sozialräume. Stuttgart, S. 71–105

Kistler, H. (1980): Von Wegeners Kontinentaldrifttheorie zum Modell der Plattentektonik. Ein Unterrichtsprojekt für die Kollegstufe (11. Klasse). In: Geographische Rundschau, Jg. 32, H. 6, S. 297–302

Schöpke, H. (1981): Projektunterricht zwischen offenem und geschlossenem Curriculum. In: Der Erdkundeunterricht, H. 39, S. 5–8

Friedhelm Frank

Freiarbeit → Offener Unterricht, Funktionsskizze → Schemazeichnung

Geländearbeit

Definition

Geländearbeit ist eine Form des außerschulischen Unterrichts zur direkten (→) Begegnung mit geographischen Phänomenen vor Ort, wobei der Schwerpunkt auf von den Schülern selbst zu verrichtenden Tätigkeiten liegt (→ Entdeckendes Lernen, → Begegnung, → Außerschulische Lernorte, → Exkursion).

Klassifikation

Geländearbeit kann bestehen aus:
- einzelnen Arbeitsweisen (→ Arbeitstechniken) wie Beobachten (→ Beobachtung), Kartieren (→ Kartierung), Fotografieren, Zeichnen, Befragen
- der Bearbeitung einer umfassenderen Fragestellung.

Da Geländearbeit immer außerhalb des Klassenzimmers stattfindet, kann sie auch Teil einer (→) Exkursion sein. Ziele der Geländearbeit sind:
- Einübung und Anwendung geographischer (→) Arbeitstechniken,
- Wissensvermittlung und Selbsttätigkeit der Schüler,
- Verortung von Sachverhalten,
- Erarbeitung räumlicher Vorstellungen,

– Erfassen von Raumstrukturen und ihrer Merkmale
– sowie die Fähigkeit zu deren Bewertung.

Zur geographiedidaktischen Diskussion
Geländearbeit als intensivste Form der originalen Begegnung im Geographieunterricht hat an Bedeutung gewonnen und Eingang in die Lehrpläne gefunden. Ihr Vorteil liegt neben dem höheren Motivationsgrad in der Tatsache, dass durch die Schüler nicht nur rezeptiv Stoff aufgenommen, sondern aktiv (→ Handlungsorientierung) und in Eigenarbeit Sachverhalte erschlossen werden, wodurch Verständnis- und Behaltenswert deutlich höher werden und auch ein „Lernen mit allen Sinnen" verwirklicht werden kann. Die Aufgabe des Lehrers besteht dabei vor allem in der gründlichen Vorbereitung (Hinführung der Schüler und gemeinsame Erarbeitung der nötigen Grundlagen) und Nachbereitung sowie Strukturierung des Erarbeiteten (ebenfalls zusammen mit den Schülern). Während der Geländearbeit sollte der Lehrer in den Hintergrund treten und allenfalls steuernd bzw. korrigierend eingreifen. Rechtliche Fragen sowie Sicherheitsaspekte sind zu klären.

Literatur
Börsch, D. (Hrsg.) (1980): Arbeit vor Ort (= Geographie und Schule, Jg. 2, H. 6)
Fraedrich, W. (1986): Arbeitstechniken im Geographieunterricht (= Schulgeographie in der Praxis 8). Köln
Haubrich, H. (1997): Außerschulisches Lernen. In: Haubrich, H. u. a.: Didaktik der Geographie konkret. München, S. 208–213
Noll, E. (Hrsg.) (1992): Erdkunde vor Ort (= geographie heute, Jg. 13, H. 104)
Schneider, Th. (1995): Die Analyse von Aufschlüssen in Lockersedimenten: Handreichungen zur praktischen Arbeit im Erdkundeunterricht am Gymnasium (= Veröffentlichung Staatsinstitut für Schulpädagogik und Bildungsforschung). München
Schneider, Th. (1997): Schätzen und Messen im Gelände: Einfache Methoden für Topographische Orientierung und Geländeerfassung (= Augsburger Beiträge zur Didaktik der Geographie, Materialien 6). Augsburg

Thomas Schneider

Gemeinschaftskunde

Definition
Gemeinschaftskunde ist ein Schulfach bzw. eine Fächerkombination oder ein Fächerverbund, in dem die Inhalte der Fächer Geographie, Geschichte, Politik und Wirtschaft zusammengefasst sind. Ziel der Gemeinschaftskunde ist es, den Aufgabenbereich der politischen Bildung abzudecken. Innerhalb dieses Rahmens kommt der Geographie die Funktion zu, die räumlichen Bezüge der politischen Welt aufzudecken (zum Vergleich: Geschichte macht das Zeitbedingte des Politischen sichtbar) (→ Fächerübergreifender Unterricht).

Klassifikation
1. Integrationsmodell:
Die Fächer Geographie, Geschichte, Politik und Wirtschaft gehen als Disziplinen der politischen Bildung in ein neues Fach Gemeinschaftskunde ein und werden durch dieses ersetzt. Raumwissenschaftliche Bildung soll im Rahmen sozialgeographischer Inhalte vermittelt werden.
2. Kooperationsmodell:
Geographie, Geschichte, Politik und Wirtschaft bleiben als eigenständige Fächer erhalten und tragen im Rahmen von fächerübergreifenden Themenstellungen zur politischen Bildung bei.
3. Koordinationsmodell:
Geographie bleibt als eigenständiges Fach erhalten. Durch eine Verschiebung der Inhalte hin zur Politischen Geographie sowie Wirtschafts- und Sozialgeographie werden Themen der politischen Bildung selbstständig im Rahmen des Faches abgehandelt.

Zur geographiedidaktischen Diskussion
Die politische Bildung hat einen hohen Stellenwert im Geographieunterricht. Nach wie vor heftig umstritten ist die Integration in ein Fach

Gemeinschaftskunde (vgl. Richter 1996 und Hennings 1998).

Die Diskussion wird von allen beteiligten Fächern nicht frei von Fachegoismen geführt. Auch Einflüsse der allgemeinen politischen Entwicklung gehen in sie ein. Von Seiten der Geographie wurde gegen ein eigenes Fach für politische Bildung argumentiert und Sozialgeographie als Ersatz angeboten. Als die Gemeinschaftskunde in einigen Bundesländern eingeführt wurde, sahen Geographen aufgrund ihrer Vorstellung von der besonderen Verklammerungs- und Brückenfunktion des Schulfaches Geographie zunächst die Chance, den erdkundlichen Bereich zu stärken, ihm eine Leitfunktion zukommen zu lassen. Als sich diese Hoffnung nicht erfüllte, gingen viele Befürworter der Fächerintegration auf immer größere Distanz und plädierten schließlich für eine Entflechtung der Gemeinschaftskunde. Der Kampf um ein eigenständiges Fach Geographie steht oft im Widerspruch zu pädagogischen Einsichten und Forderungen, die auch von Geographiedidaktikern geäußert werden. Unstrittig ist, dass die Welt und das Leben nicht in Fächer unterteilt sind, ein fächerübergreifender Zugriff deshalb notwendig wäre. Auch der oft als ideal geforderte Projektunterricht lässt sich nicht innerhalb enger Fachschranken verwirklichen. Als Konsequenz aus diesen Einsichten hat z. B. die Kultusministerkonferenz 1997 endgültig beschlossen, bei der Reform der gymnasialen Oberstufe fächerübergreifende Strukturen stärker zu betonen. Auch im neuen Lehrplan für Hauptschulen in Bayern wird solchen Überlegungen Rechnung getragen, der fächerübergreifendes, projektorientiertes Lernen in einem integrierten gesellschaftswissenschaftlichen Lernbereich vorgesehen hatte. Dieser Ansatz scheiterte jedoch letztlich an den Fachegoismen der beteiligten Fächer (v. a. Geschichte), sodass wieder den Bezugsfächern zugeteilte Fachbereiche ausgewiesen wurden.

Literatur

Hennings, W. (1998): Fächerübergreifender Unterricht und die Identität der Geographie. In: Geographie und ihre Didaktik, Jg. 26, H. 2, S. 57–68

Mück, J. (1982): Gemeinschaftskunde. In: Jander, L., W. Schramke und H.-J. Wenzel (Hrsg.): Metzler Handbuch für den Geographieunterricht. Stuttgart, S. 92–103

Richter, D. (1996): Notwendigkeit und Grenzen des Geographieunterrichts in Deutschland. Fünf Thesen zur Identitätskrise der Geographie. In: Rundbrief Geographie, H. 136, S. 4–9

Richter, D. (1997): Fach oder Lernbereich. In: Haubrich, H. u. a.: Didaktik der Geographie konkret. München, S. 156

Schrand, H. (1978): Geographie in Gemeinschaftskunde und Gesellschaftslehre (= Geographiedidaktische Forschungen, Band 3). Braunschweig

Sperling, W. (1981): Gesellschaftslehre, Gemeinschaftskunde, Politische Weltkunde. In: Geographieunterricht und Landschaftslehre. Sachstandsbericht und Bibliographisches Handbuch 1968 bis 1979/80, Band 2. Duisburg, S. 630–647

Friedhelm Frank

Genetische Einführung in das Kartenverständnis → Kartenverständnis, Genetischer Ansatz → Prozessualer Ansatz

Geodeterminismus

Definition

Mit Geodeterminismus bezeichnet man die Auffassung, dass alles menschliche Tun im Raum, ja sogar die Wesensart von menschlichen Gruppen durch die Naturkräfte des Erdraumes, insbesondere durch das Klima, vorherbestimmt (determiniert, prädestiniert) sind.

Zur geographiedidaktischen Diskussion

Seit ca. 1970 wird der Geodeterminismus sowohl im Fach als auch in der westdeutschen Geographiedidaktik abgelehnt. Entsprechend wurden das Hettner-Schema kritisiert und die menschlich-gesellschaftlichen Dynamen betont. Aus der alten (Natur-)Raum-Mensch-Re-

lation wurde somit die Mensch-Raum-(Natur-)Relation. Die Ablehnung des Geodeterminismus wird international vertreten (→ Charta der Geographischen Erziehung).
Unterschwellig spielt der Geodeterminismus jedoch bei Lehrplan- und Schulbuchgestaltern noch eine große Rolle (Motto: erst die Naturgrundlagen, dann – z. B. – die industrielle Entwicklung). Auf einige Beispiele verweist Hard (1982, S. 106–107).
Das Konzept des Geodeterminismus ist abgelöst worden u. a. durch das Konzept des Possibilismus. Dieses Konzept beruht darauf, dass der Mensch je nach seinen technischen Möglichkeiten das von der Natur bereitgehaltene Angebot nutzt, verwendet, es auch umgestaltet und umwertet (→ Inwertsetzung). Die Auffassung des Probabilismus geht insofern darüber hinaus, dass in diesem Konzept die als sicher angenommene Möglichkeit des Eintretens einer menschlichen Nutzung durch die vorsichtigere Formulierung eines nur wahrscheinlichen Eintreffens relativiert wird.

Literatur
Hard, G. (1973): Die Geographie. Berlin
Hard, G. (1982): Geodeterminismus/Umweltdeterminismus. In: Jander, L., W. Schramke und H.-J. Wenzel (Hrsg.) (1983): Metzler Handbuch für den Geographieunterricht. Stuttgart, S. 104–110

Josef Birkenhauer

Geographiedidaktik

Definition
Geographiedidaktik ist die Wissenschaft von der adressatenbezogenen Auswahl und Anordnung von Inhalten, die räumlich bestimmbar oder raumwirksam sind, und ihrer Vermittlung in die Verständnisebene des Adressaten.
Für den Geographieunterricht ist der Schüler der Adressat.

Klassifikation
Ein semantisches Problem besteht darin, dass „Geographiedidaktik" zugleich Ober- und Unterbegriff ist:

Geographiedidaktik
(im weiteren Sinn)

Geographiedidaktik	Geographiemethodik
(im engeren Sinn)	(→ Methodik)

Aus der Definition ergeben sich drei Bereiche der Geographiedidaktik (im weiteren Sinn):
1. Die Geographiedidaktik (im engeren Sinn) befasst sich mit der begründeten Auswahl der Inhalte. Sie werden durch die Fragen „Wozu? Warum? Was?" erschlossen. Entscheidend ist daher nicht der Inhalt „an sich", sondern das Ziel, das mit ihm angestrebt wird (→ Lernziel). Die Inhalte werden aus den (→) Bezugswissenschaften entnommen (z. B. Raumwissenschaften, Sozialwissenschaften), von den Erziehungswissenschaften gefordert (z. B. → Schlüsselqualifikationen), von der Gesellschaft gewünscht (z. B. → Umwelterziehung) oder von der Schulverwaltung vorgegeben (z. B. Fächerintegration mit Geschichte und Sozialkunde) (→ Einflussfaktoren).
2. Die Geographiedidaktik (im engeren Sinn) befasst sich (auch) mit der Anordnung der Inhalte. Sie wird durch die Frage erschlossen: „Wie müssen Inhalte angeordnet sein, damit das Ziel erreicht wird?" Hierbei ist der Bezug auf den jeweiligen Adressaten entscheidend.
Dieser Bereich bildet einen fließenden Übergang zum nächsten, der Geographiemethodik.
3. Die Geographiemethodik beschäftigt sich mit der möglichst effektiven Vermittlung der Inhalte an den jeweiligen Adressaten. Sie werden durch die Fragen „Wie?" und „Womit?" erschlossen. Hierbei werden Erkenntnisse und Methoden der Pädagogik und der Psychologie eingesetzt.
Die Geographiemethodik für die Schule berücksichtigt zur Erreichung der Ziele u. a. die kognitiven, instrumentalen und affektiven Möglichkeiten sowie die sozialen und administrati-

ven Bedingungen der Schüler der einzelnen Altersstufen und Schularten.
Die Geographiemethodik für Erwachsene hat entweder den Laien (→ Planungsdidaktik) oder den Fachmann (z. B. bei der Hochschuldidaktik) als Zielgruppe. Auch hier gilt es, Erfahrungshorizonte, Einstellungen sowie kognitive und instrumentale Fähigkeiten zu berücksichtigen.

Zur geographiedidaktischen Diskussion

Die Geographiedidaktik als Wissenschaft entstand wie die meisten Fachdidaktiken im deutschsprachigen Raum in den 70er-Jahren, als es um eine begründbare Auswahl und Anordnung von Inhalten für den Geographieunterricht ging. Vorher wurde fast ausschließlich eine Methodenlehre vermittelt, bei der die Auswahl und Anordnung der Inhalte einer länderkundlichen Abfolge vom Nahen zum Fernen von Ausnahmen abgesehen nicht hinterfragt wurde (→ Geschichte der Geographiedidaktik).
Geographiedidaktik arbeitet sowohl hermeneutisch als auch normativ, zunehmend werden empirische Untersuchungen durchgeführt (→ Geographiedidaktische Forschung).
Folgende Fragestellungen werden derzeit am stärksten diskutiert:
1. Wissenschaftsorientierung oder Gesellschaftsorientierung. Soll der Geographieunterricht primär nach wissenschaftlichen Kategorien aufgebaut sein oder sollen lebensbedeutsame (→) „Schlüsselprobleme" den Aufbau bestimmen? Mit diesem Ansatz eng verwandt ist der nächste.
2. Stellung zu den (→) Bezugswissenschaften. Soll die Geographiedidaktik stärker an den Erziehungs- oder den Fachwissenschaften orientiert sein? Während in den 70er- und 80er-Jahren die (→) Wissenschaftsorientierung vorherrschte, wird heute verstärkt die Ausrichtung an den Erziehungswissenschaften betont (→ Schlüsselqualifikationen, → Erdkunde/Geographie als Bezeichnung des Unterrichtsfaches).
3. Wissen oder Qualifikationen. Allgemein wird heute als Ziel des Geographieunterrichts die (→) Raumverhaltenskompetenz genannt. Umstritten ist oft, welche Inhalte notwendig sind, um sie zu erreichen.
4. Stellung der Allgemeinen Geographie (→ Allgemeingeographischer Ansatz) und der Regionalen Geographie (→ Regionalgeographische Ansätze) im Geographieunterricht. Heute überwiegt eine Ausrichtung auf allgemeingeographische, transferierbare Erkenntnisse und Qualifikationen, teilweise mit stark regionaler Komponente (→Thematische Geographie in regionaler Anordnung).
5. Behandlung der regionalen Differenzierung (→ Eine Welt, → Kulturerdteile).
6. Stellenwert der Sozialwissenschaften und der Umwelterziehung (→ Sozialgeographischer Ansatz, → Umwelterziehung).
7. Stellenwert der Geographie als Schulfach im Rahmen einer ästhetischen Erziehung.
8. Bedeutung der Methodik für die Erreichung geographiedidaktischer Ziele (→ Medien, → Computer im Geographieunterricht, → Postmoderne).

Literatur
Birkenhauer, J. (1987): Über das Verhältnis von Fachdidaktik und Fachwissenschaft im Schulfach Erdkunde. In: Geographie und ihre Didaktik, Jg. 15, H. 4, S. 212–218
Birkenhauer, J. (1995): Zum Stand der Fachdidaktik Geographie. In: Schulmagazin 5–10, Jg. 10, H. 1, S. 10–13
Fuchs, G. (1994): Wirklich „Paradigmen-Wechsel?" In: geographie heute, Jg. 15, H. 120, S. 42–43
Geiger, M. und M. Brameier (1998): Geographieunterricht 2000. In: Praxis Geographie, Jg. 28, H.4, S. 4–6
Hasse, J. (1991): Beiträge zu einer postmodernen Geographiedidaktik. In: Vielhaber, Chr. und H. Wohlschlägl (Hrsg.): Fachdidaktik gegen den Strom. Nichtkonformistische Denkansätze zur Neuorientierung einer Geographie- (und Wirtschaftskunde-) Didaktik (= Materialien zur Didaktik der Geographie und Wirtschaftskunde, Band 8). Wien, S. 39–77
Haubrich, H. (Hrsg.) (1994): Internationale Charta der Geographischen Erziehung (= Geo-

graphiedidaktische Forschungen, Band 24). Nürnberg
Haubrich, H. u. a. (1997): Didaktik der Geographie konkret. München
Kent, W. A. u. a. (1996): Geography in Education. Viewpoints on Teaching and Learning. Cambridge
Kirchberg, G. (1998): Veränderte Jugendliche – unveränderter Geographieunterricht? In: Praxis Geographie, Jg. 28, H. 4, S. 24–29
Kneip, P. und G. Rohwer (1992): Geographiedidaktik zwischen „Aufklärung" und „Postmoderne". Aktuelle Perspektiven der geographiedidaktischen Diskussion. In: Brogatio, H. P. und H.-M. Cloß (Hrsg.): Geographie und ihre Didaktik, Teil 2 (= Materialien zur Didaktik der Geographie, Heft 16). Trier, S. 385–396
Köck, H. (1991): Didaktik der Geographie – Methodologie. München
Schmidt-Wulffen, W.-D. (1991): Geographieunterricht 2000. Was lernen? Was (wie) unterrichten? In: Vielhaber, Chr. und H. Wohlschlägl (Hrsg.): Fachdidaktik gegen den Strom. Nichtkonformistische Denkansätze zur Neuorientierung einer Geographie- (und Wirtschaftskunde-) Didaktik (= Materialien zur Didaktik der Geographie und Wirtschaftskunde, Band 8). Wien, S. 79–105
Schultz, H.-D. (1995): Mit dem Rücken zur Wand in die Offensive? Trends und Perspektiven der Geographiedidaktik der 90er Jahre. In: Zeitschrift für den Erdkundeunterricht, Jg. 47, H. 4, S. 146–150
Schultze, A. (1996): Geographiedidaktik eine seriöse Wissenschaft? In: Schultze, A. (Hrsg.): 40 Texte zur Didaktik der Geographie. Gotha, S. 6–7
Schultze, A. (1998): Geographiedidaktik kontrovers. Konzepte und Fronten innerhalb eines Faches. In: Praxis Geographie, Jg. 28, H. 4, S. 8–13
(Umfangreiche weitere Literatur bei den einzelnen Stichworten, die hier als Querverweise angezeigt wurden.)

Dieter Böhn

Geographiedidaktische Forschung

Definition
Geographiedidaktische Forschung ist die methodisch-methodologisch normierte und daher intersubjektiv überprüfbare Gewinnung und Begründung von Erkenntnissen über das institutionalisierte Lehren und Lernen geographischer Sachverhalte.

Klassifikation
– Aus methodologischer Sicht können diese Erkenntnisse empirischer, normativer oder empirisch-normativer Art sein.
– Aus der Sicht ihres Generalisierungsgrades kann es sich um spezielle (bestimmter Raum-Zeit-Sach-Bezug) oder allgemeine (kein bestimmter Raum-Zeit-Sach-Bezug) Erkenntnisse handeln.
– Unter dem Aspekt der administrativ-institutionellen Untergliederung kann sich geographiedidaktische Forschung auf schulisches sowie außerschulisches Lehren und Lernen geographischer Sachverhalte beziehen.
– Vor allem ist die geographiedidaktische Forschung unter dem Aspekt der in den geographischen Lehr-Lern-Prozess involvierten Sachverhaltsklassen zu untergliedern etwa in abnehmer-, ziel-, inhalts-, curriculum-, methoden-, medien-, prinzipienbezogene Forschung.

Zur geographiedidaktischen Diskussion
Aus methodologischer Sicht liegt der Schwerpunkt der geographiedidaktischen Forschung in Deutschland nach wie vor im normativen bzw. empirisch-normativen Bereich. Verbunden damit ist das erkenntnistheoretische Problem der prinzipiellen Nichtüberprüfbarkeit der normativen Aussagenbestandteile, wohingegen deren Gewinnungs- und Begründungsweise sehr wohl normiert und somit intersubjektiv überprüfbar ist. Unter institutionellem Aspekt dominiert die schulbezogene geographiedidaktische Forschung. Von den unterrichtlichen Gegenstandsbereichen ist dem Ziel-Inhalt-Curriculum-Komplex der Großteil der Forschung gewidmet.

Der Anteil der lern- und entwicklungspsychologisch orientierten Forschung hat in jüngerer Zeit stark zugenommen.

Literatur
Birkenhauer, J. (1986): Geographiedidaktische Forschung in der Bundesrepublik Deutschland 1975–1984. In: Geographische Rundschau, Jg. 38, H. 5, S. 218–227
Haubrich, H. (1977): Situation und Perspektive geographiedidaktischer Forschung. In: Haubrich, H. (Hrsg.): Quantitative Didaktik der Geographie. Braunschweig, S. 13–35
Hemmer, M. (1997): Geographiedidaktische Forschung in der Bundesrepublik Deutschland von 1985 bis 1995. In: Geographie und ihre Didaktik, Jg. 25, H. 2, S. 84–101
Heß, G. (1994): Empirische Fachdidaktik im Elfenbeinturm? In: Geographie und ihre Didaktik, Jg. 22, H. 2, S. 87–98
Köck, H. (1998): Desiderata der geographiedidaktischen Forschung in Deutschland. In: Geographie und ihre Didaktik, Jg. 26, H. 4, S. 173–199

Helmuth Köck

Geographiedidaktische Leitvorstellung

Definition
Eine geographiedidaktische Leitvorstellung gibt nach Kroß (1991) eine Akzentuierung vor, wie im Geographieunterricht die Handlungsintentionen des Menschen im Raum dargestellt werden sollen (→ Paradigma).

Klassifikation
Nach Kroß (1991) gibt es bisher folgende geographiedidaktische Leitvorstellungen:
– Auseinandersetzung: Erde als Raum der Bewährung für den Menschen (bis ca. 1970),
– (→) Inwertsetzung: Erde als Planungs- und Verfügungsraum menschlicher Gruppen (bis ca. 1985),
– Bewahrung: Erde als gefährdeter Lebensraum der Menschheit (seit ca. 1985).

Zur geographiedidaktischen Diskussion
Der Wechsel zu der Leitvorstellung „Bewahrung" wurde durch eine veränderte Wahrnehmung der Umwelt bewirkt, in der die durch die Lebensweise des Menschen bewirkten Schäden allmählich unübersehbar wurden. Dieser Wandel der Leitvorstellung erfolgte allerdings nicht erst 1985. Naturgeographisch orientierte Lehrkräfte haben bereits lange vorher versucht, ökologische Gesichtspunkte in den Unterricht einzubringen und die Leitvorstellung „Inwertsetzung" zu relativieren. Dies führte z. B. in Bayern zur Aufnahme der Umweltthematik in den Kollegstufenlehrplan bereits in den Siebzigerjahren (vgl. Fraedrich und Mohr-Birgel 1985). Es ist aber auch festzustellen, dass „Auseinandersetzung", „Inwertsetzung" und „Bewahrung" keinesfalls Begriffe sind, die in Gegensatz zueinander stehen müssen. Die Auseinandersetzung mit den räumlichen Gegebenheiten geht mit der Inwertsetzung Hand in Hand. Auch die Bewahrung ist schließlich das Ergebnis der Inwertsetzung. Nach Birkenhauer (1994) handelt es sich daher auch bei den Begriffen „Auseinandersetzung" und „Bewahrung" nur „um Zuspitzungen des Begriffes Inwertsetzung, die bestimmte Aspekte von Inwertsetzung nur akzentuieren". Es ist festzuhalten, dass „Auseinandersetzung" und „Bewahren" eine Einstellung bezüglich des Handlungsverhaltens beinhalten, dagegen „Inwertsetzung" diesbezüglich ein neutraler Begriff ist.

Literatur
Birkenhauer, J. (1994): Inwertsetzung – ein zentraler geographischer und geographiedidaktischer Begriff? In: Geographie und ihre Didaktik, Jg. 22, H. 3, S. 117–130
Flath, M. und G. Fuchs (Hrsg.) (1995): Fachdidaktische Standorte. Theoretisches Erbe und aktuelle Positionen. Gotha
Fraedrich, W. und Chr. Mohr-Birgel (1985): Wirtschaftsgeographie – Umweltschutz (= bsv Oberstufen-Geographie, Band 3). München
Kroß, E. (1991): Geographiedidaktik heute. Probleme und Perspektiven 20 Jahre nach dem Umbruch. In: Hasse, J. und W. Isenberg (Hrsg.):

Die Geographiedidaktik neu denken. Perspektiven eines Paradigmenwechsels (= Bensberger Protokolle 73). Osnabrück, S. 11–24

Ulrich Wieczorek

Geographiedidaktische Reihen und Zeitschriften

Definition
Geographiedidaktische Reihen und Zeitschriften sind Publikationsorgane, in denen (vorwiegend oder ausschließlich) geographiedidaktisch relevante Themen und Probleme sowohl theoretisch als auch praxisorientiert behandelt werden.

Klassifikation
Eine Unterscheidung ist möglich zwischen
- Schriftenreihen und Zeitschriften, die stärker theoretisch ausgerichtet sind und beispielsweise Forschungsarbeiten (Dissertationen, Habilitationen, Forschungsprojekte) enthalten, den Diskussionsstand zu einer geographiedidaktisch relevanten Fragestellung wiedergeben (z. B. die Dokumentationen der HGD-Symposien in den Geographiedidaktischen Forschungen) oder eine thematisch heterogene Aufsatzsammlung bilden (z. B. Festschriften, Geographie und ihre Didaktik), und
- Schriftenreihen und Zeitschriften, die stärker praxisorientiert ausgerichtet sind und – neben einer Einführung in die Thematik – vielfältige Unterrichtsmaterialien und -konzepte für den Geographieunterricht bereitstellen (z. B. Praxis Geographie, geographie heute, Geographie und Schule).

Zur geographiedidaktischen Diskussion
Die geographiedidaktischen Schriftenreihen und Zeitschriften sind ein wichtiges Forum für den innerdisziplinären wissenschaftlichen Austausch und den notwendigen Dialog zwischen Schule und Hochschule. Sie spiegeln die aktuelle Diskussion wider und zeigen vielfältige Umsetzungsmöglichkeiten für den Geographieunterricht auf.

Literatur
1. Geographiedidaktische Schriftenreihen
Einen Überblick über die – i. d. R. unregelmäßig erscheinenden – geographiedidaktischen Schriftenreihen in der Bundesrepublik Deutschland, über die Titel und Inhaltsverzeichnisse der einzelnen Bände sowie deren Bezugsbedingungen gibt die Homepage des Hochschulverbandes für Geographie und ihre Didaktik (HGD), die über www.geographie.de aufgerufen werden kann. Darüber hinaus können die Neuerscheinungen dem Geographischen Taschenbuch entnommen werden.
Ein Großteil der nachfolgend aufgeführten Reihen erscheint im Selbstverlag der jeweiligen Lehrstühle und/oder Institute für Didaktik der Geographie.
- Augsburger Beiträge zur Didaktik der Geographie (Selbstverlag)
- Didaktik der Geographie (Oldenbourg Verlag)
- Frankfurter Beiträge zur Didaktik der Geographie (Selbstverlag)
- Geographiedidaktische Forschungen (Selbstverlag des Hochschulverbandes für Geographie und ihre Didaktik)
- Materialien zur Didaktik der Geographie / Trier (Selbstverlag)
- Materialien zur Didaktik der Geographie und Wirtschaftskunde/Wien (Selbstverlag)
- Münchner Studien zur Didaktik der Geographie (Selbstverlag)
- Perthes Pädagogische Reihe (Klett-Perthes-Verlag)
- Regensburger Beiträge zur Didaktik der Geographie (Selbstverlag)
- Schulgeographie in der Praxis (Aulis-Verlag)
- Vechtaer Materialien zum Geographieunterricht (Institut für Strukturforschung und Planung in agrarischen Intensivgebieten)

2. Geographiedidaktische Zeitschriften
- Geographie aktuell (6 Hefte/Jahr, Aulis-Verlag, Köln)
- geographie heute (11 Hefte/Jahr, Friedrich-Verlag, Velber)
- Geographie und ihre Didaktik (4 Hefte/Jahr, Hrsg. v. Hochschulverband für Geographie und ihre Didaktik, Hildesheim)

- Geographie und Schule (6 Hefte/Jahr, Aulis-Verlag, Köln)
- GW Unterricht (4 Hefte/Jahr, Wien)
- International Research in Geographical and Environmental Education
- Praxis Geographie (11 Hefte/Jahr, Westermann Verlag, Braunschweig)
- Zeitschrift für den Erdkundeunterricht (11 Hefte/Jahr, Päd. Zeitschriftenverlag, Berlin)

Michael Hemmer

Geographieheft

Definition
Das Geographieheft (Erdkundeheft) enthält Aufzeichnungen und Materialien, die vom Schüler angefertigt bzw. eingefügt wurden. Ein anderer Begriff ist Arbeitsheft.

Klassifikation
Das Geographieheft kann gebunden sein oder als Ordner angelegt werden.
Methodisch sind zwei Varianten vorherrschend:
- Strukturierte Darstellung des Unterrichtsablaufs, z. B. Übernahme des (→) Tafelbildes oder des Merkbildes. Der Hefteintrag wird im Unterricht erarbeitet und ist bei allen Schülern gleich. Er kann durch Materialien ergänzt werden, die vom Schüler zusätzlich eingefügt werden.
- Zusammenstellung geographischer Fakten, Strukturen und Prozesse, welche die Schüler während des Unterrichts anfertigen und gegebenenfalls durch weitere Informationen und Materialien ergänzen. Die Aufzeichnungen werden von jedem Schüler individuell gefertigt.

Nach Birkenhauer (1997) sind Arbeitsmappen nicht zu diesem Begriff zu rechnen, weil sie eine angeleitete Nachbereitung sind. In solchen Mappen sammelt der Schüler über einen längeren Zeitraum Materialien zu einem Thema.

Zur geographiedidaktischen Diskussion
Dem Geographieheft kommt eine hohe methodische Bedeutung zu. Die strukturierte Darstellung der Unterrichtsstunde, die von den Schülern in ihr Heft übernommen wird, ist besonders in der Grundschule und in den übrigen Schularten bis zur Mittelstufe hin weit verbreitet. In der Oberstufe, v. a. in der Kollegstufe, erfolgt die Erziehung zum selbstständigen wissenschaftlichen Arbeiten u. a. durch die Aufgabe, das Heft selbstständig zu führen.

Das Geographieheft hilft dem Schüler bei der Nachbereitung bzw. beim Lernen. In der Praxis ist es oft Grundlage der häuslichen Vorbereitung des Schülers. Eltern und Lehrer können erkennen, was der Schüler erfasst hat. Ob Heft oder Mappe zu bevorzugen ist, wird unterschiedlich beurteilt.

Literatur
Birkenhauer, J. (1997): Arbeitsmappen, Collagen. In: Birkenhauer, J. (Hrsg.): Medien. Systematik und Praxis (= Didaktik der Geographie). München, S. 221
Brucker, A. (1997): Arbeitsheft. In: Haubrich, H. u. a.: Didaktik der Geographie konkret. München, S. 298

Dieter Böhn

Geographieinteresse

Definition
Unter Geographieinteresse versteht man die Bereitschaft, sich aus eigenem Antrieb mit einem geographischen Thema zu beschäftigen.
Es wird durch vorausgegangene positive Erfahrungen bei der Auseinandersetzung mit geographischen Themen sowie durch persönlichkeits- und entwicklungspsychologische Strukturen des einzelnen Menschen gefördert.

Klassifikation
Auch wenn früher das Geographieinteresse als eine rein subjektive Größe und somit von Person zu Person unterschiedlich betrachtet wurde,

sieht man heute, dass es gewisse Strukturen gibt und somit Klassifikationen möglich sind.
Im Geographieinteresse lassen sich folgende unterschiedliche Strukturen nachweisen:
1. Person- versus Sachinteresse
- Personinteresse: verstärktes Interesse für den Menschen, seine Lebensumstände und seinen Lebensraum (z. B. Bevölkerungsgeographie, Ernährung, Heimat),
- Sachinteresse: verstärktes Interesse an apersonalen Bereichen (z. B. Geomorphologie, Geologie, Wirtschaftsgeographie).
2. Geschlechtsspezifische Strukturen
Das Gesamtinteresse an geographischen Themen ist bei Jungen und Mädchen gleich hoch. In Einzelbereichen (Themen, Regionen und Arbeitsweisen) ergeben sich Unterschiede.
- Mädchen weisen ein höheres Interesse für „Menschen und Völker", Umwelt, Europa und Außereuropa, Texte, Bilder, Rollen- und Planspiele auf.
- Jungen weisen ein höheres Interesse für Physische Geographie, Geologie, Wirtschaftsgeographie, Deutschland, Karten, Statistiken, Modelle und Filme auf.
3. Altersspezifische Strukturen
Die Interessenschwerpunkte ändern sich mit dem Alter und den damit verbundenen Entwicklungsaufgaben (z. B. Orientierung in der Welt, um sich von den Eltern zu lösen; Schaffung eines ethischen Wertesystems).
- Kinder weisen ein höheres Interesse für Orientierung, Topographie, Physische Geographie auf.
- Jugendliche weisen ein höheres Interesse für Umwelt und Kulturgeographie auf.
Unabhängig von den Klassifikationen 1–3 sind Interessenschwerpunkte bei Themen und Regionen vorhanden:
- hohes Interesse für Naturkatastrophen, Umwelt, Weltraum, Menschen und Völker sowie USA/Nordamerika, Australien, Arktis/Antarktis, West- und Südeuropa
- niedriges Interesse für Industrie, Verkehrswege, Verstädterung, Stadt- und Raumplanung sowie Nachfolgestaaten der Sowjetunion, Ostmitteleuropa, Südosteuropa.

Zur geographiedidaktischen Diskussion

Interesse ist nicht nur eine wichtige Voraussetzung für den Lernerfolg, es ist auch Anknüpfungspunkt und Ziel des Unterrichts. Für die Entstehung der Interessen ist es wichtig, dass die Auseinandersetzung mit dem jeweiligen Gegenstand positiv verläuft. D. h. diese darf nicht allein zu Wissen über den Gegenstand und Kompetenz im Umgang mit ihm führen, sondern sie muss auch von positiven Gefühlen begleitet sein. Nur so entsteht eine Tendenz zum wiederholten Aufsuchen des Gegenstandes, bis er im Idealfall zu einem Teil des eigenen Selbstverständnisses wird. Forschungsergebnisse zeigen, dass dies in der Schule nur in einem sehr begrenzten Maße möglich ist.

Bei Mädchen haben die jüngeren Forschungsergebnisse (Hemmer/Hemmer und Obermaier) kein geringeres Interesse an geographischen Themen im Allgemeinen gegenüber Jungen nachweisen können. Mädchen haben allerdings ein geringeres Interesse an den Themen des Schulfaches Geographie. Dies könnte bedeuten, dass ihre Interessen in den Lehrplänen oder von den Lehrkräften nicht genügend berücksichtigt werden. Nähere Untersuchungen zu diesem Thema fehlen allerdings noch (→ Geschlechtsspezifische Aspekte des Geographieunterrichts).

Allgemein ist in Geographie ein gravierender Interessenabfall nach der 5. Jahrgangsstufe zu beobachten. Die Gründe hierfür müssen noch näher untersucht werden.

Literatur

Hemmer, I. und M. Hemmer (1996): Schülerinteresse am Erdkundeunterricht – grundsätzliche Überlegungen und erste empirische Ergebnisse. In: Geographie und ihre Didaktik, Jg. 24, H. 4, S. 192–204

Hemmer, I. und M. Hemmer (1996): Welche Themen interessieren Jungen und Mädchen im Geographieunterricht? Ergebnisse einer empirischen Untersuchung. In: Praxis Geographie, Jg. 26, H. 12, S. 41–43

Hemmer, I. und M. Hemmer (1997): Welche Länder und Regionen interessieren Mädchen

und Jungen? Ergebnisse einer empirischen Untersuchung. In: Praxis Geographie, Jg. 27, H. 1, S. 40–41
Kirchberg, G. (1997): Schülerinteressen und -einstellungen. In: Haubrich, H. u. a.: Didaktik der Geographie konkret. München, S. 76–77
Obermaier, G. (1997): Strukturen und Entwicklungen des geographischen Interesses von Gymnasialschülern in der Unterstufe – eine bayernweite Untersuchung (= Münchner Studien zur Didaktik der Geographie, Band 9). München
Obermaier, G. (1998): Geographieinteresse. In: geographie heute, Jg. 19, H. 157, S. 2–5
Schmidt-Wulffen, W. (1996): Was interessiert Jugendliche an der „Dritten Welt"? Eine empirische Untersuchung mit didaktischen Konsequenzen. In: Praxis Geographie, Jg. 26, H. 10, S. 50–52
Schmidt-Wulffen, W.-D. (1997): Jugendliche und „Dritte Welt": Bewußtsein, Wissen und Interessen. In: GW-Unterricht, Nr. 66, S. 11–20

Uta Dörmer/Gabi Obermaier

Geographieunterricht in der DDR

Definition
Das Fach Geographie hatte in der DDR im Kanon der Unterrichtsfächer eine gleichberechtigte Stellung. Es wurde in der Polytechnischen Oberschule (POS), welche die Klassen 1 bis 10 umfaßte, in den Klassenstufen 5 bis 10 als eigenständiges Fach zweistündig (Klasse 9 einstündig) und in der Erweiterten Oberschule (EOS), welche die Klassen 11 und 12 einschloss, einstündig in beiden Klassenstufen unterrichtet. Geographie war obligatorischer Bestandteil der mündlichen Abschlussprüfungen der POS und der Abiturprüfung der EOS.

Klassifikation
Ziele des Faches Geographie in der DDR:
– Die Schüler sollten ein wissenschaftlich fundiertes geographisches Bild von der Erde erhalten. Sie sollten exaktes und anwendungsbereites physisch-, politisch- und ökonomisch-geographisches und topographisches Wissen über die Erde als Ganzes, über Kontinente und Länder und über ihr sozialistisches Vaterland erwerben.
– Sie sollten befähigt werden, geographische Sachverhalte zu analysieren, ihnen zugrunde liegende Gesetzmäßigkeiten zu erfassen und sich sicher topographisch zu orientieren.
– Sie sollten auf der Grundlage ihrer Kenntnisse in der Lage sein zu werten und zu einem verantwortungsbewussten Umgang mit der Natur befähigt werden.

Inhalte des Faches Geographie in der DDR:
Die für die gesamte DDR einheitlichen Geographielehrpläne hatten eine lange Gültigkeitsdauer. Sie wurden seit 1964 nur in Teilbereichen verändert bzw. geringfügig aktualisiert.
Stoffübersicht des Lehrplans Geographie (Ausgabe 1979; der 1989 für die Klassenstufen 5–7 in Kraft getretene Plan wurde infolge der politischen Veränderungen nicht mehr realisiert):
Klasse 5: Deutsche Demokratische Republik
Klasse 6: Überblick über Europa (sozialistische Länder, kapitalistische Länder)
Klasse 7: Gradnetz, Zeitzonen, Sowjetunion, Asien
Klasse 8: Afrika, Amerika
Klasse 9: Physische Geographie (Lufthülle, Wasserhülle, Gesteinskruste der Erde. Erdgeschichtliche Entwicklung Mitteleuropas, die Landschaft, Exkursion)
Klasse 10: Ökonomische Geographie der sozialistischen Staatengemeinschaft, Ökonomische Geographie der DDR, aktuelle ökonomisch-geographische Probleme
Klasse 11: Entwicklung und Struktur der Lithosphäre, geographische Zonen der Erde
Klasse 12: Struktur und Entwicklung ausgewählter Wirtschaftsgebiete im RGW, Nutzung und Gestaltung der Natur in Industrie- und Agrargebieten

Zur geographiedidaktischen Diskussion
Die Lehrpläne aller Klassenstufen wurden als geschlossenes Gesamtkonzept erarbeitet und folgten trotz des regional-thematischen Auf-

baus allgemein-geographischen Linienführungen, auf deren Grundlage ein auf hohem Niveau stehender Erkenntnisgewinn angestrebt wurde. Die Lehrpläne besaßen ein ausgewogenes Verhältnis von Physischer und ökonomischer Geographie. Die Inhalte der Lehrpläne wurden vor ihrer Einführung erprobt und diskutiert. Die vorherrschende Organisationsform des Unterrichts war der Frontalunterricht. Die 1978/79 für das Fach Geographie eingeführten Arbeitsgemeinschaften nach Rahmenprogramm (seit 1983 Fakultative Kurse) boten die Möglichkeit, selbsttätig zu arbeiten.

Literatur
Ministerium für Volksbildung der DDR (1979): Lehrplan Geographie 5 bis 10. Berlin
Ministerium für Volksbildung der DDR (1989): Lehrplan Geographie 5 bis 7. Berlin
Barth, L. und W. Schlimme (1976): Methodik Geographieunterricht. Berlin
Brodengeier, E., G. Fendler und K. Frey (1997): Zur Situation der Schulgeographie im Freistaat Sachsen. In: Dresdener Geographische Beiträge, H. 1, S. 127–145

Ludwig Barth / Klaus Frey

Geographische Grundkarte → Atlas, Karte,
Geographisches Informationssystem → GIS

GeoWissen

Definition
GeoWissen ist ein Wettbewerb für Schülerinnen und Schüler zwischen 12 und 16 Jahren, bei dem es teilweise um topographisches Wissen geht, teilweise um die Anwendung geographischer Arbeitsweisen (→ Arbeitstechniken/Arbeitsweisen, → Topographie).

Zur geographiedidaktischen Diskussion
Die Idee des Wettbewerbs entstand in den USA, wo die „Geography Bee" von der National Geographic Society initiiert wurde, um die topographischen Kenntnisse der amerikanischen Schüler zu verbessern. Ähnliche Wettbewerbe werden in vielen Ländern durchgeführt, auch auf internationaler Ebene (z. B. Geographie-Olympiade Tokio 1999).

Literatur
Hamann, B. (1997): „Gewußt wo" – Geographisches Wissen als Wettbewerb. In: Der Bayerische Schulgeograph, Jg. 18, H. 42, S. 12–13

Dieter Böhn

Geowissenschaftliche Theoriebildung →
Forschungsprojekt

Geschichte der Geographiedidaktik

Definition
Die Geschichte der Geographiedidaktik beschreibt und untersucht die Entwicklung dieser Wissenschaft und ihrer didaktischen und methodischen Fragestellungen. Sie bezieht auch die Entwicklung des Geographieunterrichts mit ein (→ Geographiedidaktik).

Klassifikation
Obwohl die Geographiedidaktik als eigenständiger Wissenschaftsbereich erst in den 70er-Jahren entstand, wurden geographiedidaktische Überlegungen im weiteren Sinn bereits früher angestellt. Folgende Einteilung berücksichtigt die wichtigsten zeitlichen Einschnitte der Geschichte in den alten Bundesländern.
1. Von der Einführung des Schulfaches Geographie bis zu Beginn der 70er-Jahre.
Inhalt des Geographieunterrichts war vorwiegend die (→) Länderkunde, die Erkenntnisse der geographischen Wissenschaft aufbereitete. Die Inhalte wurden auch von der gesellschaftlichen Entwicklung bestimmt (→ Vaterländische Erdkunde, → Völkische Erdkunde). Die Geographiedidaktik befasste sich vorwiegend mit methodischen Fragen, wobei allgemeine pädagogische Ziele verfolgt wurden (z. B. Learning by doing), aber auch mit Problemen der Auswahl geographischer Inhalte (→ Exemplarisches Prinzip).

2. Der Umbruch von der Länderkunde zur lernzielorientierten Allgemeinen Geographie zu Beginn der 70er-Jahre.

Dieser Umbruch verlief parallel zu Wandlungen in der Fachwissenschaft Geographie (Sozialgeographie), der Pädagogik (Curriculumforschung, Lernziele, Wissenschaftsorientierung), der Politik und der Gesellschaft („68er Generation"). Gleichzeitig entwickelte sich die Geographiedidaktik als Folge der (→) Wissenschaftsorientierung von einer vorwiegenden Methodenlehre zu einer eigenständigen Wissenschaft. Sie beanspruchte, über die Methoden hinaus auch über Inhalte und Auswahlprinzipien gültige Aussagen zu machen.

3. Die Differenzierung von Zielen, Inhalten und Methoden seit den 70er-Jahren.

In den letzten Jahrzehnten wurden in der Geographiedidaktik verschiedene Ansätze entwickelt, die teilweise heftig diskutiert werden. Dieser jüngste Abschnitt der Geschichte ist geprägt von Versuchen, einheitliche Grundlagen für den Geographieunterricht zu finden (Internationale → Charta der Geographischen Erziehung, → Raumverhaltenskompetenz), zum anderen von Auseinandersetzungen über Inhalte des Geographieunterrichts (→ Allgemeingeographischer Ansatz, → Thematische Geographie in regionaler Anordnung, → Schlüsselqualifikationen) und über Wege der effektiven Vermittlung.

In der DDR (→ Geographieunterricht in der DDR) wurde der Geographieunterricht von den Entwicklungen in der Sowjetunion beeinflusst. Das länderkundliche Prinzip blieb bestehen, die Inhalte waren stärker physisch-geographisch ausgerichtet und berücksichtigten umfassend ökonomische Fragestellungen einer Nutzung der Ressourcen. Nach der Wende begann man die Lehrpläne zu verändern, mit der Wiedererrichtung der Länder endete der einheitliche Lehrplan. Weitgehend wurde die regionalgeographische Grundgliederung beibehalten, stärker als früher werden allgemeingeographische Themen und soziale Fragestellungen berücksichtigt.

Zur geographiedidaktischen Diskussion

Gegenwärtig gibt es nur wenige geschichtliche Quellensammlungen und nur einzelne theoretisch begründete Untersuchungen, z. B. über die Geschichte der Geographiedidaktik in ihrem wissenschaftsgeschichtlichen und gesellschaftlichen Kontext.

Literatur

Birkenhauer, J. (1986): Erziehungswissenschaftlicher Rahmen. In: Köck, H. (Hrsg.): Grundlagen des Geographieunterrichts (= Handbuch des Geographieunterrichts, Band 1). Köln, S. 59–128

Haubrich, H. (1997): Pädagogische Orientierung des Geographieunterrichts. In: Haubrich, H. u. a.: Didaktik der Geographie konkret. München, S. 21–48

Hausmann, W. (1997): Die Entwicklung der Geographielehrpläne. In: Haubrich, H. u. a.: Didaktik der Geographie konkret. München, S. 113–132

Schultz, H.-D. (1989): Die Geographie als Bildungsfach im Kaiserreich (= Osnabrücker Studien zur Geographie, Band 10). Osnabrück

Schultz, H.-D. (1996): Weg von der Geschichte! Das zähe Ringen der Geographie um die Stundentafel in der höheren Schule Preußens im letzten Drittel des 19. Jh. In: Geographie und ihre Didaktik, Jg. 24, H. 2, S. 61–91

Schultze, A. (Hrsg.) (1976): Dreißig Texte zur Didaktik der Geographie. Braunschweig

Schultze, A. (Hrsg.) (1996): 40 Texte zur Didaktik der Geographie. Gotha

Dieter Böhn

Geschlechtsspezifische Aspekte des Geographieunterrichts

Definition

Geschlechtsspezifische Aspekte umfassen Geschlechterdifferenzen, die in verschiedenen Bereichen des Geographieunterrichts auftreten, und die daraus folgenden didaktisch-methodischen Konsequenzen.

Klassifikation

Geschlechterdifferenzen werden auf der Ebene der Lehrkräfte und auf der Ebene der Schülerschaft festgestellt. Auf der Ebene der Schülerschaft kann man unterscheiden zwischen den Bereichen: allgemeine Bewertung des Schulfaches, Sachinteresse, Fachinteresse (Interesse am Geographieunterricht), Raumvorstellungsvermögen, Topographie und Lernerfolg. Bei beiden Personengruppen gibt es Geschlechterdifferenzen im Bereich Interaktionen (→ Geographieinteresse).

Zur geographiedidaktischen Diskussion

Bereits 1971 stellte Birkenhauer Geschlechterdifferenzen innerhalb der Schülerschaft fest, die in den folgenden Jahren jedoch kaum weiter diskutiert wurden. Seit 1990 setzten sich einige Untersuchungen (vgl. Hemmer 1995) intensiver mit der Frage auseinander. Neuere Untersuchungen von Hemmer/Hemmer (1998) und Obermaier (1997) ergaben, dass sich die allgemeine Gesamtbewertung des Schulfaches bei Jungen und Mädchen nicht signifikant unterscheidet, wohl aber das Interesse an einzelnen Themenbereichen und Einzelthemen (→ Geographieinteresse).

Unterschiede ergeben sich in Teilen des Raumvorstellungsvermögens, bei der Kartenauswertung (Schrettenbrunner 1978), bei den Topographiekenntnissen (Oeser 1987), den Interaktionsanteilen im Unterrichtsverlauf (Buff-Keller 1991) sowie bei nationalen und internationalen Lernerfolgstests (vgl. Niemz 1991). Im Durchschnitt weisen Jungen auch bessere Noten im Geographieunterricht auf als Mädchen (vgl. Niemz 1989, Wagner 1990). Im Bereich des Raumvorstellungsvermögens haben sich die Unterschiede in den letzten Jahren interessanterweise verringert. Man stellte darüber hinaus fest, dass gerade das räumliche Vorstellungsvermögen durch geeignetes Training sehr effektiv und schnell verbessert werden kann.

Bei den Lehrpersonen (vgl. Hemmer/Hemmer 1997 b) wurde bislang nur das Sachinteresse untersucht. Hier finden sich hinsichtlich der Geschlechterdifferenzen durchweg parallele Ergebnisse wie bei der Schülerschaft.

Die Frage nach den Gründen für die beobachteten Geschlechterdifferenzen ist noch ungeklärt, doch scheinen traditionsgebundene Erziehungsweisen, unterschiedliche Freizeitinteressen und die Identifikation mit Geschlechterstereotypen eine Rolle zu spielen. Theorien, nach denen Geschlechterdifferenzen angeboren seien, erwiesen sich demgegenüber als wenig stichhaltig. Die Benachteiligungen können dadurch ausgeglichen werden, dass verstärkt Sichtweisen und Lebenssituationen beider Geschlechter thematisiert werden. Eine Verknüpfung der Unterrichtsthemen mit Umwelt- und Gesundheitsaspekten sowie eine personenbezogenere Darstellung hebt das Interesse der Mädchen. Ebenso entspricht es ihren Vorlieben, verstärkt außerdeutsche Länder zu behandeln. Im methodischen Bereich kommen sie bei sozialkommunikativen und kooperativen Lernformen besser zum Zuge.

Literatur

Buff-Keller, E. (1991): Werden die Mädchen im Geographieunterricht benachteiligt? In: Geographie und ihre Didaktik, Jg. 19, H. 3, S. 141–148

Hemmer, I. (1995): Geographie – kein Fach für Mädchen? In: Geographie und ihre Didaktik, Jg. 23, H. 4, S. 211–225

Hemmer, I. und M. Hemmer (1996): Welche Themen interessieren Jungen und Mädchen im Geographieunterricht? Ergebnisse einer empirischen Untersuchung. In: Praxis Geographie, Jg. 26, H. 12, S. 41–43

Hemmer, I. und M. Hemmer (1997 a): Welche Länder und Regionen interessieren Mädchen und Jungen? Ergebnisse einer empirischen Untersuchung. In: Praxis Geographie, Jg. 27, H. 1, S. 40–41

Hemmer, I. und M. Hemmer (1997 b): Lehrerinteresse und Schülerinteresse an Inhalten und Regionen des Geographieunterrichts – ein Vergleich auf der Grundlage empirischer Untersuchungen. In: Convey, A. u. H. Nolzen (Hrsg.): Geographie und Erziehung/Geography and

Education (= Münchner Studien zur Didaktik der Geographie, Band 10). München, S. 119–128
Hemmer, I. und M. Hemmer (1998): Wie beurteilen Schüler und Schülerinnen das Unterrichtsfach Geographie? Ergebnisse einer empirischen Studie. In: Geographie und Schule, Jg. 23, H. 112, S. 40–43
Niemz, G. (1989): Das neue Bild des Geographieunterrichts (= Frankfurter Beiträge zur Didaktik der Geographie, Band 11). Frankfurt
Niemz, G. (1991): Inter Geo I. Ein internationaler geographischer Lernerfolgstest. In: Praxis Geographie, Jg. 21, H. 1, S. 8–12
Obermaier, G. (1997): Strukturen und Entwicklungen des geographischen Interesses von Gymnasialschülern in der Unterstufe – eine bayernweite Untersuchung (= Münchner Studien zur Didaktik der Geographie, Band 9). München
Oeser, G. (1987): Untersuchungen zum Lernbereich „Topographie" (= Geographiedidaktische Forschungen, Band 16). Lüneburg
Oswald, K. (1990): Zur Berücksichtigung frauenspezifischer Belange in der Lehrplanarbeit im Fach Geographie. In: Geographie und ihre Didaktik, Jg. 18, H. 1, S. 24–33
Schrettenbrunner, H. (1978): Konstruktion und Ergebnisse eines Tests zum Kartenlesen (Kartentest KAT). In: Schrettenbrunner, H. u. a.: Quantitative Didaktik der Geographie – Teil II (= Der Erdkundeunterricht, H. 28). Stuttgart, S. 56–76
Wagner, H. (1990): Geschlechtsspezifische Notenverteilungen in der schulgeographischen Leistungsbewertung. In: Geographie und ihre Didaktik, Jg. 18, H. 2, S. 68–80 und H. 3, S. 146–155

Ingrid Hemmer

Gesellschaftsbezogene Ansätze im Geographieunterricht

Definition

Gesellschaftsbezogene Ansätze sind nach soziologischen und/oder politischen Zielen ausgerichtete Inhalte des Geographieunterrichts, um zum verantwortungsbewussten raumwirksamen Handeln zu erziehen (→ Sozialgeographischer Ansatz, → Raumverhaltenskompetenz, → Schlüsselqualifikationen, → Handlungsorientierung).

Klassifikation

1. Sozialgeographische Ansätze setzten sich um 1970 rasch im Geographieunterricht durch. Dabei wurden die (→) Daseinsgrundfunktionen oftmals als Gliederungsinstrument verwendet. Thema ist die raumwirksame Tätigkeit menschlicher Gruppen und Gesellschaften (z. B. Siedlungsformen unterschiedlicher Sozialgruppen: Villenviertel und Slums).
2. Politische Ansätze nehmen fächerübergreifend Inhalte der politischen Bildung auf und zeigen die Raumwirksamkeit politischer Ideen oder politisch motivierten Handelns (z. B. neue Raumstrukturen durch die europäische Integration). Ziel ist eine Information, die zwar auch kritische Punkte aufzeigt, nicht aber von vorne herein eine Veränderung anstrebt.
3. Gesellschaftskritische Ansätze sind eine Untergruppe der politischen Ansätze. Sie gehen bewusst über eine neutrale, ausgewogene Darstellung gesellschaftlicher Verhältnisse hinaus. Pädagogisches Ziel ist es, den Schüler zu einer Verhaltensänderung gegenüber als negativ bewerteten Verhältnissen zu motivieren und zu befähigen (z. B. Verminderung der Landschaftsbelastung durch Reduzierung der Müllmenge; Strategien zur Veränderung sozialer Verhältnisse in Entwicklungsländern) bzw. positive Ansätze zu verstärken.

Zur geographiedidaktischen Diskussion

Da der Geographieunterricht (auch) für das Leben in der Gemeinschaft erzieht, sind gesellschaftsbezogene Ansätze ein Aspekt für die Auswahl von Unterrichtsinhalten. Diese Ansätze wurden verstärkt in den 70er-Jahren in die (→) Lehrpläne einbezogen. Das führte u. a. zu einem Zurückdrängen physisch-geographischer Inhalte, die andererseits dann wieder an Bedeutung gewannen und als Auswirkungen

gesellschaftlichen Verhaltens auf die Natur thematisiert wurden (→ Umwelterziehung).
Die gesellschaftsbezogenen Ansätze spiegeln wenigstens teilweise die vorherrschenden Sichtweisen der gesamten Gesellschaft wider. Dafür gibt es zahlreiche Beispiele von der (→) „vaterländischen Erdkunde" der Kaiserzeit bis zur gesellschaftskritischen Sicht als Folge der gesellschaftlichen Wandlungen nach 1968. Eine rasche Anpassung an gesellschaftliche Trends wird andererseits auch kritisiert (z. B. von Schramke 1986). Teilweise leiteten gesellschaftsbezogene Ansätze auch neue Denkweisen ein, z. B. die Betonung der (→) Einen Welt (z. B. Kroß 1993) (→ Dritte Welt).
Zu den gesellschaftsbezogenen Ansätzen sind auch Forderungen nach einem Perspektivenwechsel zu rechnen, um den Schüler mit unterschiedlichen Sichtweisen zu konfrontieren und damit offen für andere Auffassungen zu machen (Rhode-Jüchtern 1996).
Kritisch stehen einer allzu engen Bindung an die jeweiligen gesellschaftlichen Trends zum einen diejenigen gegenüber, die einen stärker naturgeographisch ausgerichteten Unterricht fordern (→ Physisch-geographischer Ansatz) und diejenigen, die vor allem die Bedeutung der (→) Allgemeinbildung betonen.

Literatur
Filipp, K. (Hrsg.) (1987): Kritische Didaktik der Geographie (= Materialien zur sozialwissenschaftlichen Forschung, Band 1). Frankfurt (Textband 1988)
Köck, H. (1986): Politisch orientierter Ansatz. In: Köck, H. (Hrsg.): Grundlagen des Geographieunterrichts (= Handbuch des Geographieunterrichts, Band 1). Köln, S. 194–197
Kroß, E. (1993): Vom Entwicklungsländer-Unterricht zum Eine-Welt-Unterricht. In: geographie heute, Jg. 14, H. 114, S. 44–45
Rhode-Jüchtern, T. (1996): Den Raum lesen lernen. Perspektivenwechsel als geographisches Konzept (= Didaktik der Geographie). München
Schramke, W. (1986): Heimwärts und schnell vergessen? Reform, „Wende" und neue heile Welt der Geographiedidaktik in der Bundesrepublik Deutschland. In: Husa, K., C. Vielhaber und H. Wohlschlägl (Hrsg.): Beiträge zur Didaktik der Geographie. Wien, S. 113–128

Dieter Böhn

Gesellschaftslehre → Gemeinschaftskunde

GIS

Definition
Ein GIS (Geographisches Informationssystem) ist die Gesamtheit eines EDV-gestützten Bestandes raumbezogener Daten sowie der Hard- und Software zu deren Eingabe, Verwaltung, Analyse und Ausgabe.

Klassifikation
Ein GIS umfasst
1. Hardware (grafikfähiger Computer, wenn möglich mit Peripheriegeräten)
2. Software mit folgenden Funktionsgruppen
   – Dateneingabe für geometrische Daten und Sachdaten (Attribute)
   – Datenverarbeitung
   – Datenanalyse (geographisch und geostatisch)
   – Datenausgabe (Karten, Grafiken, Tabellen, auch multimedial)
3. Daten (geometrisch als Punkte, Linien, Flächen und als Sachdaten)
4. Sachkundige Bearbeiter.
Ein GIS ist im umfassendsten Fall die modellhafte Abbildung der realen Welt, meist dagegen die Abbildung derjenigen Daten, auf die sich eine Fragestellung bezieht, z. B. Bodeninformationssystem BIS, Umweltinformationssystem UIS usw. Die topographischen Karten Deutschlands werden derzeit zu einem ATKIS (Amtliches topographisches Karteninformationssystem) umgestellt.
Ein GIS kann man sich wie die Organisation von Informationen aus einem beliebig großen Stapel thematischer Karten vorstellen. Das System ist in der Lage, verschiedene dieser Karten (layer) mithilfe logischer Operatoren miteinander zu „verschneiden", das Resultat weiter zu ver-

arbeiten und gleich als Karte oder Flächenbilanztabelle darzustellen. Zum Beispiel: Suche alle Flächen mit dem Substrat Lehm, die mehr als 500 m von Ortschaften entfernt sind und nicht in Naturschutzgebieten liegen; sie sind evtl. als Deponiestandorte geeignet.
Ein GIS ist immer dann hilfreich, wenn
– die Menge der in einem Raum verfügbaren Informationen nicht mehr auf einer Karte darzustellen sind
– Teile der Information sich häufig ändern
– verschiedenste Fragestellungen auf der Basis des Informationsbestandes zu beantworten sind.

Zur geographiedidaktischen Diskussion
Mit geographischen Informationssystemen wird in Deutschland im Unterschied etwa zu den USA im Geographieunterricht praktisch noch nicht gearbeitet. Das dem GIS zugrunde liegende Prinzip der Verknüpfung von Informationen ist dabei bekannt, etwa wenn Folien mit unterschiedlichen Informationen aufeinander gelegt und ausgewertet werden. Mit GIS lassen sich viele Fragen der Umweltbeobachtung, Raumordnung und aller anderer Themen bearbeiten, bei denen viele Daten kombiniert und ausgewertet werden sollen.
Die Voraussetzungen für den Einsatz von GIS auch im Unterricht werden laufend besser: Software kann aus dem Netz (→ Internet) gezogen werden, dort sind auch bereits zahlreiche Fallstudien-Datensätze abzurufen. Schulortbezogene Datensätze stehen derzeit meist nicht in digitalisierter Form zur Verfügung, sie müssen mühsam digitalisiert werden, das kann aber in Projektwochen gut geleistet werden.
Der Geographieunterricht hat in GIS eine Möglichkeit, geographische Methoden und Kenntnisse für andere Fächer in gemeinsamen Projekten nutzbar zu machen, etwa bei biologischen Kartierungen, bei Raumordnungsfragen mit den Fächern Wirtschaft oder Sozialkunde oder bei kartographischen Grundlagen mit Mathematik.

Literatur
Buhmann/Bachhuber/Schaller (Hrsg.) (1996): ArcView. GIS-Arbeitsbuch. Heidelberg
Sauer, H. und F.-J. Behr (1997): Geographische Informationssysteme. Eine Einführung. Darmstadt
Im Internet gibt es eine kommentierte Übersicht über GIS unter:
http://www.uni-wuerzburg.de/geographie/komlinks/geol.htm
Software gibt es etwa unter: http://www.esri.com

Wolfgang Hassenpflug

Globalisierung

Definition
Globalisierung bezeichnet den Vorgang des zunehmenden weltweit umfassenden Aufeinanderbezogenseins aller Daseinsbereiche (z. B. Politik, Wissenschaft, Wirtschaft) zu einem so genannten global village. Dieser alles übergreifende Prozess beruht auf dem intensiven Austausch und Fluss von Gütern und Personen, besonders aber auch von Informationen (→ Eine Welt, → Weltbild).

Klassifikation
Politik: Nationalstaatliche Entscheidungen werden immer mehr eingeschränkt (Transnationalisierung).
Wirtschaft: Produktion und Konsumtion sind Vorreiter der Globalisierung. Weltweit agierende Unternehmen mit vernetzten Produktions- und Distributionsstrukturen (bei immer häufigeren Fusionen) sowie zusammenwachsende Kapitalmärkte sind kennzeichnend. Als international führende Brennpunkte haben sich dabei die so genannten global cities (London, New York, Tokio) herausgebildet.
Wissenschaft: Elektronische Informations- und Kommunikationstechniken führen zu schnellem Wissensfluss und -austausch und damit zu globaler Verfügbarkeit (→ Internet, → GIS).
Ökologie: Die Produktions- und Konsumtionsmuster besonders der westlichen Welt führen zu

schwerwiegenden Störungen der Umwelt bzw. der ökologischen Systeme im globalen Umfang (z. B. Klimawandel) (→ Ökologischer Ansatz, → Umwelterziehung).
Werte: Das westliche Zivilisationsmuster und Demokratieverständnis wird universalisiert, lokale und religiöse Traditionen relativiert. Dagegen gibt es indessen immer häufiger Widerstände (sog. Regionalismus). Globalisierung und Regionalisierung sind Folgen der Dialektik des Globalen und Lokalen (Werlen 1997).

Zur geographiedidaktischen Diskussion
Im Geographieunterricht ist die globale Sichtweise seit langem selbstverständlich. Auch der Prozesscharakter der zunehmenden Arbeitsteiligkeit und der Verflechtungen der nationalen Märkte innerhalb eines Weltmarktes ist seit mindestens 1960 geläufig. Das Konzept des „Raumschiffs Erde" wurde ab 1971 bewusst und das der (→) Einen Welt seit etwa 1985. Beide Konzepte gehören seitdem zu den Leitideen des Geographieunterrichts („global denken lernen"). Zu bedenken ist, dass die durchaus existenzbezogenen Vorgänge (z. B. Abbau von Arbeitsplätzen, Verlagerung) vom Schüler nur indirekt wahrgenommen werden können.

Literatur
Birkenhauer, J. (1994): Veränderte Weltbilder. In: geographie heute, Jg. 15, H. 120, S. 50
Radermacher, F. J. (1997): Think globally, act locally. Zukunftsfragen der Menschheit: technische, gesellschaftliche und ethische Aspekte. In: Forschung & Lehre, H. 12, S. 619–622
Werlen, B. (1997): Sozialgeographie alltäglicher Regionalisierungen. Band 2: Globalisierung, Region und Regionalisierung (= Erdkundliches Wissen, Band 119). Stuttgart

Josef Birkenhauer/Joachim Vossen

Globus

Definition
Der Globus stellt ein kugelförmiges, weitgehend längen-, flächen- und winkeltreues (→) Modell des Planeten Erde dar. Aufgrund der starken Verkleinerung bleibt die Darstellung der eigentlichen Erdform (Rotationsgeoid) unberücksichtigt.

Klassifikation
Der Globus ist sowohl ein Einzelmedium als auch Bestandteil umfassender Modelle. Als Einzelmedium können unterschieden werden:
– nach der grundsätzlichen Modellanordnung der armierte Globus mit ekliptischer Aufhängung bzw. starrer Erdachse und der frei bewegliche Rollglobus
– nach der inhaltlichen Ausgestaltung der stumme, beschriftbare Globus (Induktionsglobus) und die thematischen Globen, die wiederum den Bereichen der Allgemeinen Geographie zugeordnet sind (Relief, Klimazonen, politische Gliederung...)

Zur geographiedidaktischen Diskussion
Der Globus wird im Unterricht selten eingesetzt. Er ist vorwiegend Demonstrationsobjekt in der Hand des Lehrers, der Arbeitsglobus (z. B. als Haftglobus, auf dem die Regionen der Erde zu einem exakten Bild der Erde zusammengesetzt werden) wird in geringerem Maße verwendet. Geographiedidaktisch uneingeschränkt bejaht wird der Einsatz des Globus für folgende Bereiche:
– Grundeinsichten, die sich aus den Eigenschaften der Erde als Himmelskörper (v. a. der Erdrotation und der Schiefe der Ekliptik) ableiten, wie Tag-Nacht, Klimazonen, Gegensatz Nord-/Südhalbkugel, Jahreszeiten etc.
– Globale Orientierungsraster im Sinne von Lagebeziehungen bzw. Größenverhältnissen räumlicher Objekte, aber auch des Gradnetzes
– Messungen von Entfernungen über größere Distanzen bzw. Ermittlung des kürzesten Weges zwischen zwei Punkten der Erdoberfläche (Orthodrome = Großkreis) oder Flächenvergleiche von Räumen verschiedener Breitenlage
– Darstellung der gekrümmten Erdoberfläche als Ebene auf (kleinmaßstäbigen) Karten
Falsch ist die Demonstration der Corioliskraft

auf dem Globus mit Kreide oder Stift (vgl. z. B. Brucker 1997, S. 315), da die physikalischen Gesetzmäßigkeiten (Beschleunigung) nicht berücksichtigt werden können.

Literatur
Adams, J. und C. Rüsewald (1997): Schüler experimentieren mit Globus und Tageslichtprojektor. In: Zeitschrift für den Erdkundeunterricht, Jg. 49, H. 6, S. 258–262
Birkenhauer, J. (1997): Konkrete Modelle. In: Birkenhauer, J. (Hrsg.): Medien. Systematik und Praxis (= Didaktik der Geographie). München, S. 44–49
Brucker, A. (1997): Globus – Tellurium – Planetarium. In: Haubrich, H. u. a.: Didaktik der Geographie konkret. München, S. 314–317
Geibert, H. (1980): Der Globus in der Orientierungsstufe. In: Praxis Geographie, Jg. 10, H. 10, S. 350–355
Heinrich, H. (1997): Der Globus im Erdkundeunterricht. In: Pädagogische Welt, Jg. 51, H. 6, S. 246–249
Newig, J. (1975): Wozu taugt der Globus im Unterricht? In: Beiheft Geographische Rundschau, Jg. 5, H. 1, S. 21–24

Alois Müller

Grundbegriffe → **Begriffe, Grunddaseinsfunktionen** → **Daseinsgrundfunktionen, Grundkarte, geographische** → **Atlas, Karte**

Handlungsorientierung

Definition
Handlungsorientierung bedeutet, die Schüler zum selbst bestimmten und möglichst ganzheitlichen Tun im Unterricht anzuleiten. Dadurch sollen sie auf das kritische Beurteilen von räumlichen Situationen vorbereitet werden, um anschließend Lebenssituationen in Schule und Gesellschaft selbstständig handelnd verändern zu können. Die Handlungsorientierung soll zu möglichst vielen Primärerfahrungen führen.

Klassifikation
Handlungsorientierte Kompetenz bezieht sich nach Volkmann (1992) auf folgende allgemeine Bereiche:
– inhaltlich-fachlich
– methodisch-strategisch
– sozial-kommunikativ
Genauer können unterschieden werden:
1. ein Handeln in und an der konkret-individuellen Lebenswelt
2. ein so genanntes Simulationshandeln
Zu 1 sind beispielhaft zu nennen:
– Beschaffen von Informationen
– Kennen von verschiedenen Quellen und Möglichkeiten zu solcher Beschaffung
– Erheben von Daten (Zählung, Messung, Befragung)
– Erkunden von Abläufen (Betrieb, Markt, Verwaltung, Gemeinderat)
– Verarbeiten von Informationen (Bericht, Karte, Skizze, Schema, Wandzeitung, Karikatur)
– Prüfen und Bewerten von Untersuchungen und Planungen
– Durchführen einer eigenen Untersuchung oder Planung
– Begründen der eigenen Meinung mit durchdachten Argumenten
– Darstellen von Ergebnissen
Zu 2 sind beispielhaft zu nennen:
– Diskutieren von Pro und Kontra einer Entscheidung im Rollen- bzw. Planspiel
– Experimentieren
– Entwerfen und Bauen konkreter Modelle
– Nachvollziehen von Forschungsprozessen

Zur geographiedidaktischen Diskussion
Ursprünglich stammt der Begriff aus der so genannten kritisch-konstruktiven Didaktik (u. a. Klafki) und zielt auf den herrschaftsfreien Diskurs (Habermas) als wichtigstes pädagogisches Ziel.
Vertreter in der Geographiedidaktik sind u. a. Daum, Hasse, Rhode-Jüchtern, Schmidt-Wulffen, Schramke, C. Sitte, Wohlschlägl.
Häufig wird Handlungsorientierung ohne diese gesellschaftskritische Funktion verwendet und bedeutet dann nichts anderes als „Lernen und

Selbstfinden durch eigenes Tun". In diesem Sinn stellt der Begriff nichts Neues dar, weil die Reformpädagogik bereits seit 1900 dasselbe fordert („Lernen durch Tun") und auch die Formel vom (→) „entdeckenden Lernen" (seit 1970) praktisch dasselbe meint. Durch die von der Handlungsorientierung ausgehenden Impulse sind die Weisen der Selbsttätigkeit der Schüler vielfältig und intensiv belebt worden und es haben die Forderungen nach entsprechenden Unterrichtsformen (→ Projekt, Planspiel, → Exkursion, Aufsuchen außerschulischer Lernorte) neues Gewicht erhalten.

Zu beachten ist, dass Handlungen nicht Selbstzweck sind, sondern von einem Problembewusstsein getragen sein müssen, um zu Lösungen und Einsichten zu führen. Ohne solches Problembewusstsein würde sich nichts als eine bloße „Gschaftlhuberei" einstellen anstelle früherer „Stoffhuberei" (dieser Begriff wurde bereits von Adalbert Stifter um 1850 geprägt).

Literatur
Birkenhauer, J. (1986): Handlungsorientierung. In: Köck, H. (Hrsg.): Grundlagen des Geographieunterrichts (= Handbuch des Geographieunterrichts, Band 1). Köln, S. 124–125
Brucker, A. und G. Seitzinger (1990): Das Schulzimmer als Handlungsraum. In: Praxis Geographie, Jg. 20, H. 7/8, S. 20–23
Engelhard, K. (1997): Handlungsorientierung. In: Haubrich, H. u. a.: Didaktik der Geographie konkret. München, S. 214–217
Gudjohns, H. (1986): Handlungsorientiertes Lehren und Lernen. Bad Heilbrunn
Rhode-Jüchtern, T. (1997): Den Raum lesen lernen. Perspektivenwechsel als geographisches Konzept (= Didaktik der Geographie). München
Tröger, S. (1994): Überleben auf dem Krisenkontinent. In: Praxis Geographie, Jg. 24, H. 2, S. 4–9
Volkmann, H. (1992): Handlungsorientierung im Erdkundeunterricht. In: geographie heute, Jg. 13, H. 100, S. 70–75

Josef Birkenhauer

Hausaufgaben

Definition
Hausaufgaben sind Arbeitsaufträge an die Schüler, welche diesen vom Lehrer zur Erledigung außerhalb der Unterrichtszeit erteilt werden.

Klassifikation
Für Hausaufgaben im Geographieunterricht sind verschiedene Einsatzmöglichkeiten (didaktische Orte) bzw. Verfahren anwendbar; sie können klassifiziert werden

1. nach dem Bezug zur jeweiligen Unterrichtseinheit:
– nachbereitende Hausaufgabe: häufigster Fall, nicht nur im Geographieunterricht; auf im Unterricht Erarbeitetes wird Bezug genommen, die Hausaufgabe dient der Wiederholung, Festigung bzw. dem (→) Transfer des Gelernten, darüber hinaus für den Lehrer zur (→) Lernkontrolle.
– vorbereitende Hausaufgabe: der Lehrer gibt Arbeitsaufträge (z. B. Zeitungsausschnitte sammeln), der nachfolgende Unterricht nimmt darauf Bezug.

2. nach dem Grad der Differenzierung:
Während im Normalfall die ganze Klasse eine einheitliche Hausaufgabe zu erledigen hat (Klassenaufgaben), können unter Berücksichtigung der Interessen bzw. Fähigkeiten der einzelnen Schüler auch individuelle (differenzierte) Hausaufgaben gestellt werden.

3. nach der Dauer:
Hausaufgaben werden im Regelfall von einer Stunde zur nächsten gestellt; sinnvoll können jedoch auch längerfristig gestellte Aufgaben sein (z. B. länger dauernde Beobachtungsreihen, Verfolgen von Sendereihen usw.).

4. nach Inhalt und verwendeten Hilfsmitteln:
z. B. schriftliche/nichtschriftliche Erledigung; Anfertigung von Skizzen, (→) Diagrammen u. Ä.

5. nach ihrer Funktion im Rahmen des Unterrichts (vgl. Kirchberg 1997):
– zur Weckung von Interessen
– zur Entlastung des Unterrichts

- zur Übung bzw. Automatisierung des Gelernten
- zur Erziehung zum selbstständigen Arbeiten und Lernen
- zur Anwendung und Übertragung des Gelernten
- als Lernkontrolle für Schüler und Lehrer
- als eigenständige Beiträge zum Lernen

Zur geographiedidaktischen Diskussion

Hausaufgaben gehören – vor allem aus der Sicht der Schüler – zu den am meisten problembehafteten Bereichen des Unterrichts. Dies liegt allgemein daran, dass sie oft als lästige Beschäftigungstherapie ohne sinnvollen Zusammenhang mit dem Unterricht gesehen und darüber hinaus häufig als lieblos und wenig überlegt gestellte und ebenso wenig in den Unterricht wieder integrierte und verbessernd kontrollierte Bausteine des Lernprozesses erachtet werden.

Zu beachten sind die von den einzelnen Kultusministerien erlassenen Vorschriften hinsichtlich der Hausaufgabenstellung (z. B. eingeschränkte Möglichkeit für schriftliche Hausaufgaben in Fächern wie Geographie).

Literatur

Becker, G. und B. Kohler (1992): Hausaufgaben: Kritisch sehen und die Praxis sinnvoll gestalten. Weinheim

Kirchberg, G. (1997): Hausaufgaben. In: Haubrich, H. u. a.: Didaktik der Geographie konkret. München, S. 224–227

Kirchberg, G. (1997): Hausaufgabenplanung. In: Haubrich, H. u. a.: Didaktik der Geographie konkret. München, S. 406–407

Stroppe, W. (1983): Denkanforderungen durch Schulbuchtexte. In: Birkenhauer, J. (Hrsg.): Sprache und Denken im Geographieunterricht. Paderborn

Thomas Schneider

Heimat

Definition

Heimat ist eine territoriale Einheit bzw. Region, zu der ein Gefühl besonders enger Verbundenheit besteht. Die subjektive Vorstellung von Heimat entwickelt sich meist als Ergebnis von ersten persönlichkeitsbildenden Kindheits- und Jugenderfahrungen (Ausnahme: Entdeckung einer „Wahlheimat" im Erwachsenenalter). Die spezifische Heimat eines jeden Menschen setzt sich zusammen aus einer Vielzahl verschiedener Erfahrungsbereiche wie Wertesystem, Religion, Tradition, Familie, Bekanntenkreis, Arbeit, Raum usw. Jeder Mensch hat aufgrund der jeweils verschiedenen Ausprägungen der einzelnen Dimensionen seine ihm eigene, individuelle Heimat (→ Nahraum, → Heimat- und Sachkunde, → Heimatkundliches Prinzip).

Klassifikation

Es gibt zwei verschiedene Verwendungen des Begriffs Heimat:
Heimat ist ein Raum, zu dem eine besonders enge emotionale Beziehung besteht.
Heimat ist der (→) Nahraum, in dem man lebt. Eine emotionale Bindung an diesen Raum ist nicht impliziert.

Zur geographiedidaktischen Diskussion

Wegen des in vielen Lehrplänen geltenden (→) heimatkundlichen Prinzips ist Heimat immer wieder auch Gegenstand geographiedidaktischer Diskussion. Gegenstand dieser Diskussion ist vor allem die Frage, ob das Eingehen auf Heimat im Unterricht noch zeitgemäß bzw. ob es überhaupt möglich oder sinnvoll sei. Folgende Probleme werden in diesem Zusammenhang vor allem diskutiert:
- Beschäftigung mit Heimat stehe unter dem Zwang des Harmonisierens. Kritik und das Aufdecken gesellschaftlicher Missstände hätten hierbei keinen Platz. Andererseits wird aber auch betont, dass Heimat durchaus offen sei für Kritik und die Beschäftigung mit Heimat verlange geradezu nach einer offen Auseinandersetzung mit Problemen.

- Heimat diene immer auch der Abgrenzung gegenüber Fremden bzw. der Ausgrenzung von Fremden. Dem wird entgegengehalten, dass sich unter den jetzigen Lebensbedingungen Heimat nicht länger neuen und fremden Einflüssen verweigern könne, weil diese überall in das geschlossene System von Heimat hineinragen. In vielen Fällen gehe es darum, die vor allem in Städten zum großen Teil schon existierende multikulturelle Realität zur Heimat zu machen.
- Heimat stehe immer in der Gefahr, politisch missbraucht zu werden. Diese Angst gründe auf der Erfahrung, dass es vor allem totalitäre Systeme wie das Dritte Reich oder auch die DDR waren, die Heimat und Staat gleichgesetzt haben.
- Die Beschäftigung mit Heimat gehe von einem tradierten Gesellschaftsbild aus, das es in dieser Form nicht mehr gibt. Dieses Idealbild wurde an der dörflichen Gesellschaft des 19. Jahrhunderts orientiert. Heimat wurde in diesem Sinne oft gleichgesetzt mit der überschaubaren Lebensgemeinschaft eines Dorfes. Heimat ist, wie Zeiher (1983) aufzeigt, heute kein einheitlicher Raum mehr, sondern hat sich infolge von Mobilität, Spezialisierung und gesellschaftlicher Arbeitsteilung verinselt. Heimat ist kein Segment der realen räumlichen Umwelt, sondern besteht aus einzelnen separaten Stücken, die, wie Inseln verstreut, in einem großen Gesamtraum liegen.

Literatur
Bausinger, H. (1986): Heimat. In: Lernen, Ereignis und Routine. Friedrich Jahresheft 4. Velber, S. 89–90
Frank, F. (1993): Schwerpunkt „Heimat bewußt erleben" – vom Bildungswert der Heimat heute. In: Staatsinstitut für Schulpädagogik und Bildungsforschung (Hrsg.): Lernort Heimat. München, S. 31–36
Hasse, J. (1987): Heimat. Anmerkungen über nie erreichte Ziele. Schule vor neuen Aufgaben? (= Oldenburger Materialien zur Didaktik der Geographie, Band 6). Oldenburg
Hasse, J. (1988) Heimat – Der Lernende in seiner Umwelt. Zwischen Emotion und Kognition – ein fachdidaktisches Dilemma. In: Praxis Geographie, Jg. 18, H. 7/8, S. 26–29
Soll, W. (1988): Heimat – modischer Begriff oder aktuelle Aufgabe? In: Beck, G. und W. Soll (Hrsg.): Heimat, Umgebung, Lebenswelt. Regionale Bezüge im Sachunterricht. Frankfurt a. M., S. 9–23
Zeiher, H. (1983): Die vielen Räume der Kinder. Zum Wandel räumlicher Lebensbedingungen seit 1945. In: Preuss-Lausitz, U. u. a.: Kriegskinder, Konsumkinder, Krisenkinder. Zur Sozialisationsgeschichte seit dem 2. Weltkrieg. Weinheim und Basel

Friedhelm Frank

Heimat- und Sachkunde

Definition
Heimat- und Sachkunde ist (z. B. in Bayern) ein Unterrichtsfach in der Grundschule. Das Fach umfasst im (→) Nahraum (→ Heimat) als ganzheitlicher Erlebniswelt des Kindes Inhalte der Erdkunde, Geschichte, Biologie, Sozialkunde, Wirtschaftslehre, Volkskunde und Physik. Ziel sind einfache Kenntnisse und Fertigkeiten, die den Schüler befähigen, sich lernend mit seiner Umwelt auseinander zu setzen (→ Heimatkundliches Prinzip, → Heimat).

Klassifikation
1. Formen
- additiv: die einzelnen Bereiche sind relativ selbstständig (z. B. Lehrplan in Bayern bis 1981: Erdkunde als eigener Fachbereich)
- integrativ: fächerübergreifender Ansatz (z. B. Lehrplan Bayern 1981: erdkundlicher Bereich, außer in „Räumlicher Orientierung" auch bei „Kind und Natur", „Kind und Zeit").
2. Ansätze
- wissenschaftsorientiert (→ Wissenschaftsorientierung)
- schülerorientiert (ab 1990) (→ Schülerorientierung)
- mehrperspektivisch (ein Gegenstand wird aus verschiedenen Blickwinkeln gesehen, z. B.

Karst aus dem der Geographie, Chemie, Biologie; Strom aus dem der Geographie, Chemie, Physik, Wirtschaftslehre)
– situationsbezogen (von der konkreten Wirklichkeit ausgehend, z. B. Leben im Stadtteil) und unmittelbar begegnend.

Zur geographiedidaktischen Diskussion

In den folgenden Meinungen spiegelt sich die derzeitige fachdidaktische Diskussion wider.
Daum (1982) sieht es als „Signal der Beharrung" an, dass der Sachunterricht in den einzelnen Bundesländern (z. B. in Bayern) in „Heimat- und Sachkunde" rückbenannt wurde. Allerdings verweist er auch auf die aktuelle Diskussion „des Heimatbegriffes in Zusammenhang mit dem Regionalismus und der Umweltproblematik" (Einbeziehung des heimatlichen Raumes, z. B. beim Bau von Großflughäfen).

Die Einbeziehung des heimatlichen Raumes fordert auch Schönbach (1992), wenn er sagt: „Auf Unterrichtsgängen erfährt er (der Schüler, d.Vf.) Distanzen und die Notwendigkeit der Orientierung, werden Raummerkmale und ihre Lagemerkmale registriert, können Funktion und Bedeutung dieser Objekte im Rahmen der Mensch-Raum-Beziehungen festgestellt werden, lassen sich Methoden des räumlichen Erfassens wie Beobachten, Zählen, Messen und Befragen anwenden und einüben. Voraussetzung [...] ist allerdings, dass der jeweilige Themenbereich nicht ausschließlich unter dem fachlichen Aspekt bearbeitet wird, den seine Bezeichnung anspricht (Natur – Biologie, Zeit – Geschichte)".

Im Gegensatz zu Daum argumentiert Hennes (1998, S. 4): „Verstehen der Anderen, Umgang mit fremden Kulturen setzt aber auch das Kennen der eigenen Grundlagen voraus; aus der Sicht der Eltern muss daher auch die Heimatkunde fester Bestandteil des Geographieunterrichts sein. Das hat nichts mit einem – uns Deutschen gelegentlich vorgehaltenen – Provinzialismus zu tun, sondern mit der Selbstverständlichkeit, nur von seinem eigenen festen Standpunkt aus Urteile über andere abgeben zu können".

Kirchberg (1998) sieht zwei Wurzeln in Bezug auf die Wiederentdeckung des Heimatraums:
1. als Gegenbewegung zur wachsenden Internationalisierung; die Region gewinne wieder an Bedeutung. (→) Globalisierung und Regionalisierung seien zwei komplementäre Entwicklungen (nach Ruppert 1993).
2. ähnlich wie Schönbach (1992), der Nahraum sei die Region, in der der Schüler vorrangig Geographie erlebt. Die Heimat als „Umwelt des Lernenden" (Hasse 1988) ist der Raum, in dem er überwiegend Geographie erfährt (geographischer Erfahrungsraum) und zugleich ist sie der Raum, in dem er Geographie unmittelbar anwenden kann (geographischer Handlungsraum).

In diesem Zusammenhang stellt Kirchberg die Frage, ob für Lehrpläne „ein Vorgehen vom Nahen zum Fernen heute noch zeitgemäß ist. Dieses Nacheinander verhindert, dass der Schüler sich und seine Heimat als Teil der Welt begreifen lernt. Die Forderung ist, Nahes und Fernes im Geographieunterricht stärker miteinander zu verschränken (vgl. Kroß 1993). – Aber hatten wir das im sozialgeographischen Ansatz nicht schon einmal, z. B. „Menschen müssen wohnen" (vgl. Hillenbrand 1983).

Literatur

Daum, E. (1982): Sachunterricht. In: Jander, L., W. Schramke und H.-J. Wenzel (Hrsg.): Metzler Handbuch für den Geographieunterricht. Stuttgart, S. 348–354

Hasse, J. (1988): Heimat – der Lernende in seiner Umwelt. Zwischen Emotion und Kognition – ein fachdidaktisches Dilemma? In: Praxis Geographie, Jg. 18, H. 7/8, S. 26–29

Hennes, P. (1998): Geographieunterricht und Gesellschaft aus der Sicht der Elternschaft. In: Geographie und Schule, Jg. 20, H. 112, S. 2–5

Hillenbrand, H. (1983): Strukturmerkmale einer Metropole. Fachwissenschaftliche Aspekte und didaktische Überlegungen für den Erdkundeunterricht am Beispiel Tokyo. In: Fick, K. E. (Hrsg.): Japan in fachgeographischer, didaktischer und unterrichtspraktischer Sicht (= Frank-

furter Beiträge zur Didaktik der Geographie, Band 6). Frankfurt am Main, S. 87–98
Kirchberg, G. (1998): Neue Impulse für den Geographieunterricht vor der Jahrhundertwende. In: Zeitschrift für den Erdkundeunterricht, Jg. 50, H. 2, S. 84–89
Kroß, E. (1993): Wieviel Nähe, wieviel Heimat braucht der Geographieunterricht? In: geographie heute, Jg. 14, H. 116, S. 6–7
Ruppert, H. (1993): Regionale Identität. In: geographie heute, Jg. 14, H. 116, S. 4–9
Schmidt, L. (1986): Fachliche Vorleistungen im Sachunterricht der Grundschule. In: Köck, H. (Hrsg.): Grundlagen des Geographieunterrichts (= Handbuch des Geographieunterrichts, Band 1). Köln, S. 130–137
Schönbach, R. (1992): Elementarisierung geographischer Sachverhalte in der Grundschule. In: Augsburger Beiträge zur Didaktik der Geographie, Band 8. Augsburg, S. 7–65
Schrettenbrunner, H. (1970): Die Daseinsgrundfunktion „Wohnen" als Thema des Geographieunterrichts. In: Geographische Rundschau, Jg. 22, S. 229–235

Hans Hillenbrand

Heimatkunde → Heimat- und Sachkunde

Heimatkundliches Prinzip

Definition
Das heimatkundliche Prinzip stellt die Lebenswelt der Schüler in den Mittelpunkt des Unterrichts. Sie dient als ständiger Erfahrungs-, Bezugs- und Vergleichsraum, in dem fächerübergreifend und in unmittelbarer Begegnung vor Ort gelernt werden kann (→ Heimat, → Nahraum).

Klassifikation
Entsprechend den gängigen Definitionen ist zwischen einer Sach- und einer Sinnkomponente der (→) Heimat zu unterscheiden. Beide Komponenten sollen nach dem heimatkundlichen Prinzip erschlossen werden.
– Sachkomponente: Der Heimatraum soll sowohl in seiner Einmaligkeit (idiographischer Ansatz) als auch in übertragbaren Strukturen (nomothetischer Ansatz) kognitiv erfasst werden.
– Sinnkomponente: Angestrebt wird die Erfassung der seelisch-geistigen Dimension von Heimat mit dem Ziel der Selbsterkenntnis und persönlichen Sinnstiftung für die Schüler.

Zur geographiedidaktischen Diskussion
Besonders umstritten ist die Berücksichtigung der Sinnkomponente im Unterricht mit dem Ziel der emotionalen Zuwendung zur Heimat. Ursache für diese Ablehnung sind unter anderem Erfahrungen, nach denen die Betonung der emotionalen Komponente von Heimat oft von totalitären Ansprüchen in der Erziehung missbraucht wurde. Unstrittig ist die Bedeutung der Sachkomponente des Heimatraumes als Erfahrungsraum. Hier können die Schüler in Eigentätigkeit vor Ort in direkten und ganzheitlichen Kontakt zur Realität treten und grundlegende Einsichten gewinnen. Anstatt Heimatraum sollte u. a. nach Birkenhauer (1971) und Frank (1993) der Begriff (→) Nahraum verwendet werden, da jeder einzelne Schüler einen ihm eigenen, individuellen Heimatraum hat, der deshalb nicht Gegenstand des Unterrichts sein kann. Der Nahraum der Schule dagegen ist ein allen Schülern gemeinsamer Erfahrungsraum.

Literatur
Bartels, D. (1981): Menschliche Territorialität und Aufgabe der Heimatkunde. In: Riedel, W. (Hrsg.): Heimatbewußtsein. Husum
Frank, F. (1993): Heimat – Überlegungen zur Renaissance eines Begriffes im Erdkundeunterricht. In: Geographie und ihre Didaktik, Jg. 21, H. 3, S. 113–122
Katzenberger, L. (1975): Vom Heimatkundeunterricht zum Sachunterricht. In: Katzenberger, L.: Der Sachunterricht in der Grundschule, Band I. Ansbach, S. 9–82
Schrand, H. (1992): Erdkunde vor Ort als didaktisches Prinzip. In: geographie heute, Jg. 13, H. 104, S. 2–5

Zeiher, H. (1983): Die vielen Räume der Kinder. Zum Wandel räumlicher Lebensbedingungen seit 1945. In: Preuss-Lausitz u. a. (Hrsg.): Kriegskinder, Konsumkinder, Krisenkinder. Zur Sozialisationsgeschichte seit dem 2. Weltkrieg. Weinheim/Basel

Friedhelm Frank

Indirekte Begegnung → **Begegnung**

Induktion – Deduktion

Definition
Beim induktiven Verfahren wird aus Einzelbeobachtungen eine allgemein gültige Regel gewonnen, während man beim deduktiven Verfahren von einer allgemeinen Regel ausgehend konkrete Einzelfälle erklärt. In beiden Fällen handelt es sich um grundlegende (→) Unterrichtsprinzipien.

Zur geographiedidaktischen Diskussion
Eine strenge Abgrenzung von induktivem oder deduktivem Vorgehen ist in der Praxis nicht möglich. Vielmehr ist jede Beobachtung bereits von Erwartungen und Vorerfahrungen geleitet und damit in gewissem Umfang deduktiv. Entsprechend kann die Untersuchung eines konkreten Einzelfalles nur das bestätigen oder widerlegen, was der Lernende auf der Grundlage seines Vorwissens bereits als Hypothese entwickelt hat. Für den Geographieunterricht legt diese Erkenntnis daher die Verwendung eines kombiniert induktiv-deduktiven Verfahrens nahe. Durch das Vorgehen an konkreten Beispielen (→ Exemplarisches Prinzip) wird das (→) entdeckende Lernen gefördert. Als problematisch wird allerdings die Tatsache angesehen, dass Schüler häufig aus nur einem einzigen konkreten Beispiel die zugrunde liegende Regel erschließen sollen (pseudo-induktives Verfahren) (→ Fallstudie).
Je mehr Hintergrundwissen dem Lernenden zur Verfügung steht und je differenzierter dieses ist, desto stärker kann zu deduktiven Verfahren übergegangen werden. Für die Geographie in der Schule folgt daraus, dass im Verlauf der Schulzeit auf deduktive Verfahren in immer stärkerem Umfang zurückgegriffen werden kann. Demgegenüber kann das induktive Verfahren allmählich in den Hintergrund treten.

Literatur
Birkenhauer, J. (1986): Induktion – Deduktion – Modellbildung. In: Köck, H. (Hrsg.): Grundlagen des Geographieunterrichts (= Handbuch des Geographieunterrichts, Band 1). Köln, S. 95–97
Kirchberg, G. (1997): Induktion und Deduktion. In: Haubrich, H. u. a.: Didaktik der Geographie konkret. München, S. 60–61
Köck, H. (1981): Zur Frage von Induktion und Deduktion in Geographie und Geographieunterricht. In: Theorie und Geschichte des geographischen Unterrichts. Braunschweig, S. 13–38
Popper, K. R. (1984): Logik der Forschung. Tübingen

Gerd Bauriegel

Informationsblatt → **Arbeitsblatt**, **Integrative Erziehung** → **Interkulturelles Lernen**, **Intention** → **Lernziel**, **Interesse** → **Geographieinteresse**

Interkulturelles Lernen

Definition
Interkulturelles Lernen vermittelt Einsichten in unterschiedliche kulturelle Lebensformen und soll dazu befähigen, mit Menschen unterschiedlichen kulturellen Hintergrundes zusammenzuleben, sodass sich (→) Vorurteile und ethnozentrische Einstellungen nicht verfestigen können (→ Internationale Erziehung).

Klassifikation
Man unterscheidet zwei Ansätze interkulturellen Lernens. Während einerseits die Gemeinsamkeiten verschiedener Kulturen betont werden, werden andererseits deren Unterschiede

hervorgehoben. Der Lernprozess wird teilweise unterschiedlich gegliedert.
Coburn-Staege, eine Vertreterin des erstgenannten Ansatzes, teilt den interkulturellen Lernprozess in drei Dimensionen auf:
1. Auffinden von Gemeinsamkeiten der Schüler verschiedener Nationalitäten bzw. ihrer Alltagserfahrungen und Lebensweisen;
2. Sensibel werden für kulturelle Unterschiede, diese erkennen und mit ihnen umgehen;
3. Entwickeln von kooperativen und gleichberechtigten Beziehungsformen bzw. gemeinsamen Lebensmöglichkeiten, Denk- und Handlungsweisen.

Sandhaas, als Vertreter des zweiten Ansatzes, geht zunächst vom Ethnozentrismus als natürlichem Verhalten menschlicher Gruppen aus und fordert folgende Vorgehensweise:
1. Die Aufmerksamkeit und das Bewusstwerden für Fremdes, ohne sich vor ihm zu fürchten oder ihm ablehnend zu begegnen.
2. Die Akzeptanz von und den Respekt vor fremden Kulturen.
3. Die bewusste Bewertung und Beurteilung der fremden Kultur bzw. die Unterscheidung der Stärken und Schwächen der fremden Kultur und die Einordnung in sein kulturelles Wertesystem.

Als Idealziel gilt schließlich die selektive Aneignung von neuen Einstellungen und Verhaltensweisen.

Zur geographiedidaktischen Diskussion

Trotz der Affinitäten zwischen Geographieunterricht und interkulturellem Lernen ist festzustellen, dass sich die Geographiedidaktik bis in die 80er-Jahre auffallend zurückhaltend verhielt. Erst Ende der 80er-Jahre fand interkulturelles Lernen Eingang in einige Geographielehrpläne und stößt seither im Geographieunterricht auf zunehmende Akzeptanz. So kann weder das Leitbild „Die Erde bewahren" noch jenes vom „Leben in der Einen Welt" (→ Eine Welt) ohne interkulturelles Lernen auskommen (Kroß 1992). Ebenso wie interkulturelles Lernen einen unverzichtbaren Teil einer internationalen Friedenserziehung darstellt (Haubrich 1988), ist es auch Voraussetzung für die erfolgreiche Realisierung des Kulturerdteilkonzepts (Tröger 1987 und 1994) (→ Kulturerdteile).

Die Deutsche UNESCO-Kommission betont die Bedeutung interkulturellen Lernens sowohl im Bereich des Fachlernens als auch vor allem im (→) fächerübergreifenden und projektorientierten Lernen. Dieser Forderung muss sich der Geographieunterricht stellen.

Literatur

Auernheimer, G. (1995): Einführung in die interkulturelle Erziehung. Darmstadt

Borelli, M. (Hrsg.) (1986): Interkulturelle Pädagogik. Positionen – Kontroversen – Perspektiven. Baltmannsweiler

Coburn-Staege, U. (1995): Interkulturelle Erziehung in einer multikulturellen Gesellschaft. In: Praxis Geographie, Jg. 25, H. 7/8, S. 12–15

Datta, A. (1995): Interkulturelle Bildung. In: Pädagogik und Schulalltag, Jg. 50, H. 4, S. 458–468

Deutsche UNESCO-Kommission (Hrsg.) (1991): Handreichungen für den interkulturellen Schüleraustausch. Bonn

Essinger, H. und A. Ucar (Hrsg.) (1993): Erziehung: Interkulturell – politisch – antirassistisch. Felsberg

Friesenhahn, G. J. (1988): Zur Entwicklung interkultureller Pädagogik. Berlin

Haubrich, H. (1988): Internationale Verständigung durch geographische Erziehung. In: Praxis Geographie, Jg. 18, H. 4, S. 30–33

Kroß, E. (1992): Von der Inwertsetzung zur Bewahrung der Erde. In: geographie heute, Jg. 13, H. 100, S. 57–62

Rother, L. (1995): Interkulturelles Lernen im Geographieunterricht. In: Praxis Geographie, Jg. 25, H. 7/8, S. 4–11

Sandhaas, B. (1988): Interkulturelles Lernen – Zur Grundlegung eines didaktischen Prinzips interkultureller Begegnungen. In: Internationale Zeitschrift für Erziehungswissenschaften, H. 4

Schnurer, J. (1992): Interkulturelles Lernen. In: Niedersächsisches Landesinstitut für Lehrerfortbildung, Lehrerweiterbildung und Unterrichtsforschung (Hrsg.): nli info, H. 1

Sternecker, P. und W. Treuheit (1994): Ansätze interkulturellen Lernens. In: Otten, H. und W. Treuheit (Hrsg.): Interkulturelles Lernen in Theorie und Praxis. Opladen
Thomas, A. (1985): Interkultureller Austausch als interkulturelles Handeln. Saarbrücken
Tröger, S. (1987): Die Erde ist ein Mosaik unterschiedlichster Kulturen oder: Die „Kulturerdteile in der Schule". In: Geographische Rundschau, Jg. 39, H. 5, S. 278–282
Tröger, S. (1994): Leben in der „Einen Welt" – Leben in der „Un-Einen Welt". In: Praxis Geographie, Jg. 24, H. 3, S. 8–12

Gabriele Schrüfer

Internationale Charta → Charta

Internationale Erziehung

Definition
Internationale Erziehung heißt, den Blick über die nationalstaatlichen Grenzen hinausgehend zu lenken und durch gezielte Informationen über fremde Völker und Länder (→) Vorurteile abzubauen und somit zu einem besseren Verständnis der Menschen und Nationen untereinander beizutragen (→ Interkulturelles Lernen).

Klassifikation
Eine Abgrenzung zur interkulturellen Erziehung besteht nach Kroß/Westrhenen (1992) durch die jeweilige Perspektive. Während sich interkulturelle Erziehung um ein besseres Verständnis des anderen innerhalb einer multikulturellen Gesellschaft bemüht, ist der Blick bei der internationalen Erziehung nach außen gerichtet. Dementsprechend ist internationale Erziehung einem nationalstaatlichen Denken verhaftet: Man geht von abgrenzbaren Nationen bzw. Staaten aus, zwischen denen ein verständnisvolles Zusammenleben ermöglicht werden soll.
Inhaltlich berührt das Thema neben der Geographiedidaktik mehrere Wissenschaften, insbesondere verschiedene Teildisziplinen der Psychologie (Sozial-, Lern-, Wahrnehmungspsychologie).

Zur geographiedidaktischen Diskussion
Inzwischen wird allgemein akzeptiert, dass ein Zusammenleben in einer immer globaler werdenden Welt (→ Globalisierung) nur bei gegenseitigem Verständnis durch internationale Erziehung möglich ist. Haubrich weist 1988 darauf hin, dass zur internationalen Verständigung nicht nur die Kenntnis fremder Länder und Völker gehöre, sondern auch die Kenntnis ihrer Wertorientierung. Kirchberg und Richter (1990) betonen die Bedeutung des Faches Geographie, in dem die Begegnung mit fremden Kulturen eine wichtige Rolle spielt, für die Vermittlung von Achtung und Toleranz sowie für die kritische Reflexion der eigenen Kultur und Nation.
Kroß (1992) bemängelt, dass das Fremde auch heute noch emotional viel distanzierter behandelt wird als das Vertraute. Bemühungen, die Zielsetzungen einer internationalen Erziehung zu verwirklichen, sind immer wieder unternommen worden. Simulationen und (→) Fallstudien sollen das schwierige „Sich-Hineinversetzen" in fremde Situationen und damit eine mitfühlende Einsicht und positive Einstellungen fördern.

Literatur
Haubrich, H. (1988): Internationale Verständigung durch geographische Erziehung. In: Praxis Geographie, Jg. 18, H. 4, S. 30–33
Haubrich, H. und U. Schiller (1997): Europawahrnehmung Jugendlicher (= Geographiedidaktische Forschungen, Band 29). Nürnberg
Kirchberg, G. und D. Richter (1990): Geographieunterricht – eine fachdidaktische Positionsbestimmung. In: Die Höhere Schule, H. 7, S. 179–183
Kroß, E. (1992): Internationale Erziehung im Geographieunterricht – ein Überblick über den Diskussionsstand. In: Kroß, E. und J. v. Westrhenen (Hrsg.): Internationale Erziehung im Geographieunterricht (= Geographiedidakti-

sche Forschungen, Band 22). Nürnberg, S. 31–50

Kroß, E. und J.v. Westrhenen (Hrsg.) (1992): Internationale Erziehung im Geographieunterricht (= Geographiedidaktische Forschungen, Band 22). Nürnberg

Tröger, S. (1993): Das Afrikabild bei deutschen Schülerinnen und Schülern (= Sozialwissenschaftliche Studien zu internationalen Problemen 186). Saarbrücken

Gabriele Schrüfer

Internet

Definition

Das Internet ist ein weltweites, dezentrales Computernetzwerk, bei dem auf bestimmten Computern (so genannten Servern) Daten abgelegt werden, auf die alle Nutzer mit ihrem Computer zugreifen können (→ Handlungsorientierung, → Bilingualer Geographieunterricht, → GIS, → Medienerziehung, → Computer im Geographieunterricht).

Klassifikation

Hauptbereiche des Internets:
- WWW (World Wide Web): Informationen in Form von Text, Bild, Ton und Film
- E-mail: elektronische Post
- Newsgroups (Usenet): nach Themen gegliederte Nachrichten und Diskussionsforen
- IRC und Web-Chat: Live-Konferenzen und Unterhaltungen im Internet
- Gopher: Verzeichnisse und Sammlungen von im Internet zugänglichen Informationen auf speziellen Servern
- FTP: das Herunterladen von Programmen auf den eigenen Computer
- Telnet: Das Ausführen von Befehlen auf einem anderen Computer im Internet

Einsatzmöglichkeiten im Geographieunterricht z. B.:
- Beschaffung von Materialien und Informationen zur Unterrichtsvorbereitung für den Lehrer
- Beschaffung von Materialien und Informationen durch Schüler zur Vorbereitung von Referaten, Projekten etc.
- Nutzung im Unterricht: Informationssuche und -verarbeitung
- E-mail-Projekte zwischen verschiedenen Schulen
- Gespräche (Chats) mit Experten

Zur geographiedidaktischen Diskussion

Den Schülern müssen die Nutzungsmöglichkeiten und Risiken des Internets bewusst gemacht und sie müssen zu selbstständigem, kritischem und kreativem Umgang mit ihm befähigt werden. Außerdem muss die Schule Schülern, die sonst keinen Zugang zum Internet hätten, diesen ermöglichen. Informationen müssen für alle zugänglich sein, um eine möglichst hohe Chancengleichheit zu gewährleisten.

Die Verkehrssprache des Internets ist Englisch, dies bringt sowohl Vor- als auch Nachteile für den Unterricht mit sich. Einerseits sind viele Informationen für Schüler der unteren Jahrgangsstufen dadurch unzugänglich, andererseits kann sich bei den Schülern der oberen Jahrgangsstufen die englischsprachige Kompetenz erhöhen.

Vorteile: z. B. sehr aktuelle und sehr spezielle Informationen

Nachteile: z. B. fehlende Kontrollinstanz für die Informationen, Datenfülle, oft überlastetes Netz

Literatur

Durbin, C. and R. Sanders (1996): Geographers and the Internet. In: Teaching Geography, Vol. 21, No. 1, pp. 15–19

Hildebrand, J. (1997): internet: ratgeber für lehrer. Köln

Schrettenbrunner, H. (Hrsg.) (1997): Internet (= geographie heute, Jg. 18, H. 152)

Whiddon, K. (1996): Virtual geography! In: Teaching Geography, Vol. 21, No. 3, pp. 146–147

Uta Dörmer/Gabi Obermaier

Inwertsetzung

Definition
Inwertsetzung ist die Erschließung und Nutzung eines Raumes und seines gesamten Potenzials sowie seiner natur- und menschbestimmten Strukturen mit dem Ziel, das Leben menschlicher Gruppen durch deren Arbeit zu sichern und zu verbessern.

Klassifikation
Es sind zwei inhaltlich verschieden weite Begriffsebenen zu unterscheiden:
1. Eingrenzende Sicht: Erschließung und Nutzung bisher nicht oder nur extensiv genutzter Räume (z. B. Weide in Ackerland). In dieser eingegrenzten Form wird der Begriff in Schulbüchern etwa zwischen 1975 und 1985 verwendet wie im Diercke-Wörterbuch der Allgemeinen Geographie (1985).
2. Weitere Fassung: Jede Nutzung eines Gebiets durch die menschliche Gesellschaft.

Zur geographiedidaktischen Diskussion
Birkenhauer führte den Begriff 1970 mit dem Schwerpunkt auf dem wirtschaftlichen Handeln der menschlichen Gesellschaft bzw. ihrer Gruppierungen ein. Dieses Handeln resultiert in einer bestimmten Gestaltung von „Landschaft" als Lebensraum. In diese Gestaltung gehen die jeweiligen Wertvorstellungen ein.
Entscheidungen zugunsten einer bestimmten Form der Inwertsetzung führen zu unterschiedlichen Landnutzungen.
Dass je nach den Zielvorstellungen eine Übererschließung (z. B. als purer Raubbau) und damit u. U. eine erhebliche ökologische Belastung, Gefährdung oder gar Vernichtung von Ökosystemen die Folgen von Inwertsetzung sein können, kann nicht dem Begriff als solchem angelastet werden, sondern der inwertsetzenden Gruppierung. Gefährdungen durch Inwertsetzung sowie die Gründe dafür müssen offen gelegt werden – genauso wie die Einsicht, dass es für die Menschheit überlebensnotwendig geworden ist, die Ressourcen der Erde nach humanen und ökologischen Gesichtspunkten inwertzusetzen (→ Eine Welt). Die Auffassung, dass Inwertsetzung ein überholter Begriff sei (Diercke-Wörterbuch Allgemeine Geographie 1997), vermag Birkenhauer nicht zu teilen.

Literatur
Birkenhauer, J. (1970): Die Länderkunde ist tot – es lebe die Länderkunde. In: Geographische Rundschau, Jg. 22, H. 5, S. 194–204
Birkenhauer, J. (1994): Inwertsetzung – ein zentraler geographischer und geographiedidaktischer Begriff? In: Geographie und ihre Didaktik, Jg. 22, H. 3, S. 117–130
Böhn, D. (1980): Vom Wissen zum Werten. In: Schönbach, R. und H. Volkmann (Hrsg.): Erdkunde auf dem Prüfstand. Augsburg, S. 25–34
Diercke-Wörterbuch der Allgemeinen Geographie (1985 und 1997)
Haubrich, H. (1997): Simuland. In: Frank, F., V. Kaminske und G. Obermaier (Hrsg.): Die Geographiedidaktik ist tot, es lebe die Geographiedidaktik. Festschrift zur Emeritierung von Josef Birkenhauer (= Münchner Studien zur Didaktik der Geographie, Band 8). München, S. 237–251
Kroß, E. (1992): Von der Inwertsetzung zur Bewahrung der Erde. In: geographie heute, Jg. 13, H. 100, S. 57–62
Ludwig, R. (1978): Vorwort. In: Räumliche Inwertsetzungsprozesse (= Frankfurter Beiträge zur Didaktik der Geographie, Band 3). Frankfurt, S. 1–4
Popp, K. (1985): Inwertsetzung. In: Böhn, D. (Hrsg.): Fachdidaktische Grundbegriffe in der Geographie. München, S. 83–86

Josef Birkenhauer

Karikatur

Definition
Die Karikatur ist eine zeichnerische Darstellung, die ein Merkmal bzw. einen Aspekt eines Sachverhaltes überzeichnet und/oder vereinfacht und dadurch kritisch bewertet. Hierdurch können oftmals schwierige Zusammenhänge

auf ein Kernproblem bzw. Wesensmerkmal reduziert werden.

Klassifikation
Nach Inhalt und Darstellung lassen sich drei verschiedene Arten von Karikaturen unterscheiden (Fritz 1980, Stonjek 1997):
– die politisch-satirische Karikatur
– das Cartoon als Witzzeichnung
– die Personenkarikatur

Zur geographiedidaktischen Diskussion
Dem Vorteil einer Reduzierung auf das Entscheidende steht die Gefahr gegenüber, durch Überzeichnung und Vereinfachung Stereotype zu bestätigen und (→) Vorurteile zu fördern.
Die Karikatur kann in jeder Phase des Unterrichts eingesetzt werden, da sie motiviert, Probleme verdeutlicht und weiterführende Gedanken aufwirft. Im Unterricht muss die Karikatur besprochen werden, um den emotionalen Impuls kognitiv auszuwerten. Der wichtigste didaktische Ort für den Einsatz von Karikaturen ist der Beginn einer Unterrichtseinheit (Einstiegsphase), weil sich dort die Motivationskraft der Karikatur voll entfalten kann.

Literatur
Brucker, A. (1982): Die Karikatur. In: Praxis Geographie, Jg. 2, H. 8, S. 305–309
Brucker, A. (1986): Die Karikatur. In: Brucker, A. (Hrsg.): Medien im Geographie-Unterricht. Düsseldorf, S. 218–226
Brucker, A. (1997): Die Karikatur. In: Haubrich, H. u. a.: Didaktik der Geographie konkret. München, S. 266–267
Fritz, J. (1980): Satire und Karikatur. Fächerübergreifender Unterricht in Deutsch-Politik-Kunst-Musik. Braunschweig
Grünewald, D. (1979): Karikatur im Unterricht. Geschichte – Analyse – Schulpraxis. Weinheim und Basel
Stonjek, D. (1997): Karikaturen. In: Birkenhauer, J. (Hrsg.): Medien. Systematik und Praxis (= Didaktik der Geographie). München, S. 106–109
Wenzel, H.-J. (1982): Karikatur. In: Jander, L., W. Schramke und H.-J. Wenzel (Hrsg.): Metzler Handbuch für den Geographieunterricht. Stuttgart, S. 121–128

Gisbert Rinschede

Karte

Definition
Die Karte ist eine in die Ebene abgebildete, maßstäblich verkleinerte, vereinfachte und erläuterte Darstellung der Erdoberfläche oder eines Teils von ihr zu einem bestimmten Zeitpunkt (→ Kartenlesen und Karteninterpretation, → Atlas).

Klassifikation
Nach dem Karteninhalt:
– Die topographische Karte (bis zum Maßstab 1:200.000), die Geländeform, Gewässer, Vegetation, Siedlungen, Verkehrslinien und andere zur Orientierung notwendige Erscheinungen enthält. Zusammen mit der Kartenbeschriftung dient sie der allgemeinen Orientierung auf der Erdoberfläche.
– Die physische Karte, deren Schwergewicht einerseits auf der Darstellung des Reliefs durch Schummerung und farbige Höhenschichten, andererseits auf der Wiedergabe des topographischen Grundgerüstes liegt.
– Die thematische Karte, die eine bestimmte Thematik der Allgemeinen Geographie, der Geologie etc. abhandelt. Der Kartengrund dient der allgemeinen Orientierung und/oder Einbettung des Themas.
– Die geographische Grundkarte (auch: synthetische oder komplexe Karte), die durch plastisches Relief, Vegetation und Bodennutzung sowie kulturgeographische Informationen (wie z. B. über Bergbau, Industrie und Agrarproduktion) gekennzeichnet ist.
– Die stumme Karte und die Umrisskarte, die stark reduzierte geographische Informationen enthalten (z. B. Fehlen von Namen usw. Beispiel: orohydrographische Karte).

Nach der Darbietungsform:
– Die großformatige Wandkarte, die inhaltlich

entlastet, der gemeinsamen Verständigung und Orientierung vor der Klasse dient.
- Die Hand- oder Einzelkarte, die den einzelnen Schülern oder Kleingruppen als Informationsquelle dient.
- Die Atlas- und Schulbuchkarte (→ Karte, → Atlas) in den Schulbuchkapiteln fast ausschließlich als thematische Karte.
- Die Folienkarte, die als Einzelfolie zunächst eine ähnliche Funktion wie die Wandkarte hat und als Aufbaufolie komplizierte Sachverhalte schrittweise aufbauen bzw. auflösen kann.

Zur geographiedidaktischen Diskussion
Der Umgang mit der Karte ist eine wichtige Kulturtechnik, weil sie aus den verschiedensten Anlässen im privaten und öffentlichen Bereich benutzt wird.
Trotz des vielfältigen Medienangebotes ist die Karte nach wie vor ein sehr wichtiges Arbeitsmittel. Andere Medien wie Senkrecht- und Schrägluftbilder, (→) Satellitenbilder (→ Luftbilder), (→) Blockbilder etc. ergänzen und ersetzen sie zum Teil.
Während früher vorwiegend die physische Karte zur Orientierung verwendet wurde, wird inzwischen verstärkt die thematische Karte zur Ermittlung von kartographisch niedergelegten geographischen Informationen eingesetzt.
Die oben definierten Karten kann man als „objektive Karten" bezeichnen. Von ihnen zu unterscheiden sind die „geistigen" Landkarten (→ Mental maps), die jeder individuell hat. Solche Karten sind „subjektive" Karten (Volkmann 1997).

Literatur
Beyer, L. (1980): Thematische Detailkarten der Schule – Karten im Medienverbund. In: Praxis Geographie, Jg. 10, H. 10, S. 71–77
Claaßen, Kl. (1997): Arbeit mit Karten. In: Praxis Geographie, Jg. 27, H. 11, S. 4–9
Feller, G. (1982): Karte und Atlas im Geographieunterricht. In: Jander, L., W. Schramke und H.-J. Wenzel (Hrsg.): Metzler Handbuch für den Geographieunterricht. Stuttgart, S. 128–137
Hüttermann, A. (Hrsg.) (1995): Beiträge zur Kartennutzung in der Schule (= Materialien zur Didaktik der Geographie, Heft 17). Trier
Richter, D. (1997): Die Karte. In: Haubrich, H. u. a.: Didaktik der Geographie konkret. München, S. 282–283
Schreiber, T. (1981): Geographie. München, S. 131–133
Schrettenbrunner, H. (1992): Atlas – Karte – Computer. In: Geographie und Schule, Jg. 14, H. 80, S. 23–31
Volkmann, H. (1997): Karten. In: Birkenhauer, J. (Hrsg.): Medien. Systematik und Praxis (= Didaktik der Geographie). München, S. 159–184
Zahn, U. (1986): Die Karte als Unterrichtsmedium. In: Brucker, A. (Hrsg.): Medien im Geographie-Unterricht. Düsseldorf, S. 130–144

Gisbert Rinschede

Kartendidaktik

Definition
Gegenstand der Kartendidaktik ist der Unterricht mit und über Karten. Das schließt die methodischen Probleme der Einführung in das Kartenverständnis, Fragen über Ziele, Einsatzorte, Kartencurriculum, Progression usw. ein.

Klassifikation
Die Kartenarbeit in der Schule hat die folgenden drei Funktionen (Hüttermann 1998):
1. Vermittlung, Erarbeitung und Darstellung von räumlichen Informationen,
2. Aufbau eines topographischen Grobrasters durch Aneignung eines Lage-Bildes von der Welt und ihren Teilräumen,
3. Vermittlung von Kenntnissen über Karten sowie der Fähigkeit zum Umgang mit Karten.

Zur geographiedidaktischen Diskussion
Die Kartendidaktik betrachtet Karten nicht nur als Medien, sondern auch als Gegenstand des Unterrichts. Dazu gehört mehr als nur die Einführung in das Kartenverständnis. Hüttermann (1998) sieht als Ziel eines Kartencurriculums die Kartenkompetenz (= Handlungskompetenz mit Karten), die die Schüler zu einem eigen-

ständigen Umgang mit Karten befähigt. Die Notwendigkeit zu einer erweiterten Beschäftigung mit Kartographie in der Schule wird aus der zunehmenden Konfrontation mit und Nutzung von Karten im Alltag begründet.

Literatur
Breetz, E. (1975): Zum Kartenverständnis im Heimatkunde- und Geographieunterricht. Berlin
Hüttermann, A. (1998): Kartenlesen – (k)eine Kunst. Einführung in die Didaktik der Schulkartographie (= Didaktik der Geographie). München
Sperling, W. (1982): Kartographische Didaktik und Kommunikation. In: Kartographische Nachrichten, Jg. 32, S. 5–15
Friedhelm Frank

Kartenlesen und Karteninterpretation

Definition
Kartenlesen bedeutet das verstehende Aufnehmen der kartographisch codierten Wiedergabe der Wirklichkeit und deren gedankliche Umsetzung in die entsprechende Raumvorstellung; Karteninterpretation bedeutet das gedanklich weiterführende Ausdeuten des Inhalts einer Karte hinsichtlich einer bestimmten Fragestellung (→ Karte, → Atlas, → Kartenverständnis).

Klassifikation
Für das Lesen und Interpretieren von Karten sind notwendig:
– Verstehen der verwendeten Symbole,
– Beachten der zweidimensionalen Wiedergabe der dreidimensionalen Wirklichkeit (Reliefdarstellung durch Höhenlinien),
– Berücksichtigen des Maßstabes (Verzerrungsverhältnisse) sowie der Folgen der Generalisierung (Wegfallen bzw. vereinfachte Darstellung von Sachverhalten).

Zur geographiedidaktischen Diskussion
Im weiteren Sinn werden die Begriffe Kartenlesen und Karteninterpretation oft synonym gebraucht. Im engeren Sinn ist jedoch die Fähigkeit zum Lesen einer (→) Karte, d. h. das Verstehen ihrer grafischen Symbole und Signaturen (Flächen-, Linien-, Punktsignaturen) sowie von Lagebeziehungen zwischen Orten und von Distanzverhältnissen, unabdingbare Voraussetzung für die darauf aufbauende Interpretation ihres Inhalts, etwa in geologisch-geomorphologischer, landschaftsökologischer, wirtschaftsgeographischer oder siedlungsgenetischer Hinsicht.
Die Beschäftigung mit einer geeigneten Karte bietet eine Möglichkeit, sich einen schnellen Überblick über die Geographie des wiedergegebenen Ausschnitts der Erdoberfläche zu verschaffen. Das Einüben von Fähigkeiten zum Kartenlesen kann und soll bereits in den unteren Klassenstufen beginnen (einfache Situationsdarstellung, Orientierung), während die zu frühe Beschäftigung mit der Dreidimensionalität (Höhenlinien) hier noch auf Schwierigkeiten stößt. Verständlicher als physisch-geographische oder topographische Karten sind einfache themengebundene Darstellungen, wie etwa (→) Kartogramme, (→) Bildkarten oder einfache thematische Karten. Die charakteristischen Eigenschaften der Karte (Kommentierung, (→) Vereinfachung, Weglassen temporärer Erscheinungen, Umsetzung in Symbole) werden am besten beim direkten Vergleich mit einem entsprechenden Luftbild erkenntlich.
Ziel der Arbeit mit Karten im Unterricht ist es ferner, bei den Schülern die Fähigkeit zur kritischen Beurteilung derselben hinsichtlich ihrer grafischen Gestaltung und Aussagekraft zu entwickeln, indem z. B. verschiedene Kartenwerke zum gleichen Gebiet bzw. Thema verglichen werden.
Während kleinmaßstäbige Atlas- und Wandkarten ständige Begleiter des Geographieunterrichts sind, werden größermaßstäbige Karten im Schulunterricht meist vernachlässigt, obwohl dies nicht ihrer Bedeutung im Alltag entspricht. Beispiele für die Interpretation von Kartenaus-

schnitten bieten die in einzelnen Bundesländern herausgegebenen Topographischen Atlanten.

Literatur
Hüttermann, A. (1979): Karteninterpretation in Stichworten. Teil 2: Geographische Interpretation thematischer Karten (= Hirts Stichwortbücher). Stuttgart/Kiel
Hüttermann, A. (1993): Karteninterpretation in Stichworten. Teil 1: Geographische Interpretation topographischer Karten (= Hirts Stichwortbücher). Stuttgart/Kiel
Hüttermann, A. (Hrsg.) (1995): Beiträge zur Kartennutzung in der Schule (= Materialien zur Didaktik der Geographie, Heft 17). Trier
Linke, W. (1996): Orientierung mit Karte, Kompaß, GPS. Herford
Wilhelmy, H., A. Hüttermann und P. Schröder (1996): Kartographie in Stichworten (= Hirts Stichwortbücher). Unterägeri

Thomas Schneider

Kartenskizze

Definition
Die Kartenskizze ist eine vereinfachte Darstellung räumlicher Strukturen. Sie strebt nicht die (maßstäbliche) Genauigkeit und inhaltliche Vielfalt der (→) Karte an, sondern hebt durch didaktische Reduktion ausgewählte Gegebenheiten hervor (→ Merkbild).

Klassifikation
- Kartographische oder topographische Skizze oder Faustskizze: Sie zeigt durch Vereinfachung der (→) Karte wesentliche Strukturen auf. Eine mit einfachen Mitteln (Kompass, Schrittmaß) im Gelände erstellte Kartenskizze wird auch als „Kroki" bezeichnet.
- Lageskizze: eine vereinfachte Form der topographischen Skizze, die nur wichtige Lagebeziehungen aufzeigt.
- Thematische Skizze: eine Form der topographischen Skizze, bei der nur die für eine Fragestellung wichtigen Elemente wie Siedlungen, Verkehrswege, Gebirgszüge angegeben

werden. Dadurch werden funktionale oder genetische Beziehungen erkennbar (→ Strukturskizze).

Zur geographiedidaktischen Diskussion
Das selbstständige Anfertigen von Kartenskizzen wird immer wieder gefordert. Es fördert Selbsttätigkeit, instrumentale Fertigkeiten, topographisches Orientierungswissen und die Einsicht in Raumstrukturen. Kartenskizzen können vom Lehrer vorgegeben, während der Stunde gemeinsam von Lehrer (an der Tafel) und Schüler (im Heft) oder vom Schüler in Alleinarbeit bzw. Partnerarbeit erstellt werden, sodass der Erkenntnisweg visuell, motorisch und kognitiv mitvollzogen werden kann.

Literatur
Achilles, F.-W. (1983): Zeichnen und Zeichnungen im Geographieunterricht. Köln
Brucker, A. (1997): Das Tafelbild. In: Haubrich, H. u. a.: Didaktik der Geographie konkret. München, S. 302–305

Gisbert Rinschede

Kartenverständnis, Einführung in das

Definition
Die Einführung in das Kartenverständnis umfasst die kindgemäße Erarbeitung grundlegender Elemente der Relief- und Situationsdarstellung in topographischen sowie der Darstellung von realen und abstrakten Sachverhalten in thematischen Karten mit dem Ziel, Karten lesen (→ Kartenlesen) und darüber hinaus einfache (→) Karten(skizzen) erstellen zu können (→ Raumverständnis).

Klassifikation
Eine Einführung in das Kartenverständnis kann auf verschiedenen methodischen Wegen erfolgen, wobei das Ziel jeweils ist, eine gedankliche Verbindung zwischen der abstrakten Wiedergabe auf der Karte und der Wirklichkeit herzustellen.

1. Synthetische Methode: Der Lernprozess integriert die Einzelelemente der Kartendarstellung unter zunehmendem Schwierigkeitsgrad. Sinnvollerweise bedient man sich dabei eines überschaubaren, den Schülern vertrauten Raumes (→ Nahraum, z. B. Umgebung der Schule, Stadtviertel, Dorf), der z. B. im (→) Sandkasten oder in einem (→) Modell in dreidimensionaler Verkleinerung dargestellt wird. Sodann kann die Übertragung der Landschafts- und Siedlungselemente durch orthogonale Projektion auf eine Fläche (z. B. darüber gelegte Glasplatte) demonstriert und ihre Probleme (Umsetzung des Reliefs in Höhenlinien, Generalisierung, Wiedergabe von Erscheinungsformen durch Symbole, Flächen und Farben) demonstriert werden. Diese Methode bietet eine sehr systematische Einführung; sie dient vor allem dem Verständnis der Kartenentstehung.

2. Analytische Methode: Sie geht von der Karte (z. B. großmaßstäbige topographische Karte, Stadtplan) aus. Durch unmittelbaren Vergleich von zu beobachtender Wirklichkeit und ihrer Wiedergabe auf der Karte werden charakteristische Eigenschaften und Beschränkungen bei der Darstellung ersichtlich. Bei dieser Methode wird der Informations- und Orientierungscharakter der Karte unmittelbar deutlich.

3. Genetische Methode: Sie bedient sich kartenähnlicher Darstellungen, die von den Kindern selbst angefertigt worden sind (Phantasielandkarten, Versuch der kartographischen Wiedergabe eines Viertels o. Ä.). Aus der Bewertung und vergleichenden Analyse derartiger stark individuell ausfallender Darstellungen können auf eindringliche Weise die Notwendigkeit und die wichtigsten Elemente einer sich bestimmten Konventionen bedienenden Kartenerstellung verständlich gemacht werden. Diese Methode führt den Kindern unmittelbar die Probleme der Raumdarstellung auf der zweidimensionalen Kartenebene vor Augen und lässt sie auch an Lösungsprozessen mitwirken. Sie führt somit nicht zu einer allgemein gültigen Kartendarstellung, sodass eine der anderen Methoden ergänzend angewendet werden muss.

Zur geographiedidaktischen Diskussion

Für die Erarbeitung der Höhenliniendarstellung wird meist die synthetische Methode als die geeignetere erachtet, während sich für das Verstehen der Umsetzung in symbolhafte Elemente auch die analytische Methode anbietet; die genetische Methode wiederum macht etwa die Notwendigkeit einer maßstäblichen Verkleinerung unter Erhaltung der Proportionen bewusst. In der Praxis hat sich deshalb eine Methodenintegration durchgesetzt.

Die Einführung in das Kartenverständnis zielt heute nicht mehr ausschließlich auf die physisch geographische Karte ab. Von der Raumerfahrung der Schüler, aber auch von den Lehrplanthemen her (→ Sozialgeographischer Ansatz) spielen thematische Karten bereits in der Grundschule eine wichtige Rolle; in einfacher Form (Beschränkung auf eine Thematik) können sie dem kindlichen Vorstellungsvermögen zunächst näher liegen, doch sollte auch in diesem Fall die physische Karte zur Orientierung und zur Ausweitung des Erfahrungsraumes herangezogen werden. Neben kleinmaßstäbigen (Atlas-)Karten muss der Schulunterricht im Sinne der Ausbildung von Alltagskompetenzen auch Karten mit größerem Maßstab berücksichtigen (Regionalkarten, Wanderkarten).

Literatur

Engelhardt, W.-D. (1975): Einführung in das Arbeiten mit thematischen Karten, ein Beitrag zur Anbahnung geographischen Denkens. In: Bauer, H. F. u. a.: Fachgemäße Arbeitsweisen in der Grundschule. Bad Heilbrunn, S. 98–125

Engelhardt, W.-D. und H. Glöckel (1977): Wege zur Karte. Bad Heilbrunn

Herzig, R. (1993): Die Erstbegegnung des Schülers mit der topographischen Karte bei der Analyse des Heimatgebietes. In: Zeitschrift für den Erdkundeunterricht, Jg. 45, H. 44, S. 308–315

Hüttermann, A. (1988): Wege mit der Karte: Anregungen zur ‚Einführung in das Kartenverständnis'. In: Sachunterricht und Mathematik in der Primarstufe, Jg. 16, S. 491–494

Hüttermann, A. (1998): Kartenlesen – (k)eine Kunst. Einführung in die Didaktik der Schulkartographie (= Didaktik der Geographie). München
Köck, H. (Hrsg.) (1992): Atlas und Karte (= Geographie und Schule, Jg. 14, H. 80)
Schrettenbrunner, H. (1978): Konstruktion und Ergebnisse eines Tests zum Kartenlesen (Kartentest KAT). In: Schrettenbrunner, H. u. a. (Hrsg.): Quantitative Didaktik der Geographie, II (= Der Erdkundeunterricht, H. 28). Stuttgart, S. 56–75
Volkmann, H. (1997): Karten. In: Birkenhauer, J. (Hrsg.): Medien. Systematik und Praxis (= Didaktik der Geographie). München, S. 159–184

Thomas Schneider/Rudolf Schönbach

Kartierung

Definition
Die Kartierung ist die räumliche Festlegung von Sachverhalten in einer Karte (→ Arbeitstechniken, → Kartenskizze, → Exkursion, → Geländearbeit).

Klassifikation
1. Nach der Verwendung vorhandener Karten:
– Eintragung von Sachverhalten in vorhandene Karten (z. B. Kartierung von Anbauprodukten in eine Flurkarte)
– Anfertigen einer (→) Kartenskizze
2. Nach den Inhalten der Kartierung:
– Formalkartierung. Eintragung physiognomisch und formal erkennbarer Sachverhalte (z. B. Geschosszahl eines Hauses)
– Funktionalkartierung (auch: Nutzungskartierung). Eintragung von Nutzungen (z. B. Nutzung eines Ladens als Drogerie)
– Alterskartierung. Eintragung des Baualters, evtl. des Baustils (z. B. 1907 erbaut, Jugendstil)
– Bewertungskartierung. Eintragung der Bewertung nach einer vorgegebenen Rangskala, die vom Ziel der Bewertung abhängig ist (z. B. Haus: Note 1 in Bezug auf die für den Fremdenverkehr bedeutsame Romantik, Note 4 für die schlechte Wohnqualität).

Zur geographiedidaktischen Diskussion
Die Kartierung ist eine Methode der Feldarbeit (→ Geländearbeit), die von der Grundschule bis zur Kollegstufe durchgeführt werden kann. Sie fördert wichtige instrumentale Fertigkeiten und erzieht den Schüler zum selbstständigen, gezielten Erfassen räumlicher Inhalte und Strukturen (→ Handlungsorientierung). Wichtig ist, dass die Ergebnisse ausgewertet werden.

Literatur
Claaßen, K. (Hrsg.) (1997): Kartenarbeit (= Praxis Geographie, Jg. 27, H. 11)
Fraedrich, W. (1989): Geländearbeit. Ein wichtiges methodisches Verfahren im Geographieunterricht. In: geographie heute, Jg. 10, H. 76, S. 2
Hüttermann, A. (Hrsg.) (1995): Beiträge zur Kartenerziehung in der Schule (= Materialien zur Didaktik der Geographie, Heft 17). Trier
Hüttermann, A. (1998): Kartenlesen – (k)eine Kunst. Einführung in die Didaktik der Schulkartographie (= Didaktik der Geographie). München
Leser, H. (1986): Feldmethoden und -arbeitsweisen. In: Köck, H. (Hrsg.): Grundlagen des Geographieunterrichts (= Handbuch des Geographieunterrichts, Band 1). Köln, S. 42–45

Dieter Böhn

Kartogramm

Definition
Das Kartogramm ist eine Kombination von (→) Karte und grafischer Darstellung (→ Diagramm). Dabei bildet die Karte den zusammenfassenden orientierenden Rahmen und Hintergrund für die Diagramme, die jenen Stellen auf der Karte zugeordnet sind, für die sie eine Aussage machen. Ein Kartogramm verbindet somit mehrere lokalisierte Einzelmedien auf dem Hintergrund einer Karte.

Klassifikation

Nach den verwendeten (→) Diagrammen lassen sich u. a. folgende Arten des Kartogramms unterscheiden:
- das Säulen-, Kreis-, Kreissektoren-, Kurven-, Band-, Streifen-, Körperzeichen-Kartogramm (oder Kartodiagramm)
- das Punkt- und Signaturenkartogramm, dessen statistische Größen durch gegenständliche (Figuren, Gegenstände) oder geometrische Symbole (Punkte, Quadrate, Kreise etc.) dargestellt werden
- das Flächenkartogramm (Choroplethenkarte, Gebietsstufenkarte), das räumliche Verteilungen aufzeigt (z. B. flächenhafte Verteilung des Niederschlags). Es ist inhaltlich nur schwer von der thematischen Karte abzugrenzen.

Zur geographiedidaktischen Diskussion

Die Grenzen zwischen thematischer (→) Karte und Kartogramm sind fließend. Bei der thematischen Karte ergibt sich für die Darstellungsinhalte eine maximale Lagegenauigkeit, d. h. ein konkreter, lagegetreuer Bezug. Beim Kartogramm verzichtet man auf strenge Lagetreue, d. h. die kartographische Darstellungsfläche deckt sich nicht genau mit dem tatsächlichen Verbreitungsraum.

Da das Kartogramm gerade in den Massenmedien eine starke Verwendung findet, ergibt sich für die Schule die Aufgabe, den Schüler zur sachgerechten Handhabung dieses Mediums zu qualifizieren.

Literatur

Arnberger, E. (1987): Thematische Kartographie. Braunschweig
Birkenhauer, J. (1997): Kartogramm. In: Birkenhauer, J. (Hrsg.): Medien. Systematik und Praxis (= Didaktik der Geographie). München, S. 212–215
Büschenfeld, H. (1977): Das Kartogramm im Geographieunterricht. In: Beiheft Geographische Rundschau, Jg. 7, H. 3, S. 158–160
Engelhard, K. (1997): Das Kartogramm. In: Haubrich, H. u. a.: Didaktik der Geographie konkret. München, S. 280–281

Schreiber, T. (1981): Geographie. München, S. 142–143
Wilhelmy, H. (1966): Kartographie in Stichworten, Band III. Kiel, S. 1–15

Gisbert Rinschede

Kindliches Sehen → Raumverständnis (Entwicklung)

Klimadiagramm

Definition

Ein Klimadiagramm ist ein Schaubild, in dem die über einen längeren Zeitraum erhobenen Monatsmittelwerte der wichtigsten Klimaelemente (meist Temperatur und Niederschlag, oft auch andere Elemente) dargestellt werden.

Klassifikation

Folgende Darstellungsweisen werden u. a. unterschieden:
- Walter-(Lieth-)Klimadiagramm. Bei ihm sind die Klimaelemente Temperatur als Kurve (Thermogramm) und Niederschlag meist in Form von Säulen (Pluviogramm) in einem festgelegten Verhältnis (10 °C Mitteltemperatur entsprechen 20 mm Niederschlag) zueinander in Beziehung gesetzt, sodass aufgrund der Darstellungsweise humide und aride Monate direkt aus dem Diagramm abgelesen werden können. Diese Darstellungsform wird manchmal auch als ökologisches Klimadiagramm bezeichnet.
- Polarkoordinatendiagramm. Hier sind die Monate in Form eines zwölfteiligen Vollkreises angeordnet. Temperatur und Niederschlag verlaufen dann ringförmig um den Mittelpunkt.
- Klimogramm (Klimagramm). Bei ihm bildet die x-Achse die Niederschlagsskala und die y-Achse die Temperaturskala. Im Koordinatenfeld werden dann für jeden Monat die zugehörigen Mittelwerte eingetragen und durch einen Polygonenzug verbunden. Dadurch lassen sich Temperatur- und Niederschlagsverteilung mehrerer Stationen unmit-

telbar in einem Diagramm miteinander vergleichen.
– Thermoisoplethendiagramm. Hier werden auf der Abzisse die Monate des Jahres, auf der Ordinate die 24 Stunden des Tages eingetragen. Für jeden Monat wird zu jeder Stunde die durchschnittliche Temperatur angegeben. Anschließend werden Punkte gleicher Temperatur durch Linien miteinander verbunden (Thermoisoplethen). Dadurch lässt sich der unterschiedliche Tages- und Jahresgang der Lufttemperatur in Abhängigkeit von der geographischen Breite erkennen.

Zur geographiedidaktischen Diskussion

Da das Klima langjährige Mittelwerte widerspiegelt, kann es nicht unmittelbar beobachtet werden. Das wichtigste Hilfsmittel zur Veranschaulichung des Klimas ist das Klimadiagramm, das allerdings immer nur im Vergleich mehrerer Stationen (z. B. mit der des Heimatortes) weitergehende Einsichten vermitteln kann. In der Schule wird am häufigsten das Klimadiagramm nach Walter und Lieth verwendet.

Die Begegnung mit Klimadiagrammen wird wegen ihrer teilweise abstrakten Darstellung erst im Alter von 11–12 Jahren empfohlen. Im weiteren Verlauf der Schulzeit kann die Komplexität der Darstellung immer weiter zunehmen, wodurch die Vorzüge und Schwächen der einzelnen Formen herausgearbeitet werden können.

Literatur

Claaßen, K. (1988): Klimazonen leicht gemacht. Klimadiagramm als Steckbrief, eine Lernhilfe zur Identifikation unterschiedlicher Klimate. In: geographie heute, Jg. 9, H. 61, S. 38–41

Geiger, M. (1986): Klimadiagramme im Geographieunterricht. In: Praxis Geographie, Jg. 16, H. 7/8, S. 56–60

Schröder, P. (1997): Hinweise zur Aussagekraft und Gestaltung von Diagrammen im Erdkundeunterricht. Beispiele zum Themenkomplex Klima. In: Geographie und Schule, Jg. 19, H. 105, S. 38–41

Westermann Lexikon der Geographie (1969): „Klimadiagramm", Band II. Braunschweig, S. 814–816

Gerd Bauriegel

Kognitive Karten → Mental maps

Komplexität, räumliche

Definition

Räumliche Komplexität ist die Vielschichtigkeit des Gefüges elementarer Lagerelationen (z. B. radial, konzentrisch) geosphärischer Sachverhalte (z. B. innerstädtisches Straßennetz).

Klassifikation

– Objektkomplexität beschreibt den Grad der Differenziertheit des räumlichen Gefüges eines empirisch gegebenen Sachverhalts (z. B. einer Stadt, einer Geozone) bzw. Lernobjekts.
– Subjektkomplexität kennzeichnet die kognitive Verarbeitungskapazität eines Lernsubjekts.
– Diskrepanzkomplexität kennzeichnet die aktuell bestehende und durch Lehr-/Lernprozesse zu behebende Differenz zwischen Objekt- und Subjektkomplexität.

Zur geographiedidaktischen Diskussion

Der Komplexitätsgrad stellt ein grundlegendes curriculares Hierarchisierungskriterium dar. Die Objektkomplexität (z. B. Schwierigkeit des Begriffs an sich) der Curricula soll sich entsprechend der sich zunehmend höher entwickelnden Subjektkomplexität (z. B. Begriffsverständnis) der Lernenden kontinuierlich und hierarchisch steigern. Da dies aufgrund der Relativität der Komplexität letztlich jedoch kaum operational-quantitativ realisierbar ist, empfiehlt sich die sachstrukturell-qualitativ begründete Steigerung der Komplexität. Auf der unterrichtlichen Ebene muss der Komplexitätsgrad methodisch berücksichtigt werden. Die Erschließung der konkreten Unterrichtsinhalte soll gleichfalls nach dem Prinzip „vom Einfacheren zum Komplexeren" erfolgen.

Literatur
Kaminske, V. (1993): Überlegungen und Untersuchungen zur Komplexität von Begriffen im Erdkundeunterricht (= Münchner Studien zur Didaktik der Geographie, Band 4). München
Kaminske, V. (1995): Wahrnehmung und Stufung komplexer Inhalte im Geographieunterricht (= Münchner Studien zur Didaktik der Geographie, Band 6). München
Köck, H. (1984): Der Komplexitätsgrad als curriculares Stufungsprinzip. In: Geographie und ihre Didaktik, Jg. 12, H. 3, S. 114–133
Köck, H. (Hrsg.) (1998): Räumliche Komplexität (= Geographie und Schule, Jg. 20, H. 116).
Spitzer, M. (1996): Geist im Netz. Darmstadt

Helmuth Köck

Kulturerdteile

Definition
Kulturerdteile sind nach Kolb (1962) Räume subkontinentalen Ausmaßes, deren Einheit auf dem individuellen Ursprung der Kultur, auf der besonderen einmaligen Verbindung der landschaftsgestaltenden Natur- und Kulturelemente, auf der eigenständigen geistigen und gesellschaftlichen Ordnung und dem Zusammenhang des historischen Ablaufs beruht. Gemeinsame religiöse, geistige und weltanschauliche Traditionen sind für ihre Abgrenzung grundlegend. Die Kenntnis der Kulturerdteile führt zu einem wichtigen globalen Raster.
Andere Begriffe mit ähnlicher Definition sind: Kulturkreise, Kulturräume. In der angloamerikanischen Literatur spricht man von „cultural regions" und „cultural realms". (→ Interkulturelles Lernen, → Internationale Erziehung)

Klassifikation
– Kolb gliederte die Landoberfläche in 10 Kulturerdteile: den abendländischen, sowjetischen, ostasiatischen, südostasiatischen, indischen, australisch-pazifischen, orientalischen, schwarzafrikanischen, angloamerikanischen und den lateinamerikanischen Kulturerdteil.

– Nach der Überwindung des politischen West-Ost-Gegensatzes weist Ehlers (1996) folgende Kulturerdteile aus: westeuropäisch, osteuropäisch-sowjetisch/russisch, arabisch-islamisch, südasiatisch, chinesisch, südostasiatisch, australisch, pazifisch, afrikanisch, nordamerikanisch und lateinamerikanisch.
– Newig (1997) gliedert unter wirtschaftlichen, historischen, kulturgeschichtlichen, religiösen und ethnischen Kriterien in Angloamerika, Lateinamerika, Europa, Orient, Schwarzafrika, Russland, Ostasien, Südasien, Südostasien und Australien/Ozeanien.

Zur geographiedidaktischen Diskussion
Auf der Suche nach einem Konzept zur Verflechtung von allgemein- und regionalgeographischen Aspekten schlagen Newig/Reinhardt/Fischer (1983) als räumliches Gliederungsprinzip geographischer Inhalte die Kulturerdteile vor. Das aus der Fachwissenschaft übernommene Konzept, das starker Kritk ausgesetzt war (z. B. Dürr 1987), stellt Ehlers (1996) mit den Thesen des Clash of Civilizations in einen neuen, aktuellen Zusammenhang, der sich aus dem Zusammenbruch einer überholten Weltordnung (Westliche Welt – Ostblock – Dritte Welt) ergibt. Die angeregte, z. T. polemische Diskussion um die Kulturerdteile seit 1983 (Engelhard 1987, Schrand 1989) erkennt durchaus die konzeptionellen Bemühungen dieses Ansatzes an, sie betont aber die Problematik einer wenig schlüssigen Auswahl und Anordnung der Inhalte.
Das Konzept wurde in der Diskussion wegen übermäßiger Simplifizierung oft angegriffen. Außerdem wechseln die Kategorien der Zuordnung ständig (z. B. Hautfarbe, Religion, Sprache, Lage). Es ist aber trotz seiner Defizite dann vertretbar, wenn das Erfassen und Verstehen von Differenzierungen, Gegensätzlichkeiten und unterschiedlichen Interessenlagen innerhalb der einzelnen Kulturerdteile dem Schüler bewusst gemacht wird, wenn also das ursprünglich starre Konzept dynamisiert wird. Bei diesem Verständnis bietet es im Rahmen der unterschiedlichen thematisch-regionalen Ansätze

(→ Thematische Geographie in regionaler Anordnung), wie sie in den Ländern Deutschlands zur Anwendung kommen, einen Weg, der regionalgeographische Themen in einen räumlich-zeitlichen Rahmen stellt, sodass transferierbare Einsichten möglich werden und die zahlreichen Einzelerscheinungen nach einem zusammenfassenden Gliederungsprinzip geordnet werden. Der Ansatz bietet durch epochen- bzw. jahrgangsweises Verweilen in so genannten Hauptübungsräumen gute Möglichkeiten, Länder und Völker, Kulturen und Gesellschaften mit ihren räumlichen Problemen in ihrer spezifischen Lebenswirklichkeit zu begreifen und diese aus deren eigenem Selbstverständnis zu respektieren, d. h. die euro- und ethnozentrische Sichtweise zu überwinden (→ Vorurteil).

Die hohen Anforderungen, die dieses Konzept in seiner immer weiter entwickelten Fassung (Newig 1997) stellt (ausgeprägte innere Differenzierung der Kulturräume, empathisches Mitempfinden in uns fremden Denkmustern und Wertvorstellungen bei gleichzeitiger kritischer Reflexion der eigenen Position und ihrer kulturspezifischen Hintergründe), lassen das bedeutende fachdidaktische Potenzial erkennen, das in ihm steckt.

Literatur
Böhn, D. (1988): Allgemeine und/oder Regionale Geographie. In: Praxis Geographie, Jg. 8, H. 7/8, S. 10–13
Dürr, H. (1987): Kulturerdteile: Eine „neue" Zehnweltenlehre als Grundlage des Geographieunterrichts? In: Geographische Rundschau, Jg. 39, H. 4, S. 228–232
Ehlers, E. (1996): Kulturkreise – Kulturerdteile – Clash of Civilizations. Plädoyer für eine gegenwartsbezogene Kulturgeographie. In: Geographische Rundschau, Jg. 48, H. 6, S. 338–344
Engelhard, K. (1987): Allgemeine Geographie und Regionale Geographie. In: Geographische Rundschau, Jg. 39, H. 6, S. 358–361
Kolb, A. (1962): Die Geographie und die Kulturerdteile. In: H.-v.-Wissmann-Festschrift. Tübingen, S. 42–49
Kolb, A. (1963): Ostasien. Heidelberg
Newig, J. (1997): Die Kulturerdteile. Zur Arbeit mit der Wandkarte und dem Poster der Kulturerdteile. Gotha
Newig, J., K. H. Reinhardt und P. Fischer (1983): Allgemeine Geographie am regionalen Faden. Diskussionspapier für ein neues Konzept des Faches Erdkunde. In: Geographische Rundschau, Jg. 35, H. 1, S. 38–39
Richter, D. (1988): Fachtheorien. In: Haubrich, H. u. a.: Didaktik der Geographie konkret. München, S. 80–83
Schrand, H. (1989): Zur Lage der Geographiedidaktik am Ende der 80er Jahre. In: Geographie und Schule, Jg. 11, H. 57, S. 2–11

Johann-Bernhard Haversath

Kulturkreise → **Kulturerdteile, Kulturräume** → **Kulturerdteile**

Länderkunde

Definition
Länderkunde informiert über die geographischen Verhältnisse eines Landes. Sie beschreibt die Länder als Individuen (idiographisch) und erstrebt eine umfassende Darstellung der räumlichen Strukturen und Prozesse.

Klassifikation
Länderkundliche Darstellungen unterscheiden sich vor allem hinsichtlich des Prinzips der Stoffanordnung. Die bekanntesten Beispiele sind:
1. Das (→) länderkundliche Schema: Dieses Schema geht davon aus, dass zwischen den einzelnen Bereichen der Geographie bestimmte kausale Abhängigkeiten bestehen. Verbreitet war die Kapitelfolge: Geologie – Morphologie – Klima – Hydrographie – Böden – Vegetation – Siedlung – Landnutzung – Verkehr – politische Gliederung – etc.
2. Die dynamische Länderkunde: Sie stellt Dominanten, die sich als hervorstechender Wesenszug aufdrängen, in den Vordergrund. Diese Dominanten und deren Erklärung sind der An-

knüpfungspunkt für die Behandlung der anderen Teilaspekte (z. B. Bevölkerungsverteilung im Maghreb als Dominante).

Zur geographiedidaktischen Diskussion
Der Stellenwert der Länderkunde ist eines der umstrittensten Themen der Geographiedidaktik. Die „klassische" Länderkunde einer vorwiegend idiographischen Faktenvermittlung, wie sie den Geographieunterricht bis um 1970 prägte, wird heute allgemein abgelehnt. Man fordert eine problem- bzw. themenorientierte Länderkunde, die keine allumfassende Darstellung erstrebt, sondern bewusst aus Fragestellungen abgeleitete Akzente setzt (→ Länderkundlicher Ansatz, → Länderkundlicher Durchgang, → Länderkundliches Schema). In den Lehrplänen und der Unterrichtspraxis der einzelnen Länder hat die Länderkunde einen sehr unterschiedlichen Stellenwert, in zahlreichen Lehrplänen hat sich die Mischform einer (→) thematischen Geographie in regionaler Anordnung durchgesetzt, die jedoch nicht mit der Länderkunde zu verwechseln ist.

Die Behandlung von Ländern im Geographieunterricht ist sehr unterschiedlich. Während zu Beginn der Sekundarstufe I vorwiegend mit (→) Einzelbildern und Fallbeispielen (→ Fallstudie) gearbeitet wird, werden Länder später, besonders aber in der Sekundarstufe II unter erkenntnisleitenden Fragestellungen behandelt, z. B. der (→) Inwertsetzung eines Raumes.

Literatur
Birkenhauer, J. (1992): Länderkunde im Widerstreit auch heute: Alter Wein in neuen Schläuchen? In: Birkenhauer, J. und D. Neukirch (Hrsg.): Geographiedidaktische Furchen (= Münchner Studien zur Didaktik der Geographie, Band 2). München, S. 73–88
Böhn, D. (1988): Allgemeine und/oder regionale Geographie. In: Praxis Geographie, Jg. 18, H. 7/8, S. 10–13
Böhn, D. (1992): Mehr Landeskunde bei der Länderkunde. Der Alltag in verschiedenen Ländern als Inhalt des Geographieunterrichts. In: Brogatio, H. P. und H.-M. Cloß (Hrsg.): Geographie und ihre Didaktik. Festschrift für Walter Sperling, Teil 2 (= Materialien zur Didaktik der Geographie, Heft 16). Trier, S. 441–450
Leser, H. (Hrsg.) (1997): Diercke-Wörterbuch Allgemeine Geographie. München. Stichwörter „Länderkunde" und „Regionale Geographie"
Pohl, J. (1996): Ansätze zu einer hermeneutischen Begründung der Regionalen Geographie: Landes- und Länderkunde als Erforschung regionaler Lebenspraxis? In: Berichte zur Deutschen Landeskunde, Jg. 70, H. 1, S. 73–92
Protze, N. (1996): Zur Bedeutung von regionaler Geographie in der Schule. In: Haubrich, H. (Hrsg.) (1996): Geowissenschaften in Lehrerbildung und Schule (= Terra Nostra, Schriften der Alfred-Wegener-Stiftung, H. 10), S. 113–115
Schrand, H. (1990): Zur möglichen Stellung der Länderkunde in künftigen Lehrplänen. In: Praxis Geographie, Jg. 20, H. 4, S. 30–34
Schultze, A. (1996): Länderkunde oder Allgemeine Geographie? Regionale oder Thematische Geographie? In: Schultze, A. (Hrsg.): 40 Texte zur Didaktik der Geographie. Gotha, S. 26–32
Storkebaum, W. (1990): Länderkunde als curricularer Baustein. Anmerkungen zur Regionalgeographie. In: Praxis Geographie, Jg. 20, H. 4, S. 8–12

Dieter Böhn

Länderkundlicher Ansatz

Definition
Unter länderkundlichem Ansatz versteht man die Erfassung und Beschreibung eines erdräumlichen Ausschnitts unterschiedlicher Größe („Land") unter Berücksichtigung verschiedener natur- und kulturgeographischer Aspekte.

Klassifikation
Der Ausdruck „Land" wird für unterschiedliche Teile von Erdräumen benutzt, und zwar für
– einen Staat oder ein Bundesland (Deutsch-

land, Bayern), d. h. „Land" als politisches Territorium
- einen historisch gewordenen Raum (Rheinland, Bretagne), d. h. „Land" als historische Raumeinheit
- einen Kontinent (Australien) oder Subkontinent (Indien)
- den Teil eines Kontinents (Sibirien)
- eine naturräumliche „Landschaft" (Sauerland, Münsterland)
- einen größeren Teilraum (Süddeutschland)
- einen Spezialraum (Bergisches Land)
- u. dgl.

Der Grund für die unterschiedliche Verwendung von „Land" liegt darin, dass der Ausdruck aus der Alltagssprache stammt.

Zur geographiedidaktischen Diskussion

Der länderkundliche Ansatz prägte bis zum Beginn der 70er-Jahre den Geographieunterricht, dann wurde er in der damaligen Bundesrepublik teilweise radikal abgelehnt (Schultze 1970: „Allgemeine Geographie statt Länderkunde"), während in der DDR eine stark auf die natur- und wirtschaftsgeographische Komponente ausgerichtete Länderkunde erhalten blieb.
Dem länderkundlichen Ansatz warf man folgende Mängel vor:
- Die Darstellung erschöpft sich in Einzelheiten und es werden zu wenig übertragbare Einsichten gewonnen.
- Der Schwierigkeitsgrad bleibt stets gleich, es folgt keine Entwicklung vom Einfachen zum Komplexen.
- Es fehlt eine klare Problemstellung, ein Prinzip der Auswahl aus der Vielfalt der Singularitäten ist nicht erkennbar.

Der teilweise erhobene Vorwurf, der länderkundliche Ansatz versuche möglichst alles über ein Land darzustellen (von der Geologie bis zur Namensforschung), trifft für die damalige Schulgeographie nicht völlig zu, da sie um Auswahl und Akzentuierung bemüht war, dabei allerdings auch pseudo-exemplarisch verfuhr („Dänemark – ein Brückenland").
Zugunsten des länderkundlichen Ansatzes wurde angeführt:

- Bestimmte Staaten sollten problemorientiert als solche behandelt werden (u. a. USA, Japan) im Sinne einer so genannten Problemländerkunde.
- Eine allgemeingeographische Darstellung verkürze die Problematik, weil sie die Vielfalt wechselseitiger Beziehungen zu sehr reduziere.

Im Geographieunterricht der einzelnen Schularten der Länder Westdeutschlands, Österreichs und der Kantone der Schweiz haben sich unterschiedliche Formen durchgesetzt (z. B. → Thematische Geographie in regionaler Anordnung), während in den östlichen Bundesländern Deutschlands der länderkundliche Ansatz beibehalten wurde. Zu einer Wiederherstellung des ursprünglichen länderkundlichen Ansatzes kam es nirgends. In der aktuellen Diskussion geht der Entweder-Oder-Gegensatz zugunsten eines Sowohl-als auch zurück. So konstatierte etwa Flath 1995: „Zur Realisierung der Ziele des Geographieunterrichts sind sowohl Themen als auch Regionen wichtig."

Literatur
Birkenhauer, J. (1970): Die Länderkunde ist tot. Es lebe die Länderkunde. In: Geographische Rundschau, Jg. 22, H. 5, S. 194–203
Flath, M. und G. Fuchs (Hrsg.) (1995): Fachdidaktische Standorte. Theoretisches Erbe und aktuelle Positionen. Gotha
Hard, G. (1973): Die Geographie. Berlin
Hard, G. (1982): Länderkunde. In: Jander, L., W. Schramke und H.-J. Wenzel (Hrsg.): Metzler Handbuch für den Geographieunterricht. Stuttgart, S. 144–160
Schultze, A. (1970): Allgemeine Geographie statt Länderkunde. In: Geographische Rundschau, Jg. 22, H. 1, S. 1–10

Josef Birkenhauer

Länderkundlicher Durchgang

Definition
Der länderkundliche Durchgang bezeichnet die Abfolge des länderkundlichen Lehrstoffes über die Schuljahre hinweg.

Klassifikation

1. Vom Nahen zum Fernen:
Die Reihenfolge in Deutschland ist
- Heimatraum
- Bundesland
- Deutschland
- Nachbarländer
- Europa
- Andere Erdteile

2. Vom Fernen zum Nahen:
Die Begründung für die Reihenfolge ist vielseitig:
- Aufbau eines so genannten erdräumlichen Kontinuums (d. h. einer zusammenhängenden Vorstellung von der Verteilung der Länder und Kontinente) unter Einbeziehung eines topographischen Ordnungsgerüstes
- Vorgehen vom Bekannten zum Unbekannten (lernpsychologischer Grund)
- Vorgehen von der Einzellandschaft zum Erdganzen (fachlich-ganzheitliches Ziel)

Die ersten beiden Begründungen sind pragmatisch und für das 20. Jh. typisch, die dritte Begründung stammt aus dem 19. Jh., wurde aber auch bis um 1970 verwendet.

Zur geographiedidaktischen Diskussion

Der länderkundliche Gang hat im deutschen Sprachraum eine lange Tradition und geht auf Pestalozzi (1746–1827) zurück („Von der Heimat zur Welt"). Er wurde besonders von Henning (1812) aufgegriffen und vor allem bei Harnisch (1817) in seiner „Weltkunde" Leitidee schlechthin.

Der Idee des Spiralcurriculums folgend wandelte Grotelüschen um 1960 den Durchgang ab zu „Dreimal um die Erde" (innerhalb der Sekundarstufe I).

Dem länderkundlichen Gang wurden viele Nachteile angekreidet:
1. Es handle sich um bloße Erwähnungsgeographie.
2. Er sei nicht altersgemäß (das räumlich Nahe ist eher das seelisch Ferne), „Fenster in die Welt" seien nötig.
3. Er berücksichtige nicht die Interessen und Bedürfnisse der Schüler.
4. Er setze sich aus der additiven Wiederholung des je Gleichen zusammen und stelle enzyklopädisch-lexikalisches Faktenwissen zusammen.
5. Er besitze keine theoriegestützten Auswahlkriterien.
6. Er mache exemplarisches und problemorientiertes Arbeiten unmöglich.
7. Transfers seien kaum durchzuführen.
8. Auch hinsichtlich des zweiten Durchgangs in der Oberstufe des Gymnasiums ist erhebliche Kritik vorgebracht worden: Er unterscheide sich kaum vom ersten und verfehle damit sein Ziel. Ab 1970 wurde eine Reihe von Nachteilen (vor allem Punkte 1, 4, 5, 6, 7) entschieden verbessert. „Nahthemen" und „Fernthemen" sollten auf allen Stufen konsequent im Sinne einer aufsteigenden Komplexität miteinander verknüpft werden.

Literatur

Birkenhauer, J. (1971): Die Diskussion um den länderkundlichen Gang. In: Erdkunde, Band 1. Düsseldorf, S. 42–48

Birkenhauer, J. und H. Hendinger (Hrsg.) (1979–1981): Blickpunkt Welt. Unterägeri

Frank, F. (1997): Der doppelte länderkundliche Durchgang: Zweimal das Gleiche oder Wiederholung auf höherem Niveau? In: Frank, F., V. Kaminske und G. Obermaier (Hrsg.): Die Geographiedidaktik ist tot, es lebe die Geographiedidaktik. Festschrift zur Emeritierung von Josef Birkenhauer (= Münchner Studien zur Didaktik der Geographie, Band 8). München, S. 159–173

Grotelüschen, F. (Hrsg.): Dreimal um die Erde. Hannover (mehrfache Auflagen zwischen 1960 und 1970)

Hausmann, W. (1997): Länderkundlicher Durchgang. In: Haubrich, H. u. a.: Didaktik der Geographie konkret. München, S. 114–115

Schultze, A. (1996): Aufbau des Lehrplans: Ordnungsprinzipien der Stoffanordnung. In: Schultze, A. (Hrsg.): 40 Texte zur Didaktik der Geographie. Gotha, S. 17–21

Josef Birkenhauer

Länderkundliches Schema

Definition
Das länderkundliche Schema – auch Hettner-Schema genannt – bezeichnet die Darstellung eines räumlichen Sachverhalts in einer vorgegebenen Reihenfolge der Geofaktoren.

Klassifikation
Die Geofaktoren sind u. a.: Lage, Relief, Gestein, Geologie, Klima, Vegetation, Boden, Landwirtschaft, Bodenschätze, Industrie, Gewerbe, Stadt, Siedlung.
Zwei Begründungen durch Hettner (daher auch Hettner-Schema):
1. Der so genannte Kausalnexus: Es muss immer erst derjenige Geofaktor dargestellt werden, auf dem die je nachfolgenden aufbauen. Bildhaft wird dieser „Nexus" (Netz, Geflecht) als Modell übereinander liegender „Schichten" dargestellt (jede Schicht repräsentiert einen Geofaktor).
2. Deskriptionsaxiom: Die geographischen Sachverhalte sind derart komplex und vertikal miteinander verknüpft, dass ihre Darstellung nicht gleichzeitig erfolgen kann, sondern in einem Nacheinander der konstituierenden Geofaktoren („Schichten") erfolgen muss. Auf diese Art und Weise können ferner viele Details berücksichtigt werden, die ansonsten schwer unterzubringen wären.
Vorteile des Schemas sind:
– schnell einprägsame Reihenfolge und rasches Zurechtfinden
– daher guter Überblick und häufige Verwendung in Lexika, Handbüchern und Atlanten
– gute Vergleichsmöglichkeiten.

Zur geographiedidaktischen Diskussion
Zunächst ist darauf zu verweisen, dass der Begriff des „länderkundlichen Durchgangs" oft mit jenem des „länderkundlichen Schemas" verwechselt wird.
Schon seit Jahrzehnten – beginnend mit Ilgner (1913), einem Schulgeographen, dann auf wissenschaftlichem Niveau durch Spethmann (1931) – wurde berechtigte Kritik an der Verwendung des Schemas als bloßer „Rezeptologie" geübt, da es Zusammenhänge und Probleme zerreiße, additiv, statisch und rein deskriptiv verfahre, eine Problemländerkunde unmöglich mache und „Geographie" daher langweilig werden lasse.
Über den (unreflektierten) Gebrauch in der Hochschulgeographie werde es schnell internalisiert und daher als selbstverständlich empfunden. Diese Internalisierung gilt im Übrigen nicht nur für die „Länderkunde", sondern auch für die „allgemeine Geographie", denn auch für diese sind der Kausalnexus und das Deskriptionsaxiom vorgegeben. Wo auch immer verwendet, führt das Schema zu einem unterschwelligen (→) Geodeterminismus, weil die physisch-geographischen Faktoren schematisch den anthropogeographischen vorangestellt werden.

Literatur
Birkenhauer, J. (1971): Erdkunde, Band 1. Düsseldorf, S. 156–163
Hettner, A. (1927): Die Geographie, ihre Geschichte, ihr Wesen und ihre Methoden. Breslau
Richter, D. (1997): Schichtenmodell. In: Haubrich, H. u. a.: Didaktik der Geographie konkret. München, S. 105
Spethmann, H. (1931): Das länderkundliche Schema in der deutschen Geographie. Berlin
Theißen, U. (1986): Länderkundliches Schema. In: Grundlagen des Geographieunterrichts (= Handbuch des Geographieunterrichts, Band 1). Köln, S. 215–218

Josef Birkenhauer

Landeskunde

Definition
Landeskunde vermittelt umfassende Informationen über ein Land. Neben geographischen Inhalten werden vor allem Bereiche der Geschichte, der Politik, des Staatsaufbaus, der Gesellschaftsstruktur und des Alltagslebens behandelt.
Andere Definitionen setzen Landeskunde und (→) Länderkunde gleich (z. B. Hausmann 1997)

und sprechen von Landesforschung, wenn der Praxisbezug der Raumplanung im Vordergrund steht (Diercke-Wörterbuch Allgemeine Geographie 1997). Nach Sperling (1981) wird der Begriff Landeskunde häufig dann benutzt, wenn es sich um die Darstellung im mitteleuropäischen Raum oder kleinerer, historisch-politischer Einheiten handelt.

Klassifikation
1. Landeskunde im Geographieunterricht
Wie in der Fachwissenschaft wird der Begriff teilweise synonym mit Länderkunde bzw. der regionalen Geographie von Teilräumen eines Landes oder von administrativen Territorien gebraucht (z. B. Berichte zur deutschen Landeskunde).
2. Landeskunde im Fremdsprachenunterricht und in der allgemeinen Literatur
Geographische Inhalte bilden nur einen Teil, vor allem werden Informationen zur Geschichte, zu politischen Institutionen und zum Alltag geboten (z. B. Frankreichkunde, American Studies).

Zur geographiedidaktischen Diskussion
Geographie als Schulfach hat stets über die rein geographischen Inhalte hinaus weite Bereiche der Geschichte, der Wirtschaft, der politischen und sozialen Struktur sowie des Alltags (→ Alltagsorientierung) in den Unterricht einbezogen. Geht man von der Interessenlage der Schüler und den Qualifikationen für das Erwachsenenleben aus, müsste diese Tendenz verstärkt werden. Der Geographieunterricht sollte sich noch mehr über natur- und sozialgeographische Themen hinaus zu einer Landeskunde weiterentwickeln, die in Bezug auf lebensbedeutsame Fragestellungen sozioökonomische Strukturen etwa aus dem Bereich des Alltags erklärt und dadurch zu einem verstärkten Verständnis der Lebensbedingungen eines Landes führt. Dies käme fächerübergreifend z. B. auch dem Fremdsprachenunterricht zugute.

Literatur
Böhn, D. (1992): Mehr Landeskunde bei der Länderkunde. Der Alltag in verschiedenen Ländern als Inhalt des Geographieunterrichts. In: Brogatio, H. P. und H.-M. Cloß (Hrsg.): Geographie und ihre Didaktik. Festschrift für Walter Sperling. Teil 2 (= Materialien zur Didaktik der Geographie, Heft 16). Trier, S. 441–450
Firges, J., A. Hüttermann und H. Melenek (1990): Geographie und fremdsprachliche Landeskunde. In: Geographie und Schule, Jg. 12, H. 66, S. 42–45
Hausmann, W. (1997): Länderkundlicher Durchgang. In: Haubrich, H. u. a.: Didaktik der Geographie konkret. München, S. 114
Pohl, J. (1996): Ansätze zu einer hermeneutischen Begründung der Regionalen Geographie: Landes- und Länderkunde als Erforschung regionaler Lebenspraxis? In: Berichte zur Deutschen Landeskunde, Jg. 70, H. 1, S. 73–92
Sperling, W. (1990): Grundbegriffe landeskundlichen Denkens. In: Praxis Geographie, Jg. 20, H. 4, S. 46

Dieter Böhn

Landschaftsquerschnitt → Blockbild

Landschaftszeichnung

Definition
Die Landschaftszeichnung ist eine unter geographischen Gesichtspunkten erstellte zeichnerische Abbildung eines Ausschnittes der Erdoberfläche. Sie verdeutlicht sichtbare landschaftliche Sachverhalte durch Strukturierung, Akzentuierung und (→) Vereinfachung (→ Merkbild).

Klassifikation
Die Landschaftszeichnung weist fließende Übergänge zu anderen Arten von Zeichnungen auf. Die Bandbreite reicht von Zeichnungen größerer Landschaftsteile aus schrägluftbildartiger Perspektive (→ Panoramabild) und Seitenansicht bis zu Abbildungen ausgewählter Einzelobjekte. Je nach Größe des gewählten Landschaftsausschnitts, der zeichnerischen Abstraktion sowie der gewählten Perspektive sind Übergänge zur (→) Kartenskizze und (→) Sach-

zeichnung möglich. Durch Ergänzen der Landschaftszeichnung mit nicht an der Erdoberfläche sichtbaren Elementen entstehen das (→) Blockbild und der Landschaftsquerschnitt (→ Profil). Zur Sicherung der Unterrichtsergebnisse kann die Landschaftszeichnung die Funktion des (→) Merkbildes übernehmen.

Zur geographiedidaktischen Diskussion
Durch den Einsatz fotografischer Medien hat die Landschaftszeichnung in der geographischen Literatur und im Unterricht an Bedeutung verloren. Dennoch besitzt sie weiterhin einen Platz im Geographieunterricht und findet im Rahmen moderner Unterrichtskonzepte sogar wieder neue Einsatzfelder.

Die Landschaftszeichnung wird dort eingesetzt, wo sie an Anschaulichkeit, Klarheit und Verdeutlichung wichtiger Strukturen der fotografischen Darstellung überlegen ist.

Die zeichnerische Umsetzung fördert das fachliche Verständnis, weil die Auswahl wichtiger Bildinhalte, der Perspektive und der Bildaufteilung eine intensive Durchdringung des Sachverhaltes erfordert und zu besserem Sehen anleitet. Ihr pädagogischer Wert liegt zudem in der Förderung selbstständiger Tätigkeit der Schüler und der Schulung feinmotorischer Fähigkeiten.

Die Einbeziehung ästhetischer Aspekte im Rahmen des mehrperspektivischen Ansatzes schafft für die Landschaftszeichnung ein neues Anwendungsgebiet, vor allem bei der Arbeit im Gelände.

Ähnlich wie bei der (→) Sachzeichnung ist ihr Einsatz pädagogisch sinnvoll, um Tendenzen der Überfrachtung mit Informationen durch extensiven Medieneinsatz entgegenzuwirken, indem die Schüler wieder mehr selbstständig zeichnen. Bei extensiver Anwendung besteht aber die Gefahr, dass der Geographieunterricht zur reinen Zeichenstunde wird.

Die Landschaftszeichnung findet ihren Platz bei der realen (→) Begegnung, kann aber auch als (→) Tafelbild oder mittels einer Folie (→ Arbeitstransparent) auf dem Overheadprojektor angefertigt werden. Eine Sonderform des unterrichtlichen Einsatzes ist das Überzeichnen und Strukturieren von Fotos auf Projektionsflächen oder mithilfe eines Tobidiaskripts. Die grafische Gestaltung der Landschaftszeichnung muss auf die allgemeine Zeichenfähigkeit der Schüler abgestimmt sein.

Literatur
Achilles, F.-W. (1979): Die Landschaftszeichnung. In: Geographische Rundschau, Jg. 31, S. 293–302
Achilles, F.-W. (1983): Zeichnen und Zeichnungen im Geographieunterricht. Köln
Birkenhauer, J. (Hrsg.) (1997): Medien. Systematik und Praxis (= Didaktik der Geographie). München
Imhof, E. (1968): Gelände und Karte. Zürich
Kruckemeyer, F. (1994): Innenwelten in der Außenwelt. Der Aspekt des Ästhetischen im Geographieunterricht: Enthüllungen im Unterholz einer Großstadt. In: Praxis Geographie, Jg. 24, H. 3, S. 28–33
Theißen, U. (1993): Messen, Zeichnen, Fotografieren und Videografieren. In: geographie heute, Jg. 14, H. 111, S. 4–9

Thomas Breitbach

Lehrplan

Definition
Lehrpläne (auch Richtlinien genannt) für den Geographieunterricht sind nach Schularten und Jahrgangsstufen gegliederte amtliche Veröffentlichungen der Ziele und Inhalte des Unterrichts.

Klassifikation
1. Zielsetzungen
Waren frühere Lehrpläne betont fachorientiert und erstrebten eine vereinfachte Darstellung wissenschaftlicher Inhalte, so verweisen jetzt zumindest die Präambeln der Lehrpläne auf Artikel der Verfassung (Haubrich: wertorientiert) und betonen die Ausrichtung auf Qualifikationen, die dem Schüler zur Gestaltung seines Lebens nützlich sind.

2. Formaler Aufbau

Die Grundstruktur der Lehrpläne der einzelnen Länder ist trotz aller Verschiedenheit der Ziele und Inhalte verhältnismäßig einheitlich. In einer Einleitung werden Ziele und Methoden der Erziehung allgemein, dann die Ziele der jeweiligen Schulart genannt. In den Fachlehrplänen der einzelnen Fächer werden Ziele und Inhalte aufeinander bezogen, dazu werden Hinweise zu Methoden der Erarbeitung gegeben.

In den formalen Einzelstrukturen sind die Lehrpläne dagegen sehr unterschiedlich. Nachfolgend einige Beispiele:

2.1 Ebenen

Seit den 90er-Jahren sind in Bayern die Lehrpläne für die einzelnen Schularten in vier Ebenen gegliedert (Ziel und Anspruch der jeweiligen Schulart, Ziele und Inhalte der eigenständigen Unterrichtsfächer und der (→) fächerübergreifenden Bildungs- und Erziehungsaufgaben, Rahmenpläne, Fachlehrpläne).

2.2 Ziel-Inhalt-Methoden-Zuordnung

In den 70er-Jahren hatte sich in den meisten Lehrplänen der damaligen Bundesrepublik eine logische Abfolge „Ziele – zugeordnete Inhalte – geeignete Methoden" entwickelt. Seit den 80er-Jahren geht die Bedeutung der (→) Lernziele im Lehrplan ständig zurück, wie in den 50er-Jahren überwiegt die differenzierte Darstellung der Inhalte.

2.3 Spiralmodell

Das Spiralmodell baut die Inhalte vom Einfachen zum Komplexen auf (z. B. von (→) Bildern bis zu (→) Modellen), seine Strukturelemente sind Lernplateaus, (→) Lehrplansäulen und Lernspiralen.

- Lernplateaus gliedern den Stoff, wobei die Logik der geographischen Strukturen ein Gliederungsgesichtspunkt ist.
- Lehrplansäulen bilden die Systematik der Fachwissenschaft ab (z. B. Physische Geographie).
- Lernspiralen verbinden die Lernplateaus und sichern, dass bereits erarbeitetes Wissen vertiefend und differenziert wieder aufgegriffen wird.

3. Inhaltlicher Aufbau

Geographiedidaktisch bedeutsamer als die formalen Vorgaben sind die konkreten Darstellungen der Ziele und Inhalte. Hierbei werden zahlreiche von der Geographiedidaktik entwickelte Ansätze verwirklicht:

- (→) Allgemeingeographischer Ansatz
- (→) Sozialgeographischer Ansatz
- (→) Länderkundlicher Ansatz, Regionalgeographischer Ansatz
- (→) Thematisch-regionaler Ansatz (→ Thematische Geographie in regionaler Anordnung)
- (→) Ökologischer Ansatz
- (→) Spiralcurriculum
- Lernplateaus und Rampenstruktur
- (→) Lehrplansäulen
- Vom Nahen zum Fernen.

In der Praxis sind meist mehrere Ansätze integriert.

Zur geographiedidaktischen Diskussion

Geographiedidaktiker haben sich vielfach mit der Gestaltung von Lehrplänen beschäftigt. 1980 erschien der von Didaktikern und Fachwissenschaftlern gemeinsam erarbeitete „Basislehrplan Geographie", Ende der 90er-Jahre arbeiteten Schulgeographen und Geographiedidaktiker teilweise gemeinsam an einem neuen Gesamtkonzept. Wegen der Kulturhoheit der Länder wurden national einheitliche Konzepte bisher nicht umgesetzt. In der Praxis werden die Vorstellungen der Lehrer in den Lehrplankommissionen meist stärker berücksichtigt als die der Geographiedidaktiker. Zu fordern ist, dass der Lehrplan mehr ist „als eine additive Aneinanderreihung von Inhalten und Zielsetzungen". Er muss vielmehr eine verknüpfte Struktur bieten", um „eine gedanklich geordnete Vorstellungswelt" aufzubauen (Richter 1997, S. 134). Die Diskussion um Ziele und Inhalte der Lehrpläne spiegelt die geographiedidaktische Diskussion wider (Stellenwert der Allgemeinen bzw. der Regionalen Geographie, Bedeutung der (→) Schlüsselqualifikationen). Die Vielzahl der oben genannten Ansätze belegt, dass es bislang zu keinem allgemein anerkannten Konsens

über Auswahl und Anordnung der Ziele und Inhalte kam.
Die Geographiedidaktik muss künftige Lehrerinnen und Lehrer befähigen, die Lehrpläne adressatengerecht umzusetzen. Es gilt, der meist bestehenden stofflichen Überfüllung durch eine an der jeweiligen schulischen Realität orientierte, theoretisch begründete Akzentuierung unter Beachtung der grundlegenden Ziele zu begegnen.

Literatur
Lehrpläne der einzelnen Schularten und Länder
Birkenhauer, J. (1998): Erdkundelehrpläne für die Sekundarstufe I – Wo stehen wir? In: Rundbrief Geographie, Heft 149, S. 39–42
Haubrich, H. (1997): Zielsetzungen des Geographieunterrichts in Deutschland seit der Jahrhundertwende. In: Haubrich, H. u. a.: Didaktik der Geographie konkret. München, S. 22–24
Huber, M. (1995): Der regional-thematische Ansatz im Fachlehrplan für Erdkunde an bayrischen Gymnasien – Weg oder Irrweg? In: Flath, M. und G. Fuchs (Hrsg.): Fachdidaktische Standorte. Theoretisches Erbe und aktuelle Positionen in den neuen und alten Bundesländern. Gotha, S. 33–45
Kirchberg, G. (1992): Thesen zur didaktischen Struktur der Lehrpläne für den Geographieunterricht in der Bundesrepublik Deutschland. In: Zeitschrift für den Erdkundeunterricht, Jg. 44, H. 1, S. 2–5
Kirchberg, G. (1997): Welche Zukunft haben Lehrpläne? In: Haubrich, H. u. a.: Didaktik der Geographie konkret. München, S. 132
Mittelstädt, F.-G. (1997): Rahmenrichtlinien bzw. Lehrpläne als Herausforderung für die Didaktik der Geographie. In: Zeitschrift für den Erdkundeunterricht, Jg. 49, H. 1, S. 23–29
Richter, D. (1997): Lehrplanaufbau. In: Haubrich, H. u. a.: Didaktik der Geographie konkret. München, S. 133–135
Richter, D. und G. Kirchberg (1997): Lehrplangestaltung. In: Haubrich, H. u. a.: Didaktik der Geographie konkret. München, S. 133–178
Schmidt-Wulffen, W.-D. (1994): „Schlüsselprobleme" als Grundlage zukünftigen Geographieunterrichts. In: Praxis Geographie, Jg. 24, H. 3, S. 13–15
Schrand, H. (1990): Zur möglichen Stellung der Länderkunde in zukünftigen Lehrplänen. In: Praxis Geographie, Jg. 20, H. 4, S. 30–34
Schrand, H. (1993): Lehrplanarbeit als Kampf geistiger Mächte? Anmerkungen zur Entstehungsgeschichte des Erdkundelehrplans Nordrhein-Westfalen. In: geographie heute, Jg. 14, H. 112, S. 51–53
Vogler, L. (1996): Offener Lehrplan – offener Erdkundeunterricht. Am Beispiel des Rahmenlehrplans für die 11. Klasse in Berlin. In: geographie heute, Jg. 17, H. 138, S. 42–46

Dieter Böhn

Lehrplansäulen im Geographieunterricht

Definition
Unter einer Lehrplansäule versteht man die sachlogische Folge („Säule") von geographischen Inhalten, die sich eng an jeweils einem systematischen Bereich vorwiegend der Allgemeinen Geographie orientiert.

Klassifikation
Richter (1976, 1978, 1997) führt folgende Lehrplansäulen auf:
– Physische Geographie, untergliedert u. a. in
  – Klimatologie
  – mathematische Geographie
  – Ozeanographie
  – Geomorphologie und Geologie
– Anthropogeographie, untergliedert u. a. in
  – Wirtschaftsgeographie
  – Siedlungsgeographie
  – Geographie des Freizeitverhaltens
  – Bevölkerungsgeographie
  – Politische Geographie
– Humanökologie
– Orientierungswissen, u. a.
  – Topographie
  – so genannte globale Raster (Geozonen, Kulturerdteile)

– Betrachtungs- und Arbeitsweisen (einschließlich „Modelle")
– Regionale Geographie

Zur geographiedidaktischen Diskussion
Nach Richter (1997, S. 134) ist es die Aufgabe der Lehrplansäulen, „aus der Fülle fachwissenschaftlicher Sachverhalte zielorientiert herausgefiltertes unterrichtsrelevantes Wissen und Können in logischen Abfolgen den Lernzielstufen zuzuordnen".
Diese sehr komprimiert formulierte Funktion der Lehrplansäulen ist allerdings nicht leicht in konkrete Lehrpläne umzusetzen. Dies liegt u. a. daran, dass drei grundlegende didaktische Fragen geklärt sein müssen:
1. Was ist unterrichtsrelevantes Wissen und wie wird es vermittelt?
2. Was ist eine logische Abfolge und wie wird sie bestimmt?
3. Wie kommen die Ziele zustande und wie wird durch sie der „Stoff" auf intersubjektiv nachvollziehbare Weise gefiltert?
Deswegen haben sich Lehrplansäulen bislang kaum in konkreten Lehrplänen durchgesetzt.

Literatur
Richter, D. (1976): Lernzielorientierter Unterricht und Säulenmodell. In: Geographische Rundschau, Jg. 28, S. 235–241
Richter, D. (1978): Das Lernfeld „Naturbedingungen" im lernzielorientierten Geographieunterricht der Sekundarstufe I. In: Hefte zur Fachdidaktik der Geographie, Jg. 2, H. 1, S. 81–103
Richter, D. (1997): Lehrplansäulen. In: Haubrich, H. u. a.: Didaktik der Geographie konkret. München, S. 134–149

Josef Birkenhauer

Lehrwanderung → **Exkursion, Lehrziel** → **Lernziel**

Leistungsmessung, Leistungsbewertung

Definition
Die Leistungsmessung dient der Feststellung des Lernerfolgs im Hinblick auf die zu erreichenden (→) Lernziele durch entsprechende (→) Tests. Sie ist Teil der (→) Lern(ziel)kontrolle und unabdingbare Voraussetzung für die sich anschließende Leistungsbewertung (Leistungsbeurteilung), bei der die vom Prüfling erbrachten Leistungen mit Noten versehen werden (→ Lernzielkontrollebene, → Lernziel, → Lernzielkontrolle).

Klassifikation
1. Nach Funktionen
Als Teil der Lern(ziel)kontrolle können Leistungsmessung und Leistungsbewertung verschiedene Funktionen haben:
– Pädagogische Funktion: Messung der Effizienz des Unterrichts als Kontrolle für Lehrer und Schüler.
– Psychologische Funktion: In dieser bestätigt sie die bisherige Arbeitsweise von Schülern und Lehrern und weist für beide einen motivierenden Charakter auf.
– Gesellschaftliche Funktion: Die Notengebung bei der Leistungsbewertung dient als Selektionskriterium. Sie gibt also z. B. Hinweise darauf, in welchem Umfang Schüler für bestimmte Ausbildungsgänge geeignet sind.
2. Nach (→) Lernzielkontrollebenen

Zur geographiedidaktischen Diskussion
In Geographie als so genanntem Nebenfach mit noch dazu geringer Stundenzahl steht meist die mündliche Leistungsmessung im Vordergrund. Obwohl auch diese durchaus positive Aspekte aufweist, da bei ihr auf die individuellen Stärken und Schwächen des Schülers eingegangen werden kann, ist sie aufgrund immanenter Schwierigkeiten (Leistungsmessung immer nur bei einem Schüler, späterer Nachvollzug der Prüfungssituation nur eingeschränkt möglich) noch subjektiver als die schriftliche Leistungsbewertung.

Literatur

Brameier, U. (1995): Leistungsmessung und Leistungsbewertung bei Geographieklausuren. In: Praxis Geographie, Jg. 25, H. 6, S. 4–6

Fahn, H. J. (1982): Formen und Probleme der mündlichen Leistungsmessung im Geographieunterricht. In: Geographie im Unterricht, Jg. 7, H. 4, S. 137–142

Kirchberg, G. (1997): Lernkontrollen und Leistungsbewertung. In: Haubrich, H. u. a.: Didaktik der Geographie konkret. München, S. 327–366

Niemz, G. (1994): Lernerfolgsfeststellung und -beurteilung im Geographieunterricht – Notwendige Aufgabe für jede Lehrkraft (I. Teil). In: Zeitschrift für den Erdkundeunterricht, Jg. 46, H. 7/8, S. 292–297

Niemz, G. (1994): Lernerfolgsfeststellung und -beurteilung im Geographieunterricht – Notwendige Aufgabe für jede Lehrkraft (II. Teil). In: Zeitschrift für den Erdkundeunterricht, Jg. 46, H. 9, S. 353–359

Gerd Bauriegel

Lernen mit allen Sinnen

Definition

Lernen mit allen Sinnen ist die Bezeichnung für ein pädagogisches Konzept, bei dem das alle Sinne einschließende Erleben (und Erinnern) am Anfang steht.

Klassifikation

Im Sinne einer theoretischen Trennung wird zwischen folgenden fünf Sinneswahrnehmungen unterschieden:
– Sehen,
– Hören,
– Riechen,
– Tasten/Fühlen,
– Schmecken.

Zur geographiedidaktischen Diskussion

Die Forderung nach einem Lernen mit allen Sinnen ist bereits in der Forderung Pestalozzis für ein „Lernen mit Kopf, Herz und Hand" enthalten. Sämtliche Kritiker des einseitig verkopften Lernens plädieren für dieses Prinzip.

Trotz vielfältiger Möglichkeiten im Geographieunterricht – beispielsweise im Rahmen der (→) Begegnung, auf Schülerexkursionen (→ Exkursion, → Außerschulische Lernorte) im Bereich der (→) Umwelterziehung und des (→) interkulturellen Lernens – wird diesem Prinzip in der Praxis nur wenig Raum gewährt. Für den Lernprozess ist dieses Prinzip jedoch äußerst Gewinn bringend: „Je mehr Wahrnehmungsfelder im Gehirn beteiligt sind, desto mehr Assoziationsmöglichkeiten für das tiefere Verständnis werden vorgefunden, desto größer werden Aufmerksamkeit und Lernmotivation" (Vester 1978, S. 143) und desto größer ist der Behaltenseffekt.

Sinnliche Wahrnehmungen – wie der Geruch humusreichen Bodens, das Ertasten von Gesteinsproben – sind besonders dann möglich, wenn der Geographieunterricht handlungs- und projektorientiert (→ Handlungsorientierung, → Projekt) organisiert wird.

Lernen mit allen Sinnen bedeutet keinesfalls eine Reduktion auf Emotionalität, Empfindungen und Subjektivität, sondern beinhaltet gleichermaßen das Denken, Verarbeiten und Beurteilen. Die vielfach vorgenommene Gleichsetzung mit dem Prinzip des ganzheitlichen Lernens ist insofern nicht korrekt, als das letztgenannte Prinzip weit mehr Dimensionen des Menschseins umfasst als die o.a. Sinneswahrnehmungen.

Literatur

Beck, J. und H. Wellershoff (1989): Sinnes-Wandel. Die Sinne und die Dinge im Unterricht. Frankfurt

Daum, E. (1988): Lernen mit allen Sinnen. In: Praxis Geographie, Jg. 18, H. 7/8, S. 18–21

Engelhardt, W. (1991): Lernen mit allen Sinnen im Erdkundeunterricht. In: geographie heute, Jg. 12, H. 96, S. 4–7

Vester, F. (1978): Denken, Lernen, Vergessen. München

Michael Hemmer

Lernerfolgskontrolle → Lern(ziel)kontrolle

Lern(ziel)kontrolle

Definition
Die Lern(ziel)kontrolle (auch Lernerfolgskontrolle) ermittelt, ob die im Unterrichtsprozess angestrebten Ziele (→ Lernziele) und Inhalte erreicht wurden (→ Lernzielkontrollebene, → Lernziel, → Leistungsmessung).

Zur geographiedidaktischen Diskussion
Lern(ziel)kontrolle und Leistungsmessung müssen begrifflich getrennt werden. Erstere ist in jeder Unterrichtseinheit ein wichtiger Schritt, da sie dem Lehrer und den Schülern zum einen die Erfüllung oder Nichterfüllung der Lernziele vergegenwärtigt und zum anderen für beide Parteien die anschließende Leistungsmessung erleichtert.
Die Bedeutung der Lern(ziel)kontrolle liegt nicht nur in der Feststellung des Lernzuwachses, sondern auch in der Überprüfung fachspezifischer Arbeitsmethoden. Diese Bedeutung wird in der fachdidaktischen Diskussion oft vernachlässigt. Stärkeres Augenmerk sollte nach Meinung einiger Autoren auch auf den Anreizcharakter der Aufgaben gelegt werden, um beim Lernenden einen möglichst großen Lösungswillen zu erzeugen.

Literatur
Birkenhauer, J. (1986): Kontrolle des Lernerfolgs. In: Köck, H. (Hrsg.): Grundlagen des Geographieunterrichts (= Handbuch des Geographieunterrichts, Band 1). Köln, S. 295–305
Buske, H. G. (1996): Motivierende Aufgaben. Anregungen für die Gestaltung von Lernkontrollen im Erdkundeunterricht der Sekundarstufe I. In: Praxis Geographie, Jg. 26, H. 3, S. 12–15
Czapek, F.-M. (1996): Schriftliches Arbeiten und schriftliche Lernkontrolle im Erdkundeunterricht. In: Praxis Geographie, Jg. 26, H. 3, S. 8–10
Kirchberg, G. (1997): Lernkontrollen und Leistungsbewertung. In: Haubrich, H. u. a.: Didaktik der Geographie konkret. München, S. 327–349
Schwarz, U. (1993): Lernkontrollen. In: Praxis Geographie, Jg. 23, H. 7/8, S. 70–72

Gerd Bauriegel

Lernspiele → Spiele im Geographieunterricht

Lernziel

Definition
Ein Lernziel beschreibt Kenntnisse, Fertigkeiten und Einstellungen, die der Lernende nach einem Lernvorgang (z. B. Unterricht) erworben haben soll.
Statt Lernziel wird auch allgemein von Ziel gesprochen, andere Bezeichnungen sind Lehrziel, Intention. Die Definitionen dieser Begriffe entsprechen der des Lernziels oder weichen nur gering davon ab.

Klassifikation
1. Formalstruktur
Nach der klassischen Definition der 70er- und 80er-Jahre besteht ein Lernziel aus Operatoren, die den Grad des angestrebten Verhaltens (z. B. Einblick) mit einem Inhalt (z. B. innerstädtische Strukturen) verknüpfen. In den 90er-Jahren wird die Formalstruktur teilweise nicht mehr präzise eingehalten, in Lehrplänen finden sich rein inhaltliche Sachverhalte.
2. Verhaltensbereiche
In der Geographiedidaktik werden Lernziele in Anlehnung an die Allgemeine Didaktik nach drei Verhaltensbereichen gegliedert
– Kognitives Lernziel (Wissen, Analyse eines Sachverhaltes; z. B. Kennzeichen der Stadt-Umland-Beziehungen)
Eine Untergruppe der kognitiven Ziele sind die affirmativen, die ein Grundwissen beschreiben.
– Affektives Lernziel (Einstellungen, Fähigkeit zur Bewertung; z. B. die Bewahrung eines Raumes seiner Erschließung vorziehen)
– Instrumentales Lernziel (Fertigkeiten, Fähigkeiten; z. B. mithilfe von Klimadiagrammen

charakteristische Kennzeichen des Tropenklimas ermitteln).
Der in der Allgemeinen Didaktik verwendete Begriff psychomotorisches Ziel kommt in der Geographiedidaktik nicht vor.

3. Abstraktionsgrad

Wie in der Allgemeinen Didaktik gibt es verschiedene Stufen, die von einzelnen Autoren teilweise unterschiedlich benannt werden. Vom Abstrakten zum Konkreten wird z. B. folgende Hierarchie verwendet (Haubrich 1997, S. 44):
– Regulatives Ziel. Es wird auch Verhaltensdisposition genannt (z. B. Mündigkeit) und kann als Unterrichtsprinzip verstanden werden.
– Richtziel. Der Grad an Eindeutigkeit ist gering, Zahl und Umfang räumlicher Beispiele groß; z. B. „Einblick in die räumlichen Bezüge der Daseinsgrundfunktionen". In der Schulpraxis wird oftmals das Richtziel stärker konkretisiert und beschreibt das Ziel einer Stundeneinheit; z. B. „Kenntnis der Ursachen der räumlichen Disparitäten in China".
– Grobziel. Die Eindeutigkeit des Ziels ist größer, damit der Inhalt stärker festgelegt; z. B. „Die Infrastruktur eines Wohngebietes nach der Verkehrsanbindung bewerten". In der Schulpraxis wird oftmals das Grobziel weniger stark festgelegt und beschreibt das angestrebte Ergebnis einer Unterrichtsstunde; z. B. „Rasches Bevölkerungswachstum auf dem Land als eine der Ursachen der räumlichen Disparitäten in China erkennen".
– Feinziel oder Teilziel. Ziel und Inhalt werden sehr genau vorgegeben, der Abstraktionsgrad ist der niedrigste der Hierarchie; z. B. „Mithilfe einer Karte die Eignung eines Straßenzuges als Umgehungsstraße eines Wohngebiets erkennen".
In der Schulpraxis beschreibt das Feinziel oder Teilziel häufig einen Teilabschnitt im Verlauf einer Unterrichtsstunde; z. B. „Traditionelle Wertvorstellungen als eine Ursache eines hohen Bevölkerungswachstums erkennen".

Zur geographiedidaktischen Diskussion

Lernziele wurden zu Beginn der 70er-Jahre als ein entscheidender Faktor bei der Neugestaltung des Geographieunterrichts gesehen, da Lernziele sowohl von der Pädagogik gefordert wie ihre Wirkung von der Lernpsychologie belegt wurde. Später setzte Kritik gegen eine weitgehende lernzielgesteuerte Festlegung des Unterrichtsablaufs ein, die präzise Festlegung der erstrebten Qualifikation nach einer hierarchischen Matrix trat zurück. Zudem gelang es letztlich nicht, in einer Lernzieldeduktion aus relativ abstrakten überfachlichen Zielen konkrete Feinziele und damit genaue geographische Inhalte eindeutig festzulegen. Bereits in den 80er-Jahren wurde der Begriff „Lernziel" in einzelnen Lehrplänen nicht mehr erwähnt, das Wort „Curriculum" für den lernzielgesteuerten Lehrplan nicht mehr verwendet (→ Curricularer Ansatz). Das Schlagwort von der „Lernzielorientierung" wurde durch die (→) „Schülerorientierung" abgelöst.

Lernziele behalten jedoch nach wie vor eine hohe Bedeutung, da ein Unterricht immer durch Ziele bestimmt wird. Lernziele haben drei wesentliche didaktische bzw. methodische Aufgaben:
– Legitimation (Begründung des geographischen Inhalts)
– Selektion (zielbestimmte Auswahl des Inhalts und dadurch Reduktion der Stofffülle)
– Strukturierung (Gliederung des Inhalts durch Teil- bzw. Feinziele).

Literatur

Birkenhauer, J. (1972): Lernziele und Operationalisierung. In: Beihefte Geographische Rundschau, Jg. 2, H. 2, S. 2–6

Birkenhauer, J. (1988): Instrumentale Lernziele im geographischen Unterricht. In: Geographie und ihre Didaktik, Jg. 16, H. 3, S. 117–125

Daum, E. (1985): Plädoyer gegen Lernzielorientierungen. In: Geographie im Unterricht, Jg. 10, H. 5, S. 42–44

Haubrich, H. (1997): Ziele des Geographieunterrichts. In: Haubrich, H. u. a.: Didaktik der Geographie konkret. München, S. 36–47

Schultze, A. (1996): Lernzielorientierung – Schülerorientierung. In: Schultze, A. (Hrsg.): 40 Texte zur Didaktik der Geographie. Gotha, S. 41–51

Dieter Böhn

Lernzielkontrollebene

Definition
Unter Lernzielkontrollebene wird der Grad der Anforderungen beim Lösen einer Aufgabenstellung im Rahmen einer Leistungsmessung verstanden. Der Begriff spielt eine wichtige Rolle für die Stellung und Bewertung von Aufgaben in der schriftlichen Abiturprüfung und den Schulaufgaben bzw. Klausuren in der Kursphase der Kollegstufe (→ Lernziel, → Lern(ziel)kontrolle, → Leistungsmessung).

Klassifikation
In den „Einheitlichen Prüfungsanforderungen für die Abiturprüfung" (1975) wurden ursprünglich folgende drei Lernzielkontrollebenen festgelegt:
1. Reproduktion (z. B. Wiedergabe des Gelernten) (LZKE I)
2. Reorganisation des Gelernten (z. B. mithilfe von Materialien Probleme eines Entwicklungslandes aufzeigen; Transfer) (LZKE II)
3. Problemlösendes und entwickelndes Denken (z. B. Bewertung der Trassenführung einer Bahnstrecke) (LZKE III)
Mit der Einführung der neuen Lehrpläne für das Gymnasium in Bayern im Jahre 1992 wurden die Lernzielkontrollebenen folgendermaßen modifiziert:
1. Reproduktion und Reorganisation (LZKE I)
2. (→) Transfer (LZKE II)
3. Problemlösendes und entwickelndes Denken (LZKE III)
Die Verteilung der verschiedenen Lernzielkontrollebenen auf die einzelnen Teilaufgaben ist z. B. in Bayern festgelegt. Bei schriftlichen Leistungsnachweisen im Grundkurs sowie im Leistungskurs (auch Abitur) haben von den Bewertungseinheiten (BE) jeweils eine bestimmte Zahl auf die Ebenen I, II und III zu entfallen. Dabei kann eine Teilaufgabe auch verschiedenen Lernzielkontrollebenen zugeordnet werden. Die genaue Zuordnung auf diese drei Ebenen wird durch eine Verordnung festgelegt, wobei es hier immer wieder Änderungen gibt.

Zur geographiedidaktischen Diskussion
Die Lernzielkontrollebenen orientieren sich an bei (→) Tests verwendeten Abstufungen, stimmen aber nicht mit den üblichen Lernzielabstufungen überein. Die einzelnen Ebenen können nicht scharf voneinander getrennt werden. Ferner fehlen in den Lehrplänen präzise Angaben im Hinblick auf den Grad der Anforderung.
Zu beachten ist, dass eine höhere Lernzielkontrollebene nicht mit einem höheren Schwierigkeitsgrad der Aufgabenstellung verknüpft sein muss. Es gibt z. B. schwierige Reproduktions- und leichte Problemlösungsaufgaben.

Literatur
Deutscher Bildungsrat (Hrsg.) (1972): Strukturplan für das Bildungswesen. 4. Auflage. Stuttgart
Einheitliche Prüfungsanforderungen in der Abiturprüfung, Gemeinschaftskunde, Beschlüsse der KMK. Neuwied. 1975
Westphalen, K. (1973): Praxisnahe Curriculumentwicklung. Eine Einführung in die Lehrplanreform am Beispiel Bayerns. Donauwörth

Ulrich Wieczorek

Luftbilder

Definition
Luftbilder sind Aufnahmen von Ausschnitten der Erdoberfläche, die auf fotografischem Wege oder durch elektronische Aufnahmesysteme in der Regel vom Flugzeug aus maximal 30 km Höhe gewonnen werden (→ Satellitenbild).

Klassifikation
Luftbilder können nach folgenden didaktisch relevanten Gesichtspunkten klassifiziert werden:

1. Nach dem Aufnahmewinkel: Schrägluftbilder oder Senkrechtluftbilder.
2. Nach der Art der elektromagnetischen Strahlung, die das Aufnahmesystem erfasst.
2.1. Bilder, die eine für uns sichtbare Realität darstellen: Farbbilder und Schwarzweißbilder.
2.2. Bilder, die eine für uns nicht sichtbare Realität darstellen:
– Infrarotbilder (sowohl Falschfarben- als auch Schwarzweißdarstellung).
– Thermalinfrarotbilder (echte Wärmebilder). Sie werden mit elektronischen Thermalsensoren aufgenommen (Wellenlänge 3–15 µm) (z. B. Wärmeverteilung im Stadt-Umland-Bereich).
– Mikrowellenbilder (Radarbilder). Sie werden mit speziellen Mikrowellensensoren aufgenommen (Wellenlänge 1–80 µm). Diese Bilder eignen sich vor allem zur Erkennung von Reliefformen und Rauigkeitsunterschieden von Oberflächen, insbesondere Wasseroberflächen.
– Verarbeitete Bilder. In diesen werden bestimmten Oberflächeneigenschaften Farben per definitionem zugeordnet. Die Farbe hat dann die Funktion einer Flächensignatur und entspricht normalerweise nicht der Farbe der natürlichen Oberfläche. Ein Beispiel hierfür ist das Wärmebild, in dem hohen Temperaturen warme (gelb bis rot) und niedrigen Temperaturen kalte Farben (blau bis grün) zugeordnet sind.
2.3. Bilder, die bezüglich der Informationskategorie Farbe bzw. Grauwert sowohl eine sichtbare als auch eine unsichtbare Realität darstellen:
– Multispektralbilder, bei denen verschiedene Spektralbereiche sowohl aus dem Spektrum des sichtbaren Lichtes als auch aus nicht sichtbaren Spektralbereichen zu Falschfarbenbildern oder zu Bildern, die den natürlichen Farbverhältnissen teilweise nahe kommen, zusammengesetzt werden können. Häufig ist die Kombination eines Infrarotkanals mit Kanälen aus dem Bereich des sichtbaren Lichtes.
3. Unabhängig von der Aufnahmetechnik ist zu unterscheiden nach der Wiedergabe (bzw. nach dem Träger der Bildinformation)
– als Papier- oder Foliendruck
– in digitalisierter Form (z. B. auf Diskette oder CD).
Letztere lässt Manipulationen der Bildwiedergabe am Computer zu.
4. Bildreihen, die denselben Erdoberflächenausschnitt zeitlich versetzt darstellen und somit Veränderungen deutlich machen (z. B. Entwicklung der Bebauung am Stadtrand). Diese nennt man Multitemporalaufnahmen.

Zur geographiedidaktischen Diskussion

Farb- und Schwarzweißbilder, die die Realität in uns vertrauter Weise zeigen, haben ihren Platz im Unterricht, vor allem bei der Einführung in das (→) Kartenverständnis. Im Luftbild ist nämlich das Erkennen einer Reihe von aus der alltäglichen Erfahrungswelt vertrauten Objekten in der Regel Kindern trotz ungewohnter Perspektive ganz selbstverständlich möglich. Bisher weniger eingesetzt werden Luftbilder, die Informationen im nicht sichtbaren Bereich des Spektrums wiedergeben, obwohl diese interessante Erscheinungen, z. B. Umweltschäden, zeigen können.
Für den Einstieg in die Luftbildauswertung eignen sich Schrägluftbilder besser, da sie neben der Grundrissdarstellung auch noch die vertrautere Aufrissdarstellung enthalten. Die Senkrechtluftbilder stellen für den Menschen die Erdoberfläche in einer unbekannten und ungewohnten Perspektive dar. Ihre sinnvolle Auswertung erfordert daher eine angemessene Einübung.

Literatur

Birkenhauer, J. (1997): Luftbilder. In: Birkenhauer, J. (Hrsg.): Medien. Systematik und Praxis (= Didaktik der Geographie). München, S. 94–98
Brucker, A. (1988): Luft- und Satellitenbild. In: Haubrich, H. u. a.: Didaktik der Geographie konkret. München, S. 232–234
Geiger, M. (1979): Schülerorientierte Arbeit am Luftbild. In: Der Erdkundeunterricht, H. 29. Stuttgart, S. 43–69
Gierloff-Emden, H. G. und H. Schroeder-Lanz

(1970): Luftbildauswertung. Bd. 1-3. Mannheim

Schneider, S. (1974): Luftbild und Luftbildauswertung. Berlin, New York

Wieczorek, U. (1997): Wissenschaftliche und technische Grundlagen der Fernerkundung. Zeitschrift für den Erdkundeunterricht, Jg. 49, H. 11, S. 390–398

Ulrich Wieczorek

Maßstabsdimensionen

Definition
Maßstabsdimensionen bezeichnen Darstellung und Behandlung von Räumen unterschiedlicher Größe.

Klassifikation
Richter (1997) unterscheidet zwei Kategorien:
Erste Kategorie „Maßstabsdimensionen"
1. topologische oder mikrogeographische Dimension (z. B. (→) Nahraum, Raumgröße eines Fallbeispiels; z. B. München und sein Umland)
2. chorologische oder mesogeographische Dimension (Raum mittleren Maßstabs, z. B. Staat)
3. regionische oder makrogeographische Dimension (z. B. (→) Kulturerdteil)
4. geosphärisch-planetarische oder megageographische Dimension (z. B. globale Räume wie Klimazonen)
Zweite Kategorie „Maßstäbe"
1. Heimat
2. Region und Nation
3. Kulturräume
4. globaler Maßstab der Geosphäre

Zur geographiedidaktischen Diskussion
Im Unterricht gibt es zwei Möglichkeiten, Maßstabsdimensionen einzusetzen:
1. Abfolge von der topologischen zur planetarischen Dimension. Diese Reihung war früher in der (→) Länderkunde vorherrschend, erfolgt teilweise heute noch in der Abfolge vom Nahen zum Fernen.
Wo man diese Abfolge noch anwendet (z. B. Bayern), wird in der Grundschule vorwiegend die topologische Maßstabsdimension des Maßstabs Heimat durchgenommen, in der Sekundarstufe I folgt mit der Behandlung von Staaten und (→) Kulturerdteilen die chorologische und die regionische Dimension; in der Sekundarstufe II wird mit weltweiten Themen die planetarische oder globale Dimension erarbeitet.
2. Verflechtung unterschiedlicher Maßstabsdimensionen
Im heutigen Geographieunterricht werden teilweise die einzelnen Maßstabsdimensionen miteinander verschränkt angewendet (→ Maßstabswechsel). So kann z. B. der Geographieunterricht in der 5. Klasse mit einem globalen Überblick beginnen, bevor man sich z. B. der Nation zuwendet.

Literatur
Geiger, M. (1990): Räumliche Bezugsebenen des Geographieunterrichts. Ein Plädoyer für den fortgesetzten Maßstabswechsel. In: Praxis Geographie, Jg. 20, H. 4, S. 14–17

Richter, D. (1997): Lehrplansäule „Sich orientieren". In: Haubrich, H. u. a.: Didaktik der Geographie konkret. München, S. 142

Richter, D. (1997): Regionaler und thematischer Ansatz. In: Haubrich, H. u. a.: Didaktik der Geographie konkret. München, S. 152

Sperling, W. (1992): Nähe und Ferne – eine Frage des Maßstabs. In: geographie heute, Jg. 13, H. 100, S. 63–69

Dieter Böhn

Maßstabswechsel

Definition
Ein Maßstabswechsel ist in der Geographiedidaktik ein Wechsel der (→) Maßstabsdimensionen, d. h. der Größe des betrachteten Raumes.

Klassifikation
1. Abfolge der Maßstabsdimensionen von der topologischen zur planetarischen im Laufe des gesamten Geographieunterrichts („Vom Nahen zum Fernen")
2. Wechsel der Dimensionen innerhalb einer

oder weniger Unterrichtssequenzen (z. B. Einordnen von Deutschland in Europa)

Zur geographiedidaktischen Diskussion
Eine reine Abfolge von kleinen zu großen Maßstabsdimensionen über mehrere Schuljahre hinweg wird heute in der Geographiedidaktik allgemein abgelehnt, ist jedoch in zahlreichen Lehrplänen noch immer vorherrschend. Geographiedidaktiker empfehlen einen häufigen Maßstabswechsel. Nach Sperling (1980) beschränkte sich die bis 1970 vorherrschende Länderkunde zu sehr auf die chorologische Maßstabsdimension, obwohl auch damals bereits Teilregionen (topologische Dimension) behandelt wurden.
Der Maßstabswechsel ist didaktisch unbedenklich, wenn er dem Schüler bewusst wird. Problematisch ist ein dem Schüler nicht genannter Maßstabswechsel, wenn etwa Erkenntnisse aus einem Fallbeispiel (= topologische Dimension) für einen ganzen Staat (= chorologische Dimension) oder gar allgemein (= planetarische Dimension) gelten sollen, ohne dass dies ausdrücklich erwähnt wird (Beispiele: Dorf Dadschai als Beispiel für die Landwirtschaft in China; Siedlung an der Transamazonica als Beispiel für die Erschließung bisher ungenutzter Räume durch den Straßenbau. (→ Exemplarisches Prinzip, → Maßstabsdimensionen).
Atlanten bemühen sich, möglichst viele Karten im gleichen Maßstab zu bieten, um eine Vergleichbarkeit der dargestellten Räume zu erleichtern. Der Maßstabswechsel wird daher bewusst eingeschränkt. Erfahrungen zeigen nämlich, dass vielen Schülern (und Erwachsenen) ein Maßstabswechsel schwer fällt. Dies gilt besonders, wenn er innerhalb einer (→) Maßstabsdimension erfolgt, wenn z. B. die Staaten Europas in unterschiedlichen Maßstäben dargestellt sind. Die Maßstäbe in Atlanten sollten leicht umrechenbar sein (z. B. Europa 1 : 15 Mio., Asien 1 : 30 Mio.).

Literatur
Geiger, M. (1990): Räumliche Bezugsebenen des Geographieunterrichts. Ein Plädoyer für den fortgesetzten Maßstabswechsel. In: Praxis Geographie, Jg. 20, H. 4, S. 14–27
Richter, D. (1997): Lehrplansäule „Sich orientieren". In: Haubrich, H. u. a.: Didaktik der Geographie konkret. München, S. 142
Sperling, W. (1980): Das Problem: Geographie in der Krise. In: Birkenhauer, J. u. a. (Hrsg.): Länderkunde – Regionale Geographie (= Harms Pädagogische Reihe, Band 88). München, S. 5–40

Dieter Böhn

Medien

Definition
Medien sind Träger von subjektiv ausgewählten Informationen. Sie haben eine Mittlerfunktion zwischen der Wirklichkeit und dem Adressaten/Lernenden (→ Medienerziehung).

Klassifikation
Es gibt zahlreiche Möglichkeiten, als Beispiel seien wenige angeführt:
1. Medien und Medienträger
– Medien (im engeren Sinn) als Repräsentationsformen der geographischen Wirklichkeit wie Modell, Bild, grafische Darstellung, Zahlen und Texte.
– Medienträger (Medien im weiteren Sinn) als Darbietungsform der Medien; d. h. sie bieten die Medien (im engeren Sinne) in verschiedenen Formen im Unterricht dar. So kann das Bild beispielsweise als Dia, Folie, Handbild präsentiert werden.
– Technische Geräte (z. B. Overheadprojektor, Filmprojektor, Fernseher) sind im geographiedidaktischen Sinne keine Medien.
2. Erweiterte Systematik: Vom Konkreten/Einfachen/Intensiven zum Abstrakteren/Komplexeren nach Stonjek (1997):
– Originale Gegenstände
– Konkrete Modelle
– Sprachmedien
– Bilder
– Numerische Medien
– Grafische Darstellungen

- Karten
- Film
- Verbundmedien
3. Nach der Kombiniertheit:
- Einzelmedien
- Medienverbund: Verschiedene Medien ergänzen sich innerhalb eines Lernprozesses, der dadurch vertieft wird.
- Multimedien: Verknüpfung von Text, Bild, Ton, Video, Computer mit der Möglichkeit, die Medien bzw. Software gleichzeitig abzurufen. Diese Verknüpfung kann von den Schülern auch selbstständig erstellt werden.
- Verbundmedien: In Schulbüchern und Atlanten, auch auf Arbeitsblättern, sind verschiedene Medien (Bilder, Diagramme, Karten, Texte) so integriert, dass sie in einem gemeinsamen funktionalen und thematischen Bezug zueinander stehen.
4. Nach der Funktion:
- Informationsträger
- Arbeitsmittel: Nutzung der Medien durch die Schüler zur selbstständigen Gewinnung von Informationen und Einsichten
- Schulmedien: Erstellung für den Gebrauch in der Schule
- Massenmedien (Fernsehen, Zeitungen)

Zur geographiedidaktischen Diskussion

Zur Wirkungsforschung hinsichtlich geographischer Medien liegen bisher relativ wenige Untersuchungen vor (Birkenhauer 1997).
Alle Medien sind subjektiv ausgewählt und lenken die Auswahl der Informationen und die Meinungsbildung. Die daraus herrührenden Manipulationsgefahren müssen im Unterricht thematisiert werden (→ Medienerziehung).

Literatur
Adl-Amini, B. (1994): Medien und Methoden des Unterrichts. Donauwörth
Birkenhauer, J. (1997): Forschung zur Wirksamkeit von Medien. In: Birkenhauer, J. (Hrsg.): Medien. Systematik und Praxis (= Didaktik der Geographie). München, S. 23–40
Brucker, A. (Hrsg.) (1986): Medien im Geographie-Unterricht. Düsseldorf
Brucker, A. (1997): Medien. In: Haubrich, H. u. a.: Didaktik der Geographie konkret. München, S. 254–255
Ginzel, H. (1980): Medienverbund – Begriff und Zielsetzung. In: Praxis Geographie, Jg. 10, H. 2, S. 64–65
Greil, I. und A. Kreuz. (1977): Einsatz von Medien im Sachunterricht. In: Pädagogische Welt, Jg. 31, S. 247
Haubrich, H. (1978): Stellenwert der Medien in der geographiedidaktischen Diskussion. In: Haubrich, H.: Audiovisuelle Medien im Geographieunterricht. Stuttgart, S. 10–23
Hümmer, G. (1982): Dia und Film im Erdkundeunterricht. In: Schnitzer, A. (Hrsg.): Fachbezogener Medieneinsatz im Unterricht 2. Ein Handbuch für die Praxis. Ansbach, S. 248–271
Schnitzer, A. (1977): Medien im Unterricht. München
Schnitzer, A. (Hrsg.): (1982): Fachbezogener Medieneinsatz im Unterricht 2. Ein Handbuch für die Praxis. Ansbach
Stonjek, D. (1988): Medien in der Geographie. In: Geographie und ihre Didaktik, Jg. 16, H. 3, S. 125–135
Stonjek, D. (1997): Aufgabe von Medien. In: Birkenhauer, J. (Hrsg.): Medien. Systematik und Praxis (= Didaktik der Geographie). München, S. 9–22
Theißen, U. (1986): Arbeitsmittel. In: Köck, H. (Hrsg.): Grundlagen des Geographieunterrichts (= Handbuch des Geographieunterrichts, Band 1). Köln, S. 247–287

Gisbert Rinschede

Medienerziehung
im Rahmen des Geographieunterrichts

Definition
Als angewandter Teilbereich der Medienpädagogik hat die Medienerziehung die Hinführung der Schüler als Mediennutzer zu einem kritischen und verantwortungsvollen Umgang mit schulischen und außerschulischen Medien zum Ziel.

Klassifikation
1. Schutz vor negativen Einflüssen (behütend-präventiv).
2. Kritische Nutzung (Bewusstmachung von Manipulation und Manipuliertheit).
3. Selbstständiger Umgang mit Informationen.

Zur geographiedidaktischen Diskussion
Um die Intention bzw. Manipulationsabsicht von Medien zu verdeutlichen, soll immer wieder mit unterschiedlichen Darstellungsweisen des gleichen Sachverhalts gearbeitet werden. Eine kritische Haltung gegenüber der Aussageabsicht von Medien soll ständiger Begleiter des Unterrichts sein.

Literatur
Birkenhauer, J. (1997): Medienerziehung und Mediengebrauch im Erdkundeunterricht. In: Birkenhauer, J. (Hrsg.): Medien. Systematik und Praxis (= Didaktik der Geographie). München, S. 242–253
Engelhard, K. (1997): Medienerziehung. In: Haubrich, H. u. a. (1997): Didaktik der Geographie konkret. München, S. 322–325
Höltershinken, D., H. P. Kasuschlip und D. Sobiech (1991): Praxis der Medienerziehung. Bad Heilbrunn
Jüther, J., B. Schorb und B. Brehm-Klotz (Hrsg.) (1990): Grundbegriffe der Medienpädagogik. Ehningen
Tulodziecki, G. (1992): Medienerziehung in Schule und Unterricht. Bad Heilbrunn
Thomas Schneider

Medienpädagogik → Medienerziehung, Medienverbund → Medien

Mental maps

Definition
Unter Mental maps (oder „kognitiven Karten") versteht man die aus der subjektiven Selektion räumlicher Wirklichkeit (→ Raum- und Umweltwahrnehmung) entstandenen Vorstellungen über einen Raum (→ Weltbild).

Klassifikation
1. Mental map als Abbildung
Der wahrgenommene und erlebte Raum wird als Wege, Knoten, Landmarken, Kanten (= Grenzen) und Bezirke in unserem Gehirn abgebildet und dort abgespeichert. Der Betrachter nimmt den Raum nicht „an sich" wahr, denn seine Wahrnehmung wird von psychologischen Einflüssen individueller Vorstellungs- und Wunschbilder, vom Zeitgeist (Vernon 1977) und von den „virtuellen Welten" neuer Medien geprägt, dadurch erfolgt eine subjektiv veränderte Abbildung der Wirklichkeit.
Diese aktiv erworbene, zumeist subjektiv veränderte Abbildung der Wirklichkeit stellt die Informations- und Entscheidungsebene dar, die uns Grundlagen für unsere raumwirksamen Entschlüsse und zukünftigen Verhaltensweisen liefert.
2. Subjektive Weltsicht und objektives (→) Weltbild
Die geographische Leistung der Raumerkenntnis vollzieht sich als individuelles kognitives Kartieren, mit dem wir die Welt räumlich elementarisiert strukturieren. Dadurch entwickeln wir ein vereinfachtes Weltbild ebenso wie eine subjektive Weltsicht. Wir suchen mit den Methoden des Beobachtens, Befragens, Kartierens, Zeichnens und Bewertens nach einem möglichst objektiven Weltbild. Dies vollzieht sich in einem lebenslangen Prozess.
3. Aufbau, Variable, Speicherung
– Der Aufbau von Mental maps erfolgt nach einem Bewegungsmuster mit folgenden Raumelementen: Ausgangspunkt und Ziel, Richtung und Entfernung sowie Häufigkeit. Dabei werden Ausgangspunkt und Ziel als Standorte durch Verlaufs- und Zustandsbeschreibungen fixiert. Namen verleihen Identität. Entfernungen (häufig Schätzgrößen) werden als Kosten, Mühen und Aufwand erfasst und emotional (durch Trennung oder Nähe) beeinflusst.
– Variable beim Aufbau sind das Lebensalter (ein Maximum liegt zwischen 10 und 12 Jahren), Erfahrungen, Einstellungen, Wertvorstellungen und (→) Vorurteile.

– Die Speicherung von Mental maps geschieht in zweierlei Formen:
Äußerlich mittels Karten, Bildern, Länderkunden, Raumbeschreibungen, Reiseführern usw. Das Problem dabei ist, dass der Raum schon subjektiv dargestellt wird, diese Darstellung etwa durch Klischees und Vorurteile geprägt wird.
Innerlich im Gedächtnis. Das Problem dabei ist, dass die Wahrnehmung durch Klischees, irreale Bilder usw. beeinflusst wird.

Zur geographiedidaktischen Diskussion
Aufgabe des Geographieunterrichts ist es, zu einem möglichst objektiven Weltbild zu verhelfen. Es gibt bereits Untersuchungen in diesem Bereich, doch bleiben noch wichtige Fragen offen:
– Wie werden subjektive Wahrnehmungsverzerrungen erkannt?
– Wie kann die subjektive Wahrnehmung in Beziehung zu einer möglichst objektiven Welt geographisch wie pädagogisch relevanter Lerninhalte gesetzt werden?
– Welchen Einfluss haben die „neuen Medien" mit ihrer bewussten Veränderung der Wirklichkeit („virtuelle Welten im Cyber-Space" Meurer 1994) auf den Aufbau der Mental maps im Kindesalter?

Literatur
Downs, R. M. und D. Stea (1982): Kognitive Karten: Die Welt in unseren Köpfen. New York
Fichtinger, R., R. Geipel und H. Schrettenbrunner (1974): Studien zu einer Geographie der Wahrnehmung (= Der Erdkundeunterricht, Heft 19). Stuttgart.
Gould, P. und R. White (1974): Mental Maps. Harmondsworth
Meurer, B. (Hrsg.) (1994): Die Zukunft des Raumes. Frankfurt/Main
Vernon, M. D. (1977): Wahrnehmung und Erfahrung. München

Hermann Volkmann

Merkbild

Definition
Das Merkbild ist ein geographisches Unterrichtsmittel, das vorwiegend in zeichnerischer, aber auch sprachlicher Form geographische Sachverhalte in übersichtlicher Weise vereinfacht abbildet, um den Schülern das Erfassen und Einprägen des Wesentlichen zu erleichtern (→ Tafelbild, → Schemazeichnung, → Strukturskizze).

Klassifikation
Welche Art der Darstellung für einen geographischen Inhalt gewählt wird, hängt zu allererst von dem Inhalt selbst und seiner Struktur ab sowie von den Zielen des Unterrichts, vor allem aber auch von dem Entwicklungsstand der Schüler und möglicherweise von der Unterrichtsmethode.
– Die kartographische Skizze ist ein Merkbild, das geographische Sachverhalte in ihrer horizontalen Anordnung und Ausdehnung abbildet. Damit ist sie besonders geeignet, die Lage geographischer Objekte im Raum (Lagemerkmale), die Lage von Objekten und Räumen zueinander (Lagebeziehungen), also auch innere Strukturen von Räumen darzustellen. Man kann zwischen der topographischen und der thematischen Skizze unterscheiden.
– Die Profilskizze (→ Profil) ist ein Merkbild, das geographische Sachverhalte in ihrer horizontalen und vertikalen Anordnung und Ausdehnung entlang einer vorgesehenen Linie abbildet. Damit ist sie besonders geeignet, Unterrichtsergebnisse zu physisch-geographischen Komponenten, zu Komponentenbeziehungen und zum Eingriff des Menschen in die Natur zu verdeutlichen.
– Die Schemaskizze ist ein Merkbild, das Beziehungen, oft Zusammenhänge zwischen geographischen Objekten und Sachverhalten oder ihren Merkmalen abbildet.
– Die Diagrammskizze ist ein Merkbild, das Zahlenwerte, also die quantitative Seite der geographischen Sachverhalte abbildet. Die

Größenverhältnisse der Zahlen, eines wichtigen Quellenmaterials des Geographieunterrichts, werden durch Striche, Säulen, Figuren, Flächen, Streifen/Bänder, Punkte, Pyramiden, Kreise, Dreiecke oder Kurven veranschaulicht und so – auch durch den Vergleich – in sprechende Zahlen umgewandelt. Stehen die (→) Diagramme in einem kartographischen Grundgerüst, so sprechen wir von (→) Kartogrammen.

– Die tabellarische Skizze ist ein Merkbild, das geographische Objekte und Sachverhalte oder ihre Merkmale in Zeilen und Spalten erfasst und so Zusammenhänge und Beziehungen abbildet. Sie eignet sich in besonderem Maße für die Systematisierung (→ Systematisieren) geographischen Wissens.

Zur geographiedidaktischen Diskussion

Merkbilder sind nach wie vor wichtige Unterrichtsmittel für den Geographieunterricht. Besonderen Wert besitzen die an der Tafel im Unterricht schrittweise entstehenden und von den Schülern durch manuelle aktive Mitgestaltung entstehenden Merkbilder (→ Tafelbild). Sie unterstützen den Prozess des Einprägens wesentlicher Unterrichtsergebnisse und können nicht – wie mitunter vermutet – durch technische Mittel (z. B. Folien) ersetzt werden.

In allen fünf Formen des Merkbildes ist es möglich, Wissen über individuelle Merkmale geographischer Objekte und Sachverhalte (z. B. zu den Oberflächenformen des Harzes), aber auch Allgemeines (z. B. allgemeine Merkmale eines Bruchschollengebirges) festzuhalten. Merkbilder, auf denen allgemeines Wissen (mehr oder weniger verallgemeinert) abgebildet wird, bezeichnen wir als Typenskizzen.

Es erweist sich mitunter als notwendig, im Unterrichtsprozess mehrere Merkbilder miteinander zu kombinieren. Dabei können gleiche Formen des Merkbildes (z. B. zwei kartographische Skizzen), aber auch unterschiedliche Formen des Merkbildes (z.B. eine kartographische und eine Profilskizze) miteinander kombiniert werden.

Literatur

Achilles, F.-W. (1983): Zeichnen und Zeichnungen im Geographieunterricht. Köln
Birkenhauer, J. (1997): Konsequenzen für die Erstellung und Beurteilung erdkundlicher Medien. In: Birkenhauer, J. (Hrsg.): Medien. Systematik und Praxis (= Didaktik der Geographie). München, S. 33–36
Barth, L. (1962): Das Merkbild im Erdkundeunterricht. Berlin
Barth, L. und A. Brucker (1992): Merkbilder im Geographieunterricht. Berlin
Brucker, A. (1997): Das Merkbild (Tafelbild). In: Haubrich, H. u. a.: Didaktik der Geographie konkret. München, S. 302–305
Ernst, M. und W. Salzmann (1995): Kommentierte Tafelbilder Geographie. Köln

Ludwig Barth / Klaus Frey

Methodik

Definition

Die Methodik ist die Lehre von planmäßig angewandten Verfahren zur Vermittlung von sachlich-fachlichen Inhalten, um ein vorgegebenes Ziel möglichst effektiv zu erreichen.

Die Fachmethodik (→ Geographiedidaktik) behandelt die Art (Wie?) (→ Methodische Analyse) und die benötigten Hilfsmittel (Womit?) einer effektiven Vermittlung raumwissenschaftlicher und raumstrukturierender Inhalte, also die Frage, wie die Umsetzung von Inhalten im Unterricht auf optimale Weise für den Schüler möglich gemacht werden kann (Birkenhauer 1995) (→ Unterrichtsmethoden).

Klassifikation

Zum möglichst effektiven Erreichen eines Ziels (z. B. Lösen einer geographischen Fragestellung, Aneignung geographischer Arbeitstechniken, Erlangen der Fähigkeit zur affektiven Bewertung raumstrukturierender Prozesse) werden unterschiedliche methodische Ansätze angewendet:

– Anordnung der Lehrinhalte (Was ist in welcher Reihenfolge bzw. in welchen Lernschrit-

ten zu vermitteln?); dies ist die kognitive Strukturierungsfunktion der Methode
- Übersetzung der Lerninhalte in die Verständnisebene der jeweiligen Zielgruppe (Wie, auf welche Weise sollen die Inhalte erklärt werden?); dies ist die kognitive Übersetzungsfunktion der Methode
- Wahl der Organisationsformen des Unterrichts in Hinblick auf unterschiedliche Lerntypen und unterschiedliches Sozialverhalten der Schüler (In welcher Form sollen die Inhalte vermittelt werden?); dies ist die soziale Vermittlungsfunktion der Methode
- Einsatz von (→) Arbeitstechniken, Arbeitsmitteln und (→) Medien (Wie und womit sollen die Inhalte vermittelt werden?); dies ist die instrumentale Vermittlungsfunktion der Methode
- Überprüfung der Lerninhalte, um gegebenenfalls Defizite auszugleichen (Was wurde wie verstanden und kann jetzt wie angewendet werden?); dies ist die kognitive und instrumentale Evaluierungsfunktion der Methode.

Theißen (1986) untergliedert die Fachmethodik in vier hierarchisch geordnete Ebenen:
1. Ebene: Methodische Prinzipien
2. Ebene: Unterrichtsverfahren
3. Ebene: Konkrete Vermittlung
4. Ebene: Arbeitsmittel

Birkenhauer (1995) beschreibt die Umsetzung fachlicher Inhalte in mehreren miteinander verschränkten Ebenen:
- Unterrichtsformen
- (→) Unterrichtsprinzipien
- informativer Gebrauch von Medien
- Lernsicherung über das Erarbeiten von Modellen

Zur geographiedidaktischen Diskussion

Bis etwa zum Ende der 60er-Jahre war die Didaktik allgemein, und so auch die Geographiedidaktik, vorwiegend auf die Methodik ausgerichtet, weil die Inhalte kaum umstritten waren. Zur Zeit der Lernzielorientierung (→ Lernziele, → Qualifikationen) ging es verstärkt um inhaltliche Fragestellungen (→ Allgemeingeographischer Ansatz), doch wurde die Methodik besonders bei der praktischen unterrichtlichen Umsetzung nie außer Acht gelassen. In den letzten Jahren wurden neue methodische Fragen besonders im Zusammenhang mit dem Einsatz von (→) Computern im Geographieunterricht diskutiert. Außerdem werden in der fachmethodischen Diskussion lerntheoretische und lernpsychologische Ansätze, die das Prinzip „Zielgruppenorientierung" oder (→) „Schülerorientierung" berücksichtigen, diskutiert.

Literatur

Adelmann, J. (1962): Methodik des Erdkundeunterrichts. München
Birkenhauer, J. (1988): Aufgaben der Geographiedidaktik. In: Praxis Geographie, Jg. 18, H. 7/8, S. 6–9
Birkenhauer, J. (1995): Zum Stand der Fachdidaktik Geographie. In: Schulmagazin 5–10, Jg. 10, H. 1, S. 10–13
Lefrancois, G. R. (1994): Psychologie des Lernens. Berlin, Heidelberg, New York
Meyer, H. (1987): Unterrichtsmethoden. 2 Bde. Frankfurt/Main
Theißen, U. (1986): Organisation der Lernprozesse. In: Köck, H. (Hrsg.): Grundlagen des Geographieunterrichts (= Handbuch des Geographieunterrichts, Band 1). Köln, S. 209–287

Helmer Vogel

Methodische Analyse

Definition

In der methodischen Analyse geht es um die Begründung der verschiedenen (→) Unterrichtsmethoden einschließlich des Medieneinsatzes, mit denen sich der Schüler mithilfe des Lehrers die geplanten (→) Lernziele und -inhalte aneignen soll.

Klassifikation

Im Rahmen der Unterrichtsplanung betrifft die methodische Analyse folgende Entscheidungen:
- die Berücksichtigung der Unterrichtsprinzipien

– die Sozialformen bzw. Aktionsformen des Unterrichts
– die Organisation der Unterrichtsinhalte (z. B. induktives oder deduktives Verfahren)
– den Einsatz von Medien
– die Verlaufsstrukturen des Unterrichts, d. h. Aufgliederung des Unterrichts in Teilabschnitte (so genannte Artikulation).

Zur geographiedidaktischen Diskussion
Die in der (→) didaktischen Analyse begründeten ausgewählten Inhalte und die Unterrichtsmethoden stehen in einer komplizierten, von vielen Faktoren abhängigen Wechselwirkung zueinander (so genannter Implikationszusammenhang). Ein ähnlicher Implikationszusammenhang besteht auch zwischen einzelnen Aspekten innerhalb der methodischen Analyse. Bestimmte Sozialformen (z. B. Gruppenarbeit) verlangen bestimmte Medienträger (wie z. B. Informationsblätter, Schulbuch etc.). Ebenso werden bestimmte Unterrichtsprinzipien (wie z. B. Anschaulichkeit und Selbsttätigkeit) durch den Einsatz bestimmter Medien (z. B. Film) oder Aktionsformen (→ Entdeckendes Lernen) gefördert.
Häufig werden Überlegungen und Entscheidungen bezüglich der Unterrichtsformen (Sozial- und Aktionsformen) und des Medieneinsatzes vorrangig unter dem Gesichtspunkt der Methodenvielfalt reflektiert. Der alleinige Aspekt Abwechslung als Ausgangspunkt und zur Begründung von methodischen Entscheidungen ist unzureichend. Die mögliche Methoden- und Mediendramaturgie (→ Medien) des Unterrichtsverlaufs wird nicht nur von der Abfolge der Lernziele und Inhalte, sondern auch von den Lehr-/Lernvoraussetzungen der Lehrer/Schüler mitbestimmt.

Literatur
Birkenhauer, J. (1986): Didaktische Prinzipien und ihre Bedeutung für den Geographieunterricht. In: Köck, H. (Hrsg.): Grundlagen des Geographieunterrichts (= Handbuch des Geographieunterrichts, Band 1). Köln, S. 120–122
Engelhard, K., H. Haubrich und G. Kirchberg (1997): Unterrichtsplanung und -analyse. In: Haubrich, H. u. a.: Didaktik der Geographie konkret. München, S. 367–430
Meyer, H. (1994): Unterrichtsmethoden I und II. 6. Auflage. Frankfurt
Peterßen, W. (1994): Handbuch Unterrichtsplanung. München
Schramke, W. (Hrsg.) (1993): Der schriftliche Unterrichtsentwurf. Ein Leitfaden mit Lehrproben-Beispielen, Erdkunde. Hannover
Schröder, H. (1992): Grundwortschatz Erziehungswissenschaft. München

Gisbert Rinschede

Methodologie der Geographiedidaktik

Definition
Entsprechend dem allgemeinen Verständnis von Methodologie als Wissenschaftstheorie ist die Methodologie der Geographiedidaktik die Theorie bzw. Wissenschaft von der Geographiedidaktik. Als solche ist sie keine Objektwissenschaft (wie die Geographiedidaktik), sondern eine Metawissenschaft.

Klassifikation
Als Wissenschaft von der Geographiedidaktik beschäftigt sich die Methodologie der Geographiedidaktik u. a.
– mit der Definition und Abgrenzung der Geographiedidaktik,
– mit ihren Frage- und Problemstellungen, Zielen und Aufgaben,
– mit Voraussetzungen, Regeln und Methoden geographiedidaktischen Erkenntnisgewinns,
– mit Arten und Geltungsansprüchen sowie Kritisierungs-, Überprüfungs- und Begründungsweisen geographiedidaktischer Aussagen,
– mit der disziplinsystematischen Stellung und Gliederung der Geographiedidaktik.

Zur geographiedidaktischen Diskussion
Im Gegensatz zur umfangreichen objekttheoretischen gibt es bislang nur eine vereinzelte me-

tatheoretische, also methodologische Diskussion in der Geographiedidaktik.
Aspekte, um die es dabei geht, sind etwa:
- Soll die Geographiedidaktik nur empirische oder auch normative sowie empirisch-normative Forschung betreiben?
- Gilt für die Geographiedidaktik die Allgemeine oder eine Sondermethodologie?
- Ist die Geographiedidaktik eine Subdisziplin der Geographie, der Allgemeinen Didaktik oder ist sie eine eigenständige Disziplin?
- Welches ist der Stand bzw. Standard der geographiedidaktischen Forschung im Vergleich zu anderen didaktischen Disziplinen?

Dabei wird weithin akzeptiert, die Geographiedidaktik nicht nur empirisch, sondern auch normativ sowie empirisch-normativ zu verstehen, sie allgemeinmethodologischen Grundsätzen zu unterwerfen und sie wissenschaftstheoretisch als Subdisziplin der Didaktik, institutionell-organisatorisch jedoch als eng angebunden an die Geographie zu betrachten.

Literatur
Birkenhauer, J. (1980): Stellung der Fachdidaktik zwischen Erziehungswissenschaft und Fachwissenschaft. In: Kreuzer, G. (Hrsg.): Didaktik des Geographieunterrichts. Hannover, S. 13–22

Köck, H. (1986): Zur methodologischen Grundlegung der Geographiedidaktik. In: Husa, K. u. a. (Hrsg.): Beiträge zur Didaktik der Geographie, Band 2. Wien, S. 19–46

Köck, H. (1986): Die Geographiedidaktik als Wissenschaft – eine Skizze ihres methodologischen Grundrisses. In: Geographie und ihre Didaktik, Jg. 14, H. 3, S. 113–133

Köck, H. (1991): Didaktik der Geographie – Methodologie. München

Helmuth Köck

Mittelbare Begegnung → Begegnung, **Multimedia** → Medien

Modelle

Definition
Modelle sind (in der Regel) verkleinerte und (fast immer) vereinfachte drei- bzw. zweidimensionale Abbilder von Wirklichkeit bzw. Abbilder von Theorien über Wirklichkeit.

Klassifikation
1. Modelle können betreffen
- reale Gegenstände und Sachverhalte (z. B. Globus): so genannte konkrete Modelle
- geistig-theoretische Sachverhalte (z. B. Teufelskreis der Armut): so genannte theoretische Modelle.

2. Modelle von räumlichen und räumlich-prozessualen Sachverhalten können grafisch dargestellt werden, z. B. die Thünenschen Ringe, Wasserkreislauf, Regelkreise.

Im Geographieunterricht treten in der Regel folgende Gruppen von Modellen zu typischen Sachverhalten auf:
- Modelle von Lageverhältnissen (z. B. Stadtviertel, Höhenstufen)
- Modelle von Reichweiten (Thünensche Ringe)
- Modelle des Zusammenhangs einzelner Faktoren (z. B. Bodenbildung)
- Modelle von Faktorensystemen (z. B. Nährstoffkreislauf)
- Modelle von Hierarchien (z. B. zentrale Orte)
- Modelle von Selbstverstärkungen (z. B. Regelkreise, Teufelskreise)

Zur geographiedidaktischen Diskussion
Der Wert der Modelle (sowohl der konkreten als auch der theoretischen) ist unumstritten. Ein besonderer didaktischer Vorzug besteht darin, dass Modelle die für das Verstehen und Behalten notwendige einprägsame Visualisierung ermöglichen. Insofern sind sie praktische Lernhilfen zur Erkenntnisvermittlung und führen zum Erwerb klarer Vorstellungen wie z. B. der Gliederung von Städten oder dem Vorgang der Bodenerosion. Es wäre falsch, Modelle als für alle Zeiten festgelegte, starre Systeme zu verstehen. Modelle sind eine vorläufige Annäherung. Dieses

Verständnis sollte als wichtiger Erkenntnisgewinn den Schülern vermittelt werden.
Bei einigen Geographiedidaktikern ist der Modellbegriff auf Modelle als Abbilder von Wirklichkeit verengt.
Nach Köck (1995) muss jedem Modell eine Intention innewohnen, die auf das Gewinnen oder Vermitteln von Erkenntnis zielt.

Literatur
Achilles, F. (1994): Modelle selber bauen. In: geographie heute, Jg. 15, H. 122, S. 6–11
Birkenhauer, J. (1997): Modelle. In: Praxis Geographie, Jg. 27, H. 1, S. 4–9
Chorley, R. J. und P. Haggett (1967): Models in Geography. London
Frank, F. (1991): Die europäische Stadt – ein Modell. In: geographie heute, Jg. 12, H. 89, S. 24–28
Neugebauer, W. (1980): Didaktische Modellsituationen. In: Stachowiak, H. (Hrsg.): Modelle und Modelldenken im Unterricht. Bad Heilbrunn
Köck, H. (1995): Erkenntnis- und lerntheoretische Funktionen geographischer Modelle. In: Internationale Schulbuchforschung, Jg. 17, H. 3, S. 251–273
Schultze, A. (1994): Grafische und plastische Modelle im Erdkundeunterricht. In: geographie heute, Jg. 15, H. 122, S. 2
Stachowiak, H. (1973): Allgemeine Modelltheorie. Wien, New York
Wetzer, D. (1990): Raumordnungsmodelle. In: geographie heute, Jg. 11, H. 77, S. 10–12
Wieczorek, U. (1995): Erweiterung des Modelldenkens im Erdkundeunterricht. In: Brockmann und Kloss (Hrsg.) (1995): Computer und Fachdidaktik – Erdkunde. Augsburg, S. 211–223

Josef Birkenhauer/Ulrich Wieczorek

Museum

Definition
Ein Museum ist eine aus erhaltenswerten kultur- und naturhistorischen Objekten bestehende Sammlung, die zumindest teilweise der Öffentlichkeit zugänglich ist. Durch die Bildungsfunktion unterscheidet sich das Museum von der bloßen Sammlung. Sammeln, Erhalten, Forschen, Präsentieren und Bilden sind Aufgaben eines Museums.

Klassifikation
Es ist üblich, zwischen Naturmuseen (Museen der exakten Naturwissenschaften, naturhistorische Museen) und Kulturmuseen (Kulturhistorische Museen, Kunstmuseen) zu unterscheiden. Für den Geographieunterricht werden folgende Museen als besonders geeignet angesehen:
– geowissenschaftliche Museen (Mineralogie, Geophysik, …)
– erdgeschichtliche Museen (Geologie, Geomorphologie, …)
– Völkerkundemuseen
– Freilichtmuseen
– Heimatmuseen
– Botanische Gärten

Den Museen kommt im Rahmen des Geographieunterrichts die Aufgabe zu, Brücken vom Schüler zu räumlich bzw. zeitlich entfernten Sachverhalten zu bauen. Dazu bedient es sich verschiedener Medien. Auch den Originalen kommt im Museum so oft die Funktion von Medien zu (→ Originale Gegenstände, → Begegnung).

Zur geographiedidaktischen Diskussion
Erst seit kurzem gibt es Überlegungen zu einer eigenständigen Didaktik des Geographieunterrichts im Museum. Vorher wurden Ansätze aus der Geschichts- und vor allem der Kunstdidaktik übernommen. Vor allem die Methode des „Stillen Verharrens", nach der das Original im Museum sich dem Schüler durch bloßes, stilles Betrachten von selbst erschließt, war hier von Bedeutung. Es hat sich aber gezeigt, dass dieser Ansatz z. B. bei geowissenschaftlichen Museen nicht angewandt werden kann. Die Komplexität der in solchen Museen gezeigten Zusammenhänge macht für die Schüler zusätzliche Informationen und eine strukturierte Unterweisung

notwendig. Geographieunterricht im Museum soll so organisiert sein wie Unterricht im Klassenzimmer.

Literatur
Birkenhauer, J. (1997): Das Museum. In: Birkenhauer, J. (Hrsg.): Medien. Systematik und Praxis (= Didaktik der Geographie). München, S. 227–232
Brucker, A. (1997): Das Museum. In: Haubrich, H. u. a.: Didaktik der Geographie konkret. München, S.320
Ernst, E. (1992): Edukative Chancen und Lernziele im Freilichtmuseum. In: Birkenhauer, J. und D. Neukirch (Hrsg.): Geographiedidaktische Furchen. Festschrift für Helmtraut Hendinger (= Münchner Studien zur Didaktik der Geographie, Band 2). München, S. 89 ff.
Frank, F. (1995): Museum und Erdkundeunterricht. In: Birkenhauer, J. (Hrsg.): Außerschulische Lernorte (= Geographiedidaktische Forschungen, Band 16). Nürnberg, S. 65–74
Friedhelm Frank

Nahraum

Definition
Der Nahraum ist der Raum in der Umgebung der Schule, in dem es dem Schüler möglich ist, vor Ort zu lernen bzw. in direkten Kontakt zum Lerngegenstand zu treten.

Klassifikation
Im Gegensatz zum Heimatraum (→ Heimat, → Heimatkundliches Prinzip) bleibt der Nahraum auf die Sachebene beschränkt.

Zur geographiedidaktischen Diskussion
Die Bedeutung des Nahraumes zum Erlangen grundlegender Einsichten ist unumstritten. Im Nahraum können die Schüler selbsttätig vor Ort arbeiten und ihre eigenen Erfahrungen einbringen. Ein besonderer Stellenwert kommt dabei dem Einüben und Anwenden fachspezifischer (→) Arbeitsweisen zu (Messen, Zählen usw.).

Literatur
Frank, F. (1993): Heimat – Überlegungen zur Renaissance eines Begriffes im Erdkundeunterricht. In: Geographie und ihre Didaktik, Jg. 21, H. 3, S. 113–122
Schrand, H. (1992): Erdkunde vor Ort als didaktisches Prinzip. In: geographie heute, Jg. 13, H. 104, S. 2–5
Friedhelm Frank

Nahraumanalyse → Strukturanalyse

Offener Unterricht

Definition
Unter offenem Unterricht versteht man das weitgehend selbstständige Arbeiten und Lernen der Schüler hinsichtlich möglichst vieler Dimensionen des Unterrichts (→ Entdeckendes Lernen, → Handlungsorientierung).

Klassifikation
Grundsätzlich kann man zwischen fachübergreifenden und fachgebundenen Formen des offenen Unterrichts unterscheiden (→ Fächerübergreifender Unterricht).
Eine genauere Einteilung kann nach dem Umfang erfolgen, in dem der Unterricht „offen" ist:
– Offenheit in der Mitwirkung der Schüler bei der Zielfindung
– Offenheit im Unterrichtsverlauf (freie Wahl des Lerntempos, des Lernortes, der Sozialform, der Arbeitsmittel, der Unterstützung und der Präsentation)
– Offenheit in den Inhalten (Umfang der verpflichtenden und der vom Schüler frei wählbaren Inhalte) und
– Offenheit im Ergebnis.
Daraus lassen sich die nachfolgenden Grundformen ableiten:
1. Freiarbeit: Bei dieser Form der Unterrichtsdifferenzierung können sich die Schüler aus den vom Lehrer aufbereiteten Materialien diejenigen aussuchen, für die sie sich am meisten interessieren. Auch die übrigen Dimensionen der Unterrichtsorganisation wie

Sozialform und Arbeitstempo können weitgehend selbst bestimmt werden.
2. Wochenplanarbeit: Die Schüler sollen einen frühen Überblick über die Lernarbeit mindestens einer Woche als Organisationshilfe erhalten, in der sie weitgehend selbstständig entscheiden können, wann sie sich mit bestimmten Aufgaben befassen wollen. Der Wochenplan setzt sich in der Regel aus zwei Teilen zusammen: den (nicht zu umfangreich gehaltenen) Pflichtaufgaben, die von allen Schülern auf jeden Fall erledigt werden müssen, und den (möglichst attraktiv gestalteten) Wahlaufgaben, von denen sie sich eine oder mehrere aussuchen können. Bei der Wochenplanarbeit lernen sie auch, ihr Arbeitspensum selbstständig und zielorientiert zu organisieren.
3. Stationenzirkel (Lernen an Stationen): Die Idee wurde in den 50er-Jahren in England zunächst im Fach Sport entwickelt. Um effizienteres Arbeiten als bei der reinen Freiarbeit zu ermöglichen, werden die einzelnen Materialien zusammen mit entsprechenden Aufgaben zu Stationen gebündelt und im Klassenzimmer verteilt. Die Reihenfolge des Durchgangs und die Verweildauer kann entweder den Schülern überlassen oder vom Lehrer geregelt werden. Meist kann zwischen Pflicht- und Wahlstationen unterschieden werden, wobei erst der Durchgang durch alle Pflichtstationen den erwünschten Lernerfolg gewährleistet.
4. (→) Projekt.

Zur geographiedidaktischen Diskussion

Ziel dieses Konzepts, das bereits aus der Zeit der Reformpädagogik stammt, ist die größere Selbstständigkeit und Praxiskompetenz der Lernenden. Die Aufgabe des Lehrers besteht vor allem darin, didaktisch sinnvolles Lern- und Anregungsmaterial anzubieten und als Ansprechpartner für Fragen der Schüler zur Verfügung zu stehen.

Theorie und Praxis des offenen Unterrichts verdanken ihre Entstehung dem wachsenden Unbehagen an herkömmlichen Lehrplänen, die Lehrer und Schüler zu Objekten der Lernzielsteuerung und Stoffbewältigung machten, sowie dem veränderten gesellschaftlichen und schulischen Umfeld.

Aufgrund des geringen Wochenstundenumfangs der Geographie in allen Schularten und Klassenstufen kann fachgebundene Freiarbeit hier immer nur phasenweise durchgeführt werden. Wird fachübergreifend gearbeitet, ist es häufig erforderlich, Materialien einzusetzen, die zeitlich unabhängig vom eigentlichen Unterrichtsstoff bearbeitet werden können, da die Schüler in den einzelnen Fächern zu unterschiedlichen Zeiten tätig werden (z. B. topographische Kenntnisse).

Neben der Fachkompetenz lernen die Schüler bei dieser Unterrichtsform auch die für den Geographieunterricht besonders wichtigen Qualifikationen wie geographische Arbeitstechniken, Teamfähigkeit oder das Erkennen von Zusammenhängen.

Allerdings kann der Lernende auch bei allen Formen des offenen Unterrichts häufig doch nur in einzelnen Dimensionen des Unterrichts frei arbeiten, da der Lehrer die Bahnen in gewissem Umfang vorgezeichnet hat, z. B. durch die Themenwahl, die vorgegebenen Materialien oder das Abstecken des Zeitrahmens.

Literatur

Akademie für Lehrerfortbildung Dillingen (1994): Freies Arbeiten – Reformpädagogische Impulse für Erziehung und Unterricht in Regelschulen. Donauwörth

Jürgens, E. (1994): Erprobte Wochenplan- und Freiarbeits-Ideen in der Sekundarstufe I. Heinsberg

Kirchberg, G. (1997): Offenes Lernen. In: Haubrich, H. u. a.: Didaktik der Geographie konkret. München, S. 218–219

Koch, M. (1998): Selbständig lernen an Stationen – Der Lernzirkel „Kartenarbeit zur Bodensee-Radtour". In: Praxis Geographie, Jg. 28, H. 1, S. 10–13

Nebel, J. (1997): Freiarbeit im Geographieunterricht. In: Praxis Geographie, Jg. 27, H. 12, S. 4–7

Peschel, F. (1997): Offen bis geschlossen – Formen und Chancen offenen Unterrichts. In: Gesing, H. (Hrsg.): Pädagogik und Didaktik der Grundschule. Berlin

Rasch, A. (1995): Lernen an Stationen. In: Praxis Geographie, Jg. 25, H. 7/8, S. 58–61

Vaupel, D. (1996): Wochenplanarbeit in einem Gymnasialzweig. Schülerinnen und Schüler lernen, selbständiger zu arbeiten. In: Die Deutsche Schule, Jg. 88, H. 1, S. 98–110

Gerd Bauriegel

Ökologischer Ansatz

Definition

Der ökologische Ansatz im Geographieunterricht behandelt Systemzusammenhänge von Geofaktoren und raumwirksame Wechselbeziehungen zwischen Natur und Mensch. Die räumliche Konkretisierung des ökologischen Ansatzes kommt in verwandten Begriffen wie „landschaftsökologischer Ansatz" oder „Siedlungsökologie" zum Ausdruck. Die schulische Umsetzung findet ihren Schwerpunkt im Bereich der „Umweltbildung" und (→) „Umwelterziehung" (→ Physisch-geographischer Ansatz, → Zentrierungsfach).

Klassifikation

1. Nach dem Maßstab der betrachteten geographischen Einheiten:
– Systemzusammenhänge innerhalb kleinster homogener Einheiten (Ökotope), meist aufgezeigt an Beispielen aus dem Nahraum,
– Systemzusammenhänge innerhalb landschaftlicher Einheiten mittleren Maßstabs, oft aufgezeigt an Beispielen von Nutzungskonflikten,
– Systemzusammenhänge innerhalb von Großräumen, z. B. Landschaftsgürtel,
– systembedingte Zusammenhänge zwischen Ökosystemen verschiedenen Maßstabs, z. B. regionale Auswirkungen globaler Veränderungen, Auswirkungen regionaler Veränderungen auf größere Ökosysteme.

2. Nach der Einbeziehung des Menschen:
– der landschaftsökologische Ansatz im engeren Sinne (Wechselbeziehungen nur der Naturfaktoren, z. B. zwischen Gestein, Relief, Klima, Vegetation, Boden, Wasserhaushalt, Flora und Fauna etc.),
– der landschaftsökologische Ansatz im weiteren Sinne (Wechselbeziehungen zwischen Natur und Mensch).

3. Nach thematischen Schwerpunkten in den Geographielehrplänen:
– Einzelbeispiele (geo)ökologischer Zusammenhänge verschiedenen Maßstabs und verschiedener Komplexität,
– natürliche und/oder anthropogen verursachte Störungen von Geo-Ökosystemen, z. B. Naturkatastrophen,
– aktuelle Umweltprobleme und ihre (geo)ökologischen Ursachen und Wirkungen (umweltökologischer Ansatz),
– Eignung von Naturräumen für bestimmte Nutzungen sowie Auswirkungen von Nutzungen auf den Naturraum (ressourcenanalytischer Ansatz),
– Nutzungskonflikte aus (geo)ökologischer Sicht,
– ökologische Probleme als Folge politisch-sozialer Strukturen und individueller Handlungsweisen,
– Ansätze zur Behebung ökologischer Problemsituationen.

4. Nach der unterrichtlichen Umsetzung:
– die Vermittlung von Wissen über Geoökologie und Umwelt,
– das Erkennen von Problemsituationen und Konflikten,
– die Einbeziehung emotionaler Komponenten in den Unterricht zur Vermittlung von Betroffenheit und Handlungsbereitschaft,
– die Umsetzung in konkretes Handeln (z. B. Gestaltung des Schulgeländes, stadtökologische Projekte usw.) (→ Handlungsorientierung),
– die fachgebundene Vermittlung ökologischer Inhalte (Chemie, Biologie, Erdkunde, Sozialwissenschaften),
– die fächerverbindende bzw. fachübergreifen-

de Erarbeitung ökologischer Themen (→ Fächerübergreifender Unterricht).

Zur geographiedidaktischen Diskussion

Die Bedeutung des Geographieunterrichts für die Vermittlung (geo)ökologischer Inhalte bzw. zur Umwelterziehung ist heute unbestritten. Während die fachdidaktische Diskussion der 70er-und frühen 80er-Jahre Schwerpunkte in der Auseinandersetzung mit Begrifflichkeiten und fachwissenschaftlichen Kontroversen zeigte (Ökologiebegriff, Ziele und Inhalte geoökologischer Arbeit innerhalb der Fachgeographie, die Frage impliziten (→) Geodeterminismus, der auch ökologischen Ansätzen im Geographieunterricht manchmal anhaftet) (→ Physisch-geographischer Ansatz, → Länderkundliches Schema), treten heute Fragen der konkreten unterrichtlichen Umsetzung deutlich in den Vordergrund. Dabei lassen sich mehrere Schwerpunkte ausgliedern:

1. Die inhaltliche Ausrichtung. Neben der Sichtweise, die Umwelterziehung vor allem in den Naturwissenschaften oder naturwissenschaftlich ausgerichteten Teildisziplinen der Raumwissenschaften anzusiedeln und in deren Rahmen schwerpunktartig ökologisches Faktenwissen zu vermitteln, wird von einigen Autoren zu Recht auch die politisch- soziale Dimension der Ökologiediskussion in den Vordergrund gestellt. Als Argumente für die erstgenannte Position werden die Forderung nach wertfreier Vermittlung von Wissen und die Vermeidung des Abgleitens der Umwelterziehung in vermeintlich oberflächliche Sichtweisen durch Überbetonung der gesellschaftlichen Komponente angeführt. Für die Einbeziehung der gesellschaftlich politischen Ausrichtung spricht dagegen die Forderung nach Vermittlung des Einblicks in Bewertungsmechanismen, Handlungsursachen und Handlungsanreizen.

2. Die Einbindung des ökologischen Ansatzes in den Fächerkanon der Schule. Neben den unter 1. genannten inhaltlichen Schwerpunktsetzungen wird die Einbindung in den Fächerkanon vor allem von der Diskussion bestimmt, inwieweit ökologische Themen in den Grenzen der einzelnen Fächer, fächerverbindend oder fachübergreifend, vermittelt werden können bis hin zu der Forderung, ein neues Fach „Ökologie" bzw. „Umwelterziehung" mit einer eigenständigen Profilgebung einzurichten. Angesichts der Vielfalt (geo)ökologischer Inhalte (vgl. Klassifikation) zeichnet sich kein einheitlicher Weg ab, auch müssen die konkreten Realisierungsmöglichkeiten im Rahmen der jeweiligen Gesamtkonzeption der Richtlinien und Lehrpläne gesehen werden. Durch seine Anbindung an die Natur- und Gesellschaftswissenschaften gleichermaßen könnte dem Geographieunterricht jedoch eine Schlüsselstellung zukommen (Erdkunde als → Zentrierungsfach, → Fächerübergreifende Bildungs- und Erziehungsziele).

3. Didaktische Überlegungen zur Komplexität der in der Schule bearbeitbaren ökologischen Zusammenhänge (Wie detailliert sollen ökologische Regelkreise vermittelt werden? Wie könnte eine jahrgangs- bzw. stufenspezifische Stufung nach Schwierigkeitsgraden aussehen? usw.). Hiermit verbunden ist die Frage, ob es sinnvoll bzw. machbar ist, ein verbindliches Curriculum (geo)ökologischer Themen zu entwickeln.

4. Die Suche nach Möglichkeiten, die Schüler zu verantwortlich Handelnden zu erziehen. Aus diesem Grunde wird die reine Vermittlung kognitiver Zielsetzungen inzwischen kritisiert, stattdessen sollen die Schüler emotional angesprochen (vgl. subjektiv-biographische Betroffenheit, Erlebnispädagogik) und damit zu konkretem Handeln befähigt und angeleitet werden. Von besonderer Bedeutung ist in diesem Zusammenhang die Frage, wie auf Pessimismus, Ängste und Lethargie reagiert werden soll, welche oft aus der Konfrontation mit Umweltproblemen in den Massenmedien, der Alltagssituation, aber auch aus schulischer Überreizung mit Umweltthemen resultieren.

5. Unterrichtsorganisatorische Fragen. Ökologische Themen werden außer im herkömmlichen Unterricht im Stundenschema zunehmend in (→) Projekten oder außerunterrichtlichen Aktivitäten (Umweltpädagogik) vermittelt. Neben der Bewältigung des Organisations- und

Vorbereitungsaufwands, z. B. für den Einsatz wissenschaftlicher Mess- und Analysemethoden, der Koordination mit Behörden etc. stellt sich in diesem Zusammenhang auch die Frage der Rolle des Lehrers im Unterrichtsgefüge (Lehrer als Organisator und Helfer vs. Lehrer als Wissensvermittler usw.).

Literatur
Bermann, H. (1995): Landschaftsökologie in der Schulpraxis. In: Praxis Geographie, Jg. 25, H. 2, S. 4–9
Härle, J. (1995): Siedlungsökologie. Mehr Natur in Stadt und Dorf. In: Praxis Geographie, Jg. 25, H. 9, S. 4–11
Haubrich, H. (1997): Der Öko-Bürger. Zwischen Öko-Pessimismus und Öko-Optimismus. In: geographie heute, Jg. 18, H. 150, S. 2–7
Köck, H. (1986): Geoökologischer Ansatz. In: Köck, H. (Hrsg.): Grundlagen des Geographieunterrichts (= Handbuch des Geographieunterrichts, Band 1). Köln, S. 200–203
Leser, H. (1983): Geoökologie. In: Geographische Rundschau, Jg. 35, H. 5, S. 212–221
Schmidt-Wulffen, W.-D. (1996): Umweltbildung – Antwort auf das Schlüsselproblem Umweltzerstörung. In: Praxis Geographie, Jg. 26, H. 7/8, S. 4–13
Stein, Ch. (1994): Leitbilder für ökologisches Lernen. In: Praxis Geographie, Jg. 24, H. 3, S. 40–44

Thomas Breitbach

Originale Begegnung → Begegnung

Originale Gegenstände

Definition
Originale Gegenstände sind Objekte, die zur Veranschaulichung und Erarbeitung geographischer Fragestellungen in den Klassenraum gebracht werden.

Klassifikation
1. Direkter oder indirekter Themenbezug
– direkt (z. B. Gesteine, Früchte)
– indirekt (z. B. japanische Radiogeräte für japanische Technologie, Exportprodukte)
2. Verwendungszweck
– Untersuchungsobjekte für die Hand des Schülers
– Demonstrationsobjekte in der Hand des Lehrers

Zur geographiedidaktischen Diskussion
Über die Anschaulichkeit hinaus werden originale Gegenstände wegen des möglichen Ansprechens vieler Sinne (z. B. Gefühl, Geruch, Geschmack, Aussehen) und wegen der Handlungsaufforderung als aussagekräftiges Arbeitsmittel gerne eingesetzt.
Ein bevorzugter didaktischer Ort für den Einsatz originaler Gegenstände in einer Unterrichtseinheit ist die Einstiegsphase. Hier haben sie die Aufgabe, das Interesse der Schüler zu wecken, Schülerfragen zu provozieren oder einen Überraschungs- und Verfremdungseffekt zu erzielen. Als Untersuchungsobjekte in der Hand des Schülers werden die Gegenstände auch in der Erarbeitungsphase eingesetzt.

Literatur
Birkenhauer, J. (1997): Originale Gegenstände. In: Birkenhauer, J. (Hrsg.): Medien. Systematik und Praxis (= Didaktik der Geographie). München, S. 41–43
Stein, Ch. (1986): Originale Gegenstände. In: Brucker, A. (Hrsg.): Medien im Geographie-Unterricht. Düsseldorf, S. 432–439
Theißen, U. (1986): Originale. In: Köck, H. (Hrsg.): Grundlagen des Geographieunterrichts (= Handbuch des Geographieunterrichts, Band 1). Köln, S. 254–255

Gisbert Rinschede

Panoramabild, Panoramakarte

Definition
Das Panoramabild bzw. die Panoramakarte ist eine anschauliche, zeichnerische, nicht grundrissgetreue Darstellung eines Ausschnitts der Erdoberfläche in Schrägansicht von oben.

Klassifikation
Nach dem Grad der abgebildeten Raumgröße und der Generalisierung lassen sich unterscheiden:
– das Panoramabild, das kleinere Ausschnitte der Erdoberfläche, z. B. Stadtzentren, Häfen, Industrieanlagen und das Relief, in anschaulicher, wirklichkeitsnaher Weise darstellt;
– die Panoramakarte, die einer Karte ähnelt und größere Landschaften, ganze Länder und Kontinente in stark generalisierter Weise darstellt.

Zur geographiedidaktischen Diskussion
Für Panoramabilder findet z. T. auch der Begriff (→) Bildkarte Verwendung, der in der Geographiedidaktik allerdings mehr einen durch eingefügte Fotos oder Zeichnungen anschaulich gestalteten Plan oder eine Karte bezeichnet.
Panoramabilder und -karten werden häufig in der Fremdenverkehrswerbung (Reiseprospekte) eingesetzt und finden sich auch in Schulbüchern. Panoramabild und -karte besitzen gegenüber Luftbildern und Karten Vorteile in Bezug auf Anschaulichkeit, Klarheit und Verständlichkeit. Bei der Interpretation ist besonders die starke Verzerrung des Hintergrundes zu beachten.

Literatur
Achilles, F.-W. (1983): Zeichnen und Zeichnungen im Geographieunterricht. Köln, S. 220–223

Gisbert Rinschede

Paradigma, Paradigmenwechsel

Definition
Bezogen auf eine Wissenschaft versteht man unter einem Paradigma einen für diese Wissenschaft grundlegenden Erkenntnisansatz, der als Gesamtrahmen für das Fach allgemein akzeptiert ist. Unter einem Paradigmenwechsel versteht man umwälzende Umschwünge in der Lehr- und Forschungstradition eines Faches.

Klassifikation
Innerhalb der Geographie kann man folgende Erkenntnisbezüge ausmachen:
1. Raumbezug:
– Chorologisches (horizontales) Paradigma (Beschreibung und Untersuchung räumlicher Verteilungen von Erscheinungen)
– Ökologisches (vertikales) Paradigma (Mensch-Erde-Beziehungen)
2. Bezug zu geographischen Sichtweisen:
– Regionalgeographisches (länderkundliches) Paradigma
– Allgemeingeographisches Paradigma
3. Verfahrensbezug:
– Idiographisches Prinzip (Erscheinungen beschreibend, Einzelheiten betonend: z. B. alle Merkmale eines Landes oder eines Gebietes, mit Anstreben von Vollständigkeit, häufig ohne Absicht eines Transfers, weil gerade das Besondere dieses Gebietes betont werden soll.)
– Nomothetisches Prinzip (Bezogenheit auf Regelhaftes, Gesetzmäßiges, allgemein Gültiges: z. B. Stauniederschläge jeweils im Luv eines Höhenrückens, allgemeine Kriterien zentraler Orte)

Zur geographiedidaktischen Diskussion
Für die Geographiedidaktik sind Paradigmenwechsel sowohl in den Geowissenschaften als auch in den Erziehungswissenschaften bedeutsam, weil durch einen Wechsel bestimmte Inhalte nicht mehr als lehrwürdig erscheinen (z. B. (→) Länderkunde), bestimmte Sichtweisen vorgezogen werden (z. B. (→) Daseinsgrundfunktionen) oder bestimmte Verfahrensweisen nicht mehr als unterrichtswürdig betrachtet werden (z. B. (→) Handlungsorientierung statt Lernorientierung).
Ob veränderte Akzentuierungen schon als Paradigmenwechsel bezeichnet werden sollten (wie z. B. vom Länderkundlich-idiographischen zum Allgemeingeographisch-nomothetischen, vom (→) Geodeterminismus zum Possibilismus, von „Land" bzw. „Landschaft" zu Region), wird unterschiedlich beurteilt. Das Idiographische und das Nomothetische schließen sich bei Raumer-

fassung und Raumdarstellung nicht absolut gegenseitig aus, sondern ergänzen sich. Auch das Allgemeingeographische weist immer eine regionale oder gar lokale Komponente auf. Bei (→) Geodeterminismus und Possibilismus geht es um ein unterschiedliches Verständnis beim selben Paradigma: Der Geodeterminist interpretiert jede räumliche Erscheinung als von der Natur (Physis) her vorherbestimmt (prädestiniert); im Possibilismus wird dagegen der menschlich-gesellschaftliche Freiraum bei der (→) Inwertsetzung betont. In vergleichbarer Weise schließen sich Lernorientierung und (→) Handlungsorientierung ebenfalls gegenseitig nicht aus.

Insgesamt sollte nach Kuhn nur ein wirklich grundlegender Wandel als Paradigmenwechsel bezeichnet werden. Legt man diesen Maßstab an, so sind die beiden für die Geographie grundlegenden Paradigmen (horizontal, vertikal) seit 200 Jahren im Prinzip nicht abgelöst, sondern nur modifiziert worden.

Literatur
Birkenhauer, J. (1985): Über die möglichen Wurzeln der geographischen Hauptparadigmen bei Herder. In: Mitteilungen der Geographischen Gesellschaft München 70, S. 123–138
Geiger, M. (1990): Räumliche Bezugsebenen des Geographieunterrichts. In: Praxis Geographie, Jg. 20, H. 4, S. 14–17
Kuhn, Th. S. (1973): Die Struktur wissenschaftlicher Revolutionen. Frankfurt
Schultz, H. D. (1980): Die deutschsprachige Geographie von 1800 bis 1970 (= Abhandlungen des Geographischen Instituts der Freien Universität Berlin – Anthropogeographie, Band 29). Berlin
Schultz, H. D. (1997): Von der Apotheose des Fortschritts zur Zivilisationskritik. In: Urbs et Regio, 65, S. 177–282
Sperling, W. (1997): Paradigmenwechsel im Geographieunterricht Deutschlands. In: Geographies of Germany and Canada (= Studien zur Internationalen Schulbuchforschung, Band 92). Braunschweig, S. 101–116

Josef Birkenhauer

Physisch-geographischer Ansatz

Definition
Der physisch-geographische Ansatz zielt auf die sinnvolle Auswahl und Vermittlung physisch-geographischer Inhalte und Methoden im Geographieunterricht unter Einbeziehung ausgewählter Inhalte benachbarter Geowissenschaften (→ Zentrierungsfach Erdkunde, → Ökologischer Ansatz).

Klassifikation
1. Nach der Stellung physisch-geographischer Inhalte im Rahmen des Lehrplans:
– im Rahmen eigenständiger, mehr oder minder systematischer Kurssequenzen (z. B. Behandlung nach den Sphären; Boden, Wasser, Relief (Täler) usw.), mit unterschiedlich starkem regionalen Bezug (Vegetationszonen, Glaziallandschaften usw.),
– als Teil regionalgeographischer Themen (z. B. Karst der Alb, Böden der Tropen usw.),
– als Grundlage zum Verständnis anthropogeographischer Sachverhalte (z. B. Klimazonen als Grundlage zum Verständnis von Wirtschaftsformen, Problemen in Entwicklungsländern),
– als Grundlage zur Vermittlung umfassender Ökosystemzusammenhänge (→ Ökologischer Ansatz),
– als Teil einer umfassenden (→)Umwelterziehung.
2. Nach der (→) Maßstabsdimension physisch-geographischer Aspekte.
3. Nach der Bewertung der Mensch-Natur-Beziehung:
– der Mensch in Abhängigkeit von der Natur (→ Geodeterminismus),
– der Mensch als Nutzer der Erde (→ Inwertsetzung),
– der Mensch als nahezu uneingeschränkter Gestalter der Erde (Possibilismus),
– der Mensch als in die Natur eingebundenes Wesen, das gestaltet, aber auch die Folgen seines Tuns erfährt.

Zur geographiedidaktischen Diskussion
Nachdem die Physische Geographie in den Lehrplänen der 70er-Jahre vielfach zurückgedrängt wurde, ist in den letzten Jahren ein stetiger Bedeutungsgewinn zu verzeichnen, vor allem in Folge der Umwelt- und Ökologiediskussion (→ Ökologischer Ansatz). Die vormals vehement geführte Diskussion um den Gegensatz von (→) Geodeterminismus und Possibilismus ist inzwischen zurückgetreten und wird überlagert durch die Frage nach der angepassten Nutzung bzw. Nachhaltigkeit (Sustainability, autochthone vs. allochthone Nutzungen) (→ Inwertsetzung, → Geographiedidaktische Leitvorstellung).
In den Lehrplänen werden hierzu oftmals traditionelle Nutzungen und moderne Entwicklungen (z. B. das Leben der Inuit früher und heute) gegenübergestellt. Es gibt keinen festgelegten Kanon physisch-geographischer Inhalte in der Schule, doch kann man einen Grundkonsens bei wichtigen Unterrichtsthemen feststellen (vgl. auch Nolzen 1988). Es besteht weitgehend Einigkeit darin, dass Physische Geographie in der Schule nicht Selbstzweck ist, sondern an ihrem Beitrag zur Vermittlung eines umfassenden Raumverständnisses gemessen werden soll. Im Vordergrund stehen Mensch-Natur-Beziehungen unterschiedlicher Komplexität, wobei die Gewichtung physisch-geographischer Inhalte zwischen den Bundesländern verschieden ausfällt. Physisch-geographische Inhalte werden zunehmend auch durch neue Medien in den Unterricht eingebracht. (→) Satellitenbilder enthalten physisch-geographische Themen (Vulkanismus, Klimasimulationen, Oberflächenformen usw.). Die fachdidaktische Diskussion, ob physisch-geographische Themen auch ohne primäre Ausrichtung auf Mensch-Natur-Beziehungen zum Erreichen primärer Lernziele beitragen können (Siegburg 1987), wird hier von der Medienentwicklung überlagert.
Neben der Einbindung in problemorientierte Themen werden physisch-geographische Inhalte zunehmend wieder von der Anschauung und (regionalen) Erfahrungswelt der Schüler her angegangen (Talformen, Glaziallandschaften, die Kaltzeiten in Norddeutschland), wobei auch Themen der Landschaftsgeschichte wieder vertreten sind, allerdings unter Berücksichtigung der Nutzungsrelevanz.
Von besonderer Bedeutung ist die Physische Geographie im Rahmen von Schülerprojekten zur Ökologie und Umwelt, wobei naturwissenschaftliche Mess- und Analysemethoden einschließlich des Einsatzes moderner Technologien an Bedeutung gewinnen. Physische Geographie bildet hier ein Instrument zur Vermittlung wissenschaftspropädeutischen Arbeitens (→ Wissenschaftsorientierung). In diesem Rahmen werden auch Möglichkeiten und Grenzen der Zusammenarbeit mit anderen Fächern diskutiert.

Literatur
Breitbach, Th. (1991): Didaktisches Einsatzmodell für Weltraumbilder im Erdkundeunterricht, unter besonderer Berücksichtigung verschiedener Weltraumbildarten. In: Geographie und ihre Didaktik, Jg. 19, H. 4, S.194–212
Breitbach, Th. (1996): Das Eiszeit-Puzzle. Der Vergleich von Eiszeitspuren in Norddeutschland, den Mittelgebirgen und dem Alpenvorland. In: geographie heute, Jg. 17, H. 144, S. 40–45
Nolzen, H. (1988): Physische Geofaktoren (= Handbuch des Geographieunterrichts, Band 10/1). Köln, bes. S. 1–16
Siegburg, W. (1987): Zum Stellenwert geomorphologischer Lehr- und Forschungsinhalte im Geographieunterricht. In: Geographie und ihre Didaktik, Jg. 15, H. 2, S. 57–70

Thomas Breitbach

Planetarium

Definition
Das Planetarium ist ein Medium, mit dem die scheinbaren Bewegungen der Erde und anderer Planeten, des Mondes und des Sternenhimmels dargestellt werden können.

Zur geographiedidaktischen Diskussion
Als Einsatzmöglichkeiten gelten:
1. Der Nachthimmel für jeden Tag des Jahres und für frühere (z. B. um Christi Geburt) oder spätere Zeitpunkte.
2. Der Umlauf der Erde um die Sonne, Jahreszeiten.
3. Die Drehung der Erde um ihre Achse.
4. Der Umlauf des Mondes um die Erde und die Mondphasen, Mond- und Sonnenfinsternis.
5. Die Richtung der Erdachse zum Polarstern.

Der Besuch in einem Projektionsplanetarium als (→) außerschulischem Lernort ist für Schüler affektiv beeindruckend und ermöglicht ein Verstehen der Bewegungen der Himmelskörper. Das Planetarium als Weltraumglobus ist wenig verbreitet, u. a. wegen seines im Verhältnis zu den Einsatzmöglichkeiten im Unterricht hohen Preises. Das Planetarium als Computersimulation ermöglicht ein selbstständiges Eingeben bestimmter Konstellationen und ein Erarbeiten durch den einzelnen Schüler.

Literatur
Biederstädt, W. (1986): Das Planetarium. In: Brucker, A. (Hrsg.): Medien im Geographie-Unterricht. Düsseldorf, S. 346–358

Brucker, A. (1997): Planetarium. In: Haubrich, H. u. a.: Didaktik der Geographie konkret. München, S. 316

Dieter Böhn

Planspiel → Spiele im Geographieunterricht

Planungsdidaktik

Definition
Planungsdidaktik ist die zielorientierte Aufbereitung und Vermittlung von Maßnahmen der (Raum)planung und deren Abläufen und Bedingungen in die Verständnisebene des Abnehmers der Planung (z. B. Stadträte, Betroffene, Interessierte).

Klassifikation
Folgende drei Komplexe des Planungsablaufes sind Gegenstand der didaktischen Überlegungen:
– Ziel der Planungsmaßnahme,
– Modell zur Erklärung der Handlungszusammenhänge,
– Handlungsalternativen.

Konkret ist zu unterscheiden zwischen:
– verständlicher Vermittlung politischer Zielvorgaben und Leitbilder, Inhalte und Methoden räumlicher Planung,
– Erfassung der Interessenlage der Adressaten,
– adressatenorientierter Aufbereitung und Darstellung der fachlichen Informationen bei Anknüpfung an die Denk- und Erfahrungsstrukturen der Adressaten,
– Entwicklung eines zwischen allen Beteiligten kompromissfähigen Konzeptes der Planungsmaßnahme.

Für die Planungsdidaktik gibt es die drei Pole:
– planungsrelevante fachliche Inhalte,
– politische Leitbilder für die Planungsmaßnahme,
– Adressaten.

Zur geographiedidaktischen Diskussion
Durch die Planungsdidaktik sollen Entscheidungsträger und Betroffene den Grad von (→) Raumverhaltenskompetenz erwerben können, der ihnen eine ausreichende Beurteilung sowie eine aktive und kompetente Mitgestaltung der Planungsmaßnahme ermöglicht.

Bislang gibt es noch wenige wissenschaftliche Ansätze für eine geographische Planungsdidaktik. Die Notwendigkeit der Planungsdidaktik wird aber immer wieder betont, insbesondere von Raumplanern, wie z. B. von Ahrens und Zierold. Aufgabe der Planungsdidaktik ist es unter anderem, Grundsätze von Raumplanung und Planungsergebnisse zu vermitteln sowie Informationen adressatengerecht aufzubereiten und darzustellen. Dagegen gehen z. B. Popp und von Papp weiter und sehen als eine wesentliche Aufgabe der Planungsdidaktik, die kompetente Mitwirkung der Bürger an Planungsprozessen zu ermöglichen.

Eine besondere Herausforderung für die Planungsdidaktik besteht darin, dass die Lerninhalte aus dem Bereich der Raumplanung in der Regel ohne Rückgriff auf strukturiertes Vorwissen verständlich gemacht werden müssen. Deshalb sollte ein Überblick über Ziele, Leitbilder und Methoden räumlicher Planung bereits in der Schule vermittelt werden, z. B. im Rahmen der Nahraumanalyse. Im Schulunterricht kann durch aktuelle Beispiele, projektbezogene Unterrichtseinheiten und Planspiele der Bezug zu den Fragen und Problemen der Planung hergestellt werden.

Literatur

Ahrens, P. P. und H. Zierold (1986): Entwicklungsplanung in Kommune und Region (= Dortmunder Beiträge zur Raumplanung 40). Dortmund

Deutscher Verband für Angewandte Geographie (DVAG) (Hrsg.) (1984): Material zur Angewandten Geographie. Band 8: Planungsdidaktik. Bochum

Grote, M. und A. Kämper (1997): Bürgerinnenbeteiligung in der Stadtplanung. Partizipationsprozesse und ihre Wirkungsmöglichkeiten. In: Bauhardt, Chr. und R. Becker (Hrsg.): Stadt, Raum und Gesellschaft. Band 7. Durch die Wand! Feministische Konzepte zur Raumentwicklung. Pfaffenweiler, S. 147–157

Haubrich, H. (1997): Spiele. In: Haubrich, H. u. a.: Didaktik der Geographie konkret. München, S. 188–193

Haubrich, H. (1997): Projekte. In: Haubrich, H. u. a.: Didaktik der Geographie konkret. München, S. 194–197

Moewes, W. (1980): Grundfragen der Lebensraumgestaltung. Berlin und New York

Spitzer, H. (1995): Einführung in die Räumliche Planung. Ulm

Ulrich Wieczorek

Politik → **Gemeinschaftskunde, Politische Weltkunde** → **Gemeinschaftskunde**

Postmoderne (Geographiedidaktik der Postmoderne)

Definition

Die Philosophie der Postmoderne setzt an die Stelle der einen, allgemein gültigen Wahrheit der Wissenschaft Pluralität und Vielperspektivität. Individuelle Lebenserfahrung (Biographie) und persönliche Lebenswelt (→ Heimat) werden in den Mittelpunkt postmoderner Geographiedidaktik gerückt.

Zur geographiedidaktischen Diskussion

Der Forderung nach vielperspektivischer Betrachtung von Lebensbedingungen im Unterricht entspricht die Vielzahl der Überlegungen zur Umsetzung postmoderner Ansätze in der Unterrichtspraxis. Gemeinsam ist allen der an Biographien mit unterschiedlichen, subjektiven Interessen orientierte Zugang zu Problemstellungen, der verschiedene, subjektive Wahrheiten eines Sachverhaltes aufzeigen soll. Die daran anschließende Suche nach Erkenntniswegen orientiert sich an den verschiedenen Sichtweisen und findet so nicht nur zu einer „Wahrheit". Ziel ist somit nicht ausschließlich die Erarbeitung von Fakten, sondern das Verständnis und die Toleranz für verschiedene Meinungen, also die Pluralität von Sichtweise und Einstellung. Diese an die Biographie und die Lebenswelt der Schüler orientierte Vorgehensweise erschwert wegen ihrer Pluralität die Einbindung in ein starres Lehrplangerippe.

Das Fehlen programmatischer und pragmatischer Entwürfe für die Praxis des Geographieunterrichts wird als Argument der Gegner ins Feld geführt. Traditionelle Vorstellungen von Lehren und Lernen in der (Regel-)Schule haben Schwierigkeiten mit der Betonung des Individuell-Singulären. Hier wird die Gefahr gesehen, dass dies zu einer Atomisierung, Chaotisierung mithin zu einer Anarchie des ewig Singulär-Einzelnen führe.

Werlen (1997) hat die Position der Postmoderne konsequent auf die Sozialgeographie angewandt. Hierbei stellt er die Handlungen, Handlungs- und Spielräume der Subjekte in den Mittelpunkt und spricht von Geographien, da jede Person ihre eigene Geographie hat. Werlens Überlegungen enthalten vielfältige Anregungen für die Geographiedidaktik und den Geographieunterricht. Werlen schließt den Wert einer „Geographie der Dinge und Kulturen" als wertvolle Wissensbereiche nicht aus, will sie aber ergänzt wissen durch die „Geographien der Subjekte".

Literatur
Birkenhauer, J. (1993): Die sogenannte „Postmoderne" – ein Paradigmenwechsel für die Erdkunde? In: Geographie und ihre Didaktik, Jg. 21, H. 4, S. 216–230
Hasse, J. (1989/1990): Plädoyer für eine Didaktik des Ephemeren. In: Geographie und ihre Didaktik, Jg. 17, H. 4, S. 197–209 und Jg. 18, H. 1, S. 33–42
Hasse, J. (1990): Kinder und Jugendliche heute. Eine geographiedidaktische Fragestellung? In: Praxis Geographie, Jg. 20, H. 6, S. 6–8
Hasse, J. (1991): Beiträge zu einer postmodernen Geographiedidaktik. In: Vielhaber, Ch. und H. Wohlschläger (Hrsg.): Fachdidaktik gegen den Strom. Nichtkonformistische Denkansätze zur Neuorientierung einer Geographie- (und Wirtschaftskunde-)Didaktik (= Materialien zur Didaktik der Geographie und Wirtschaftskunde, Band 8). Wien
Hasse, J. (1993): Ästhetische Rationalität und Geographie (= Wahrnehmungsgeographische Studien zur Regionalentwicklung, Band 12). Oldenburg
Hasse, J. und W. Isenberg (Hrsg.) (1991): Die Geographiedidaktik neu denken. Perspektiven eines Paradigmenwechsels (= Osnabrücker Studien zur Geographie, Band 11). Osnabrück
Rhode-Jüchtern, T. (1996): Den Raum lesen lernen. Perspektivenwechsel als geographisches Konzept (= Didaktik der Geographie). München
Schmidt-Wulffen, W.-D. (1991): Geographieunterricht 2000. Was lernen? Was (wie) unterrichten? In: Vielhaber, Ch. und H. Wohlschläger (Hrsg.): Fachdidaktik gegen den Strom. Nichtkonformistische Denkansätze zur Neuorientierung einer Geographie- (und Wirtschaftskunde-)Didaktik (= Materialien zur Didaktik der Geographie und Wirtschaftskunde, Band 8). Wien
Schmidt-Wulffen, W.-D. (1994): „Schlüsselprobleme" als Grundlage zukünftigen Geographieunterrichts. In: Praxis Geographie, Jg. 24, H. 3, S. 13–15
Schrand, H. (1992): Erdkunde vor Ort als didaktisches Prinzip. In: geographie heute, Jg. 13, H. 104, S. 2–5
Schrand, H. (1993): Geographiedidaktik – am Ende postmodern? Plädoyer für eine aufklärungsorientierte Geographiedidaktik. In: Hasse, J. und W. Isenberg (Hrsg.): Vielperspektivischer Geographieunterricht (= Osnabrücker Studien zur Geographie, Band 14). Osnabrück, S. 21–25
Welsch, W. (1991): Die postmoderne Moderne. Weilheim
Werlen, B. (1997): Globalisierung, Region und Regionalisierung. Sozialgeographie alltäglicher Regionalisierungen, Band 2 (= Erdkundliches Wissen, Band 119). Stuttgart

Friedhelm Frank

Problemfelder

Definition
Problemfelder bezeichnen jene Thematiken mit Raumbezug, für die dem Schüler über den Geographieunterricht Qualifikationen zur Lebensmeisterung in räumlichen Strukturen vermittelt werden sollen (→ Raumverhaltenskompetenz, → Curricularer Ansatz).

Klassifikation
Im Wesentlichen handelt es sich um folgende Problemfelder:
– Räumliche Orientierung
– Umwelt (u. a. Ökosystem, Ressourcen, Klimawandel, Ansprüche der Freizeitgesellschaft)
– Disparitäten (Ungleichgewichte) (u. a. Gunst und Ungunst, Metropolisierung, Dependenz, Unterentwicklung)

- Erde als „Ressource" (u. a. Klima, Energie, Ozeane, Wasserhaushalt)
- Raum und Macht (Plantagen, Produktionsverlagerung, transnationale Unternehmen, Kolonisation im Regenwald, Agrobusiness, Entwicklung)
- Raum und techno-ökonomische Prozesse
- Die „Eine Welt" (Globalisierung, Bevölkerungswachstum, Quartärisierung, Minderheiten, Ethnien)
- Globale Strukturen

Zur geographiedidaktischen Diskussion

Die Notwendigkeit, geographierelevante Problemfelder zu beschreiben, wurde durch die Forderung von Robinsohn (1967) ausgelöst, den Schülern ein so genanntes curriculares Wissen und Können zu vermitteln (→ Curricularer Ansatz) – d. h. ein Wissen und Können, durch das die Schüler Qualifikationen zur Meisterung von Lebensaufgaben und Lebenssituationen erhalten. Die Diskussion ließ bald erkennen, dass es unmöglich war, alle Lebenssituationen zu definieren und aufzulisten. Auch die ersatzweise herangezogenen (→) Daseinsgrundfunktionen führten zu keiner dauerhaft überzeugenden Lösung.

Birkenhauer schlug daher vor, von Problemkreisen bzw. Situationskomplexen (im Sinne der Problemfelder) auszugehen (erstmals 1972, als Übersicht 1975, Bd. 1, S. 26). In ganz ähnlichem Sinn sprach Graves (1975) vom „issues-approach". Zehn Jahre später führte Klafki die Schlüsselprobleme ein und meinte damit prinzipiell Ähnliches. Wenn nun hier der Begriff Problemfeld vorgezogen wird, so sind dafür folgende Gründe relevant:
1. Der Begriff entstammt der facheigenen Diskussion.
2. Auch die „Internationale Charta der Geographischen Erziehung" geht prinzipiell und ausdrücklich von Problemfeldern bzw. vom „issues-approach" aus.

Literatur

Birkenhauer, J. (1975): Erdkunde, Band 1. Düsseldorf

Birkenhauer, J. (1996): Begriffe im Geographieunterricht. Teile I und II. In: Geographie und ihre Didaktik, Jg. 24, H. 2, S. 57–70

Graves, N. (1975): New movements in the study and teaching of geography. London

Haubrich, H. (Hrsg.) (1994): Internationale Charta der Geographischen Erziehung (= Geographiedidaktische Forschungen, Band 24). Nürnberg

Klafki, W. (1985): Neue Studien zur Bildungstheorie und Didaktik. Weinheim

Schmidt-Wulffen, W. (1994): „Schlüsselprobleme" als Grundlagen zukünftigen Geographieunterrichts. In: Praxis Geographie, Jg. 24, H. 3, S. 13–15

Vogler, L. (1996): Offener Lehrplan – offener Erdkundeunterricht. In: geographie heute, Jg. 17, H. 138, S. 42–45

Josef Birkenhauer

Problemorientierter/-lösender Unterricht

Definition

Im Vordergrund einer problemorientierten Unterrichtsstunde/-einheit steht das selbstständige Erkennen und Lösen einer zentralen Problemsituation. Die Formulierung einer entsprechenden problemerschließenden Fragestellung erfolgt in der Einstiegsphase (→ Begegnung).

Klassifikation

Für die Unterrichtspraxis ergibt sich in Anlehnung an Copei (1930), Bruner (1961), Roth (1963) u. a. folgender idealtypischer Aufbau einer Unterrichtsstunde/-einheit:
1. Erkennen des Problems
Der Einstieg, der die Schüler mit einem Konflikt, einer konkreten Situation oder Problemstellung konfrontiert, führt in der Regel zu einer oder mehreren problemerschließenden Fragestellungen. Beispiel: Nach Präsentation der Thesen von Penck und Weischet zum agrarwirtschaftlichen Produktionspotenzial der tropischen Regenwälder könnte eine problemerschließende Fragestellung lauten: Welchen

Stellenwert haben die tropischen Regenwälder für die zukünftige Ernährung der Menschheit?

2. Hypothesenbildung

3. Problemlösung

Nach Erörterung verschiedener Lösungswege erfolgt die selbstständige und gegebenenfalls arbeitsteilige Auseinandersetzung mit dem Problemfeld. Ergebnis sind Falsifikation, Verifikation oder Modifikation der Hypothesen sowie die Sicherung der Problemlösung.

4. Reflexion

Überprüft werden hier u. a. die Gültigkeit, Brauchbarkeit und die Transfermöglichkeiten der gefundenen Problemlösung (→ Forschungsprojekt).

Zur geographiedidaktischen Diskussion

Das Prinzip des problemorientierten Unterrichts ist nicht neu und wurde bereits in der Reformpädagogik propagiert. Besondere Popularität und Verbreitung erhielt es 1963 durch das Stufenschema von Roth.

Für den Geographieunterricht, der sich sowohl auf globaler als auch lokaler Ebene mit aktuellen Problem- und Fragestellungen auseinander setzt, bietet das Artikulationsschema eines problemorientierten Unterrichts vielfältige Anwendungsmöglichkeiten.

Unter den zahlreichen Vorzügen (→ Entdeckendes Lernen) sei neben der Anleitung zu selbstständigem Denken und Handeln, der Förderung von Kreativität und Problembewusstsein besonders der Aspekt der Motivation hervorgehoben. Letztere ist jedoch nur dann gegeben, wenn das Problem von den Schülern selbst als fragwürdig und interessant bzw. dessen Lösung als notwendig erachtet wird. Da der problemorientierte Ansatz nur eine von vielen Möglichkeiten der unterrichtlichen Artikulation darstellt (vgl. Glöckel 1992), sollte er nicht überstrapaziert werden – insbesondere dann, wenn Probleme an den Haaren herbeigezogen erscheinen.

Literatur

Glöckel, H. (1992): Vom Unterricht. Bad Heilbrunn

Laabs, H. J. u. a. (1987): Pädagogisches Wörterbuch. Berlin

Neber, H. (Hrsg.) (1981): Entdeckendes Lernen. Weinheim und Basel

Roth, H. (1963): Pädagogische Psychologie des Lehrens und Lernens. Hannover

Michael Hemmer

Profil

Definition

Ein Profil ist die Zeichnung eines Vertikalschnitts durch einen Teil der Geosphäre. Es dient der Darstellung der physisch-geographischen Verhältnisse wie dem Relief sowie unter Umständen auch der Lage geologischer Schichten und Gesteine, der Aufeinanderfolge der Bodenhorizonte, der Vegetation sowie der kulturlandschaftlichen Ausstattung (Besiedlung, Wirtschaft etc.) in ihren Bedingungszusammenhängen.

Klassifikation

Nach dem Inhalt:

– das Höhenprofil, Linienprofil oder topographische Profil: Es beschränkt sich auf die Wiedergabe der Reliefzüge.

– das so genannte Kausalprofil: Es zeigt über die Darstellung der Oberflächenform hinaus auch Beziehungen zwischen verschiedenen natur- und kulturgeographischen Faktoren auf. Es finden sich u. a. zeichnerische Angaben über Geologie, Tektonik, Klima, Vegetation, Landnutzung, Siedlung und Verkehr. Im Gegensatz zu seinem Namen stellt es keine Ursache-Wirkungs-Zusammenhänge dar.

– das synoptische Profil (Synoptische Schema): Es setzt sich aus einem Kausalprofil und einer darunter angeordneten, schematischen Stichworttabelle zusammen. Die Angaben der Stichworttabelle beschränken sich auf ein für das konkrete Verständnis notwendiges Mindestmaß und müssen nicht sämtliche Geofaktoren des (→) länderkundlichen Schemas umfassen.

Eine andere Klassifikation stellt den abgebildeten Objektbereich in den Mittelpunkt.
- Landschaftsprofile: In Höhenprofilen sind hier typische Landschaftsräume gekennzeichnet und abgegrenzt.
- Geologische Profile vermitteln eine Vorstellung von der Lagerung und Schichtung der Gesteine in der Erdkruste.
- Meteorologische Profile geben die Schichtung und Lagerungen in der Atmosphäre, Troposphäre und Stratosphäre wieder.
- Hydrologische Profile verdeutlichen in einem Schnitt durch Gewässer u. a Strömungen, Schichtungen etc. in Seen und Ozeanen.
- Bodenprofile stellen die Ausbildung von Bodenhorizonten dar.
- Vegetationsprofile veranschaulichen unterschiedliche Pflanzeninformationen z. T. mit Erklärung durch Klimaelemente.
- Kulturgeographische Profile legen z. B. einen Schnitt durch Wohn-, Anbau- oder Industriegebiete.

Zur geographiedidaktischen Diskussion

Die Übergänge zwischen Profil und (→) Blockbild sind fließend. Man sollte trotzdem klare Unterscheidungen zwischen diesen treffen. Das Profil vermittelt einen zweidimensionalen Eindruck. Demgemäß sind die dreidimensional gezeichneten Übersichts- oder Flächenprofile, Blockprofile oder Landschaftsquerschnitte zu den Blockbildern zu rechnen oder stellen einen Untertyp von ihnen dar. Manchmal werden auch Kausalprofile und synoptische Schemata begrifflich gleichgesetzt.

Einfache Profile können anschaulicher als Karten sein. Deshalb sind schon Kinder in der Primarstufe (zumindest nach der Einführung in das → Kartenverständnis) in der Lage, Profildarstellungen zu verstehen. Der Einsatz eines komplizierten, synoptischen Profils ist aus lernpsychologischen Gesichtspunkten erst ab der 8./9. Jahrgangsstufe angebracht.

Literatur

Achilles, F.-W. (1983): Zeichnen und Zeichnungen im Geographieunterricht. Köln.

Birkenhauer, J. (1982): Profile (= Grundfertigkeiten Geographie. Westermann Programm). Braunschweig

Birkenhauer, J. (1997): Profile. In: Birkenhauer, J. (Hrsg.): Medien. Systematik und Praxis (= Didaktik der Geographie). München, S. 129–137

Brucker, A. (1997): Das Profil. In: Haubrich, H. u. a.: Didaktik der Geographie konkret. München, S. 308–311

Büschenfeld, H. (1986): Das Profil. In: Brucker, A. (Hrsg.): Medien im Geographie-Unterricht. Düsseldorf, S. 206–217

Schneider, Th. (1996): Das topographische Profil. In: Zeitschrift für den Erdkundeunterricht, Jg. 48, H. 3, S. 126–133

Gisbert Rinschede

Prognostischer Ansatz → **Prozessualer Ansatz**

Projekt

Definition

Das Projekt ist ein handlungsorientiertes, fächerübergreifendes Lernunternehmen, das durch hohe Selbsttätigkeit und Selbstständigkeit der Schüler gekennzeichnet ist und unter maßgeblicher Schülerbeteiligung geplant, durchgeführt und nachbereitet wird. Es gehört zu den offenen Lernformen (→ Handlungsorientierung, → Fächerübergreifender Unterricht).

Klassifikation

Allgemeine Kennzeichen für Projekte:
- Handlungsorientierung
- Begrenzte Aufgaben-/Problemstellung
- Wirklichkeitsnähe/Situationsbezug
- Gesellschaftliche Praxisrelevanz
- Interdisziplinarität
- Orientierung an den Interessen der Beteiligten
- Zielgerichtete Projektplanung
- Selbstorganisation und Selbstverantwortung
- Produktorientierung

Mögliches Grundmuster für den Projektablauf (nach Frey 1996):

1. Projektinitiative (Anregung aus der Projektgruppe oder von außen, als Angebot zu verstehen)
2. Projektskizze (Festlegung der Rahmenbedingungen nach Auseinandersetzung mit der Projektinitiative, z. B. Zeitlimit, Spielregeln, Teilnehmerinteressen)
3. Projektplan (Wer tut wie wann was?)
4. Projektdurchführung
5. Projektabschluss

Hinzu kommen:
1. Fixpunkte (bei Bedarf einzuschiebende organisatorische Schaltstellen, Hilfestellungen, Informationsphasen, „Denkpausen" zur Reflexion und gegenseitigen Information der Gruppen).
2. Metainteraktion (Fragen der Zusammenarbeit und des Umgangs miteinander in der Gruppe werden thematisiert, Pausen zur kritischen Auseinandersetzung mit dem eigenen Tun).

Zur geographiedidaktischen Diskussion

Im Projekt übernehmen die Schüler im Sinne der Handlungsorientierung didaktische Rollen, die sich ergänzen und die Projektgruppe zu einem leistungsfähigen Team machen (z. B. „Journalist", „Bastler", „Archivar", „Experte", hinterfragender „Laie").

Projekte gehören zu den offenen Lernformen (→ Offener Unterricht) und können demzufolge auch scheitern oder abgebrochen werden. Sie nehmen auf die lokale Situation und die Teilnehmerinteressen Rücksicht, sind grundsätzlich zielgerichtet auf ein Projektergebnis hin, das in Form eines Produkts der Öffentlichkeit vorgestellt werden kann. Für den Lernprozess hat jedoch nicht die Qualität der Ergebnisse, sondern die Durchführung des Projekts die größte Bedeutung.

Projekte, die sich mit geographischen Fragestellungen auseinander setzen, behandeln Themen aus dem Umweltbereich, Planungsvorhaben im Nahraum, Herstellung von Lehrpfaden oder Wanderführern etc. Durch ihre Ansätze und die während des Verlaufs angewandten Arbeits- und Sozialformen sowie die Methoden-

vielfalt leistet die Projektarbeit einen wesentlichen Beitrag beim Erwerb von geographiedidaktisch relevanten (→) Schlüsselqualifikationen wie der (→) Raumverhaltenskompetenz. Sie erzieht gerade bei der Behandlung von geographischen Themenbereichen zu vernetztem Denken, zu sachlicher Auseinandersetzung in der Gruppe und damit zur Demokratiefähigkeit, einem wesentlichen Ziel des Geographieunterrichts. Projekte im Geographieunterricht bereiten auf eine aktive Rolle in der Gemeinschaft vor und fördern die kritische Auseinandersetzung mit raumwirksamen politischen Forderungen.

Literatur

Frey, K. (1996): Die Projektmethode. Weinheim und Basel

Gudjons, H. (1997): Handlungsorientiert lehren und lernen. Bad Heilbrunn, S. 67

Haubrich, H. (1994): Projekte. Schule neu gestalten. In: geographie heute, Jg. 15, H. 126, S. 40–43

Haubrich, H. (1997): Projekte. In: Haubrich, H. u. a.: Didaktik der Geographie konkret. München, S. 194

Theißen, U. (1986): Organisation der Lernprozesse. In: Köck, H. (Hrsg.): Grundlagen des Geographieunterrichts (= Handbuch des Geographieunterrichts, Band 1). Köln, S. 239

Peter Pfriem

Prozessplanung → Verlaufsplanung

Prozessualer Ansatz

Definition

Der prozessuale Ansatz betont den genetischen und prognostischen Aspekt räumlicher Strukturen. Er bezieht aus der Gegenwart heraus Vergangenheit und Zukunft mit ein.

Klassifikation

Unter dem „genetischen Ansatz" versteht man eine Betrachtungsweise, bei der bestehende räumliche Strukturen durch geschichtliche Pro-

zesse erklärt werden (z. B. die Ringstraßen einer Stadt in Abhängigkeit von früheren Umwallungen).
Von einem „prognostischen Ansatz" spricht man, wenn (geographische) Entwicklungen in die Zukunft fortgeschrieben werden (z. B. Bevölkerungsentwicklung) oder die Auswirkungen räumlicher Planungen antizipiert werden (z. B. Verkehrsentwicklung nach dem Bau einer Umgehungsstraße).

Zur geographiedidaktischen Diskussion
In der Grundschule wird beim (→) fächerübergreifenden Unterricht in (→) Heimat- und Sachkunde die historische Komponente hervorgehoben. Dies geschieht zunehmend auch in den Lehrplänen der anderen Schularten und -stufen, da neben dem Raum die Zeit eine grundlegende Kategorie menschlicher Lebensgestaltung ist. Bei allen (allgemein- wie regional-) geographischen Themen ist für die Frage, warum eine Raumstruktur gerade so und nicht anders ist, eine Betrachtung früherer Verhältnisse heranzuziehen (→ Inwertsetzung).
Da sich der Geographieunterricht seit den 70er-Jahren auch mit Fragen räumlicher Planung befasst, ist eine prognostische Sicht ebenfalls wichtig (→ Planungsdidaktik).

Literatur
Albrecht, V. (1978): Historische Geographie in der Sekundarstufe II. In: Schulgeographie heute. Frankfurt, S. 68–78
Grünewälder, K. W. (1993): Zum Umgang mit der Zukunft und Zukunftsvisionen im Geographieunterricht. In: Praxis Geographie, Jg. 23, H. 2, S. 4
Sperling, W. (1981): Historische Geographie im Geographieunterricht. In: Sperling, W.: Geographieunterricht und Landschaftslehre, Band 2. Duisburg, S. 680–683
Stiens, G. (1996): Prognostik in der Geographie (= Das Geographische Seminar). Braunschweig

Dieter Böhn

Psychische Faktoren

Definition
Mit psychischen Faktoren sind jene Einsichten aus der pädagogischen Psychologie gemeint, die im Hinblick auf den Unterrichtserfolg und die Schülerorientierung als wesentlich berücksichtigt werden müssen.

Klassifikation
Solche psychischen Faktoren sind u. a.:
– Altersgemäßheit
– Anspruchsniveau (Sprache, Begrifflichkeit, kognitive Aufgaben)
– Geschlechtsspezifische Differenzierungen
– Dimension der Zeit
– Einstellungen
– Geographisches Interesse (→ Geographieinteresse)
– Interkulturelles Verstehen
– Mediengestaltung
– Räumliches Sehen und Verstehen (→ Raumverständnis)

Zur geographiedidaktischen Diskussion
Die Berücksichtigung von psychischen Faktoren ist in der Geographiedidaktik unbestritten. Wo keine Ergebnisse aus der pädagogischen Psychologie vorliegen, hat sich eine Reihe von Geographiedidaktikern seit ca. 1970 selbstständig um die Schließung von Lücken bemüht. Sowohl aus der Psychologie als auch aus der Geographiedidaktik liegen folgende Erkenntnisse vor:
– Altersgemäßheit:
　Sprache (Birkenhauer)
　Begriffe (Birkenhauer, Kaminske)
　Verständnis so genannter chorologischer Begriffe (Köck)
　Kartenverständnis (Schrettenbrunner, Sperling)
　Räumliches Sehen und Verstehen (Birkenhauer, Piaget und Inhelder)
　Dimension der Zeit (Hug)
　Maßstab (Rauscher)
　Das seelisch Nahe – das seelisch Fremde (Birkenhauer)

- Anspruchsniveau von Aufgaben (Heckhausen)
- Einstellungen – international (Haubrich)
- Geographisches Interesse (Hemmer, I., Hemmer, M., Obermaier)
- Interkulturelles Verstehen (Haubrich, Kroß, Tröger)
- Geschlechtsspezifische Differenzierung (Birkenhauer, Hemmer, I., Hemmer, M.)
- Medien (Birkenhauer, Kraatz, Stonjek, Sperling)
- Unterrichtsformen und -stile (Weinert, Geiger)
- Computer (Haubrich, Schrettenbrunner)
- Unterrichtsprinzipien (H. Roth: Originale Begegnung; Heimann: Implikationszusammenhang)

Eine Reihe weiterer Fragestellungen musste bisher offen bleiben wie z. B.:
- Milieubedingte Einstellungen der Schüler in ihrer Bedeutung für den geographischen Unterricht
- Berücksichtigung unterschiedlicher Ausgangsbedingungen bei den Schülern
- Erfolgreiche Unterrichtsformen

Literatur
Birkenhauer, J. (1986): Erziehungswissenschaftlicher Rahmen. In: Köck, H. (Hrsg.): Grundlagen des Geographieunterrichts (= Handbuch des Geographieunterrichts, Band 1). Köln, S. 86–128

Birkenhauer, J. (Hrsg.) (1997): Medien. Systematik und Praxis (= Didaktik der Geographie). München

Kirchberg, G. (1997): Psychologische Aspekte des Geographieunterrichts. In: Haubrich, H. u. a. (Hrsg.): Didaktik der Geographie konkret. München, S. 49–86

Josef Birkenhauer

Qualifikationen

Definition
Qualifikationen sind dauerhafte Einstellungen, Fertigkeiten und Fähigkeiten, die sich auf ein klar bezeichnetes Endverhalten beziehen und im Geographieunterricht erworben werden.

Zur geographiedidaktischen Diskussion
Qualifikationen statt (→) Allgemeinbildung und geographischen Inhalten als Eigenwert werden im (→) curricularen Ansatz als eine der (→) Bildungsaufgaben und -ziele des Faches genannt. Als eine übergreifende Qualifikation gilt die (→) Raumverhaltenskompetenz.

Literatur
Hausmann, W. und G. Kirchberg (1997): Lernzielorientierung. In: Haubrich, H. u. a.: Didaktik der Geographie konkret. München, S. 122

Köck, H. (1980): Theorie des zielorientierten Geographieunterrichts. Köln

Dieter Böhn

Raum- und Umweltwahrnehmung

Definition
Raum- und Umweltwahrnehmung ist nach Wenzel (1982) der Vorgang der Betrachtung und Bewertung der Umgebung durch ein Individuum, die von subjektiven Empfindungen, Eindrücken und Erfahrungen abhängt. Dabei wird von der Erkenntnis ausgegangen, dass Raum und Umwelt zwar real existieren, jedoch in einer subjektiven/sozialspezifischen Wahrnehmungsdimension erfahren werden (→ Mental maps).

Klassifikation
1. Der psychologische Ansatz
Der objektive Raum bzw. die objektive Umwelt besteht aus einer unendlichen Vielzahl von Einzelinformationen, die jeweils ein Faktum darstellen. Kein Individuum ist aber in der Lage, diese unendlich große Zahl von Einzelinformationen abzurufen, aufzunehmen und zu verarbeiten. Daher werden in das Vorstellungsbild nur jene Reize aufgenommen, d. h. einer bewussten begrifflichen Erkennung zugeführt (Wimmer/Perner 1979), die für den Wahrnehmenden von Interesse sind und als

Selektivität der Wahrnehmung bezeichnet werden.

2. Stufen der Wahrnehmung

Die Art der Wahrnehmung ist von der Sozialisation (Erziehung, soziales Umfeld, Beruf etc.) des Individuums abhängig und wirkt bei der Auswahl der Informationen als Filter; weitere Filter sind vom Individuum in eine Wahrnehmungssituation mitgebrachte Erwartungen (Hypothesentheorie der Wahrnehmung nach Bruner/ Postman 1951, zitiert in Lilli 1983).

Nach den Ausführungen von Lilli (1983) stellt sich der Wahrnehmungsvorgang in drei Stufen folgendermaßen dar:
- Ein Individuum erstellt aufgrund seiner Sozialisation, Vorinformation, seines Interesses und seiner Intention eine Hypothese über ein bevorstehendes Wahrnehmungsereignis.
- Dort angekommen, werden Informationen aufgenommen und verarbeitet (Kontakt mit der Reizsituation).
- Anschließend vergleicht der Beobachter/Wahrnehmende die aufgenommenen Informationen mit seinen Erwartungen (Wahrnehmungshypothese). Entsprechen diese Informationen seiner Erwartungshaltung, wird die Hypothese bestätigt, der Wahrnehmungsvorgang ist damit abgeschlossen, die Information wird gespeichert. Entsprechen die Informationen der Erwartungshypothese nicht, wird der Wahrnehmungsvorgang mit geänderter Hypothese wiederholt, und zwar theoretisch so lange, bis Erwartungshypothese und Information übereinstimmen und der Wahrnehmungsvorgang abgeschlossen wird. Fichtinger (1974) wies nach, dass Informationen so gefiltert werden, dass vorwiegend bestätigende Beobachtungen aufgenommen werden.

Wießner (1978) teilt in Anlehnung an Downs (1970) den Ablauf menschlichen Verhaltens in fünf Phasen ein:
1. Wahrnehmung bzw. Wahrnehmungsverhalten
2. Bewertung bzw. Bewertungsverhalten
3. Entscheidung bzw. Entscheidungsverhalten
4. Suche bzw. Suchverhalten
5. Verhalten im Sinne von Aktivität (die raumwirksam ist)

Demgemäß stellt sich der Wahrnehmungsprozess folgendermaßen dar: Die reale Welt sendet Signale aus, die vom Menschen unter Einschaltung seines Wertesystems bzw. seiner Wertvorstellungen und abhängig von seiner Interessenlage und seiner Erwartungshaltung abgerufen und mit seinem Bild verglichen werden, das er/sie von einem jeweiligen Land, einer Person, einem Gegenstand etc. im Kopf hat (→ Mental maps). Dies führt zu einer Entscheidung, die nun zu Aktivität im Raum führen kann (Vogel 1993) (→ Wertvorstellungen).

Zur geographiedidaktischen Diskussion

Die Raum- und Umweltwahrnehmung ist Teil des wahrnehmungsgeographischen Ansatzes. Ziel ist, den Schülern aufzuzeigen, dass der Raum von ihnen wie von allen anderen nur subjektiv aufgenommen wird, dass man sich jedoch u. a. mit dem in der Geographie erworbenen Wissen intersubjektive Erkenntnisse erwerben kann.

Literatur

Downs, R. M. (1970): Geographic Space Perception. Past Approaches and Future Prospects. In: Progress in Geography, 2, pp. 65–108

Downs, R. M. und D. Stea (1982): Kognitive Karten. New York.

Fichtinger, R., R. Geipel und H. Schrettenbrunner (1974): Studien zu einer Geographie der Wahrnehmung (= Der Erdkundeunterricht, Heft 19). Stuttgart

Kaminske, V. (1997): Wahrnehmungsgeographie als Kognitionswissenschaft. In: Frank, F., V. Kaminske und G. Obermaier (Hrsg.): Die Geographiedidaktik ist tot, es lebe die Geographiedidaktik. Festschrift zur Emeritierung von Josef Birkenhauer (= Münchner Studien zur Didaktik der Geographie, Band 8). München, S. 41–66

Lilli, W. (1983): Hypothesentheorie der Wahrnehmung. In: Frey, D. und S. Greif (Hrsg.): Sozialpsychologie. Ein Handbuch in Schlüsselbegriffen. München, S. 192–195

Vogel, H. (1993): Landschaftserlebnis, Landschaftswahrnehmung, Naturerlebnis, Naturwahrnehmung. In: Hahn, H. und H. J. Kagelmann: Tourismuspsychologie und Tourismussoziologie. Ein Handbuch zur Tourismuswissenschaft. München, S. 286–293
Wenzel, H.-J. (1982): Raumwahrnehmung/Umweltwahrnehmung. In: Jander, L., W. Schramke und H.-J. Wenzel (Hrsg.): Metzler Handbuch für den Geographieunterricht. Stuttgart, S. 326–333
Wießner, R. (1978): Verhaltensorientierte Geographie. Die angelsächsische Behavioral Geography und ihre sozialgeographischen Ansätze. In: Geographische Rundschau, Jg. 30, H. 11, S. 420–426
Wimmer, H. und J. Perner (1979): Kognitionspsychologie. Stuttgart

Helmer Vogel

Raumverhaltenskompetenz

Definition
Raumverhaltenskompetenz ist die Fähigkeit und Bereitschaft zu effektivem und adäquatem erdraumbezogenen Verhalten.

Klassifikation
Erdraumbezogenes Verhalten besteht aus zwei Verhaltensarten:
- dem mentalen, d. h. alle geistigen (rationalen wie emotionalen) raumbezogenen Aktivitäten einschließenden Verhalten;
- dem aktionalen, d. h. alle bewussten körperlichen (operativen wie kommunikativen) raumbezogenen Aktivitäten einschließenden Verhalten.

Als solches dient raumbezogenes Verhalten dem Eigen- oder/und Gemeinwohl und reicht von der lokalen bis zur globalen Dimension.
Effektiv ist Raumverhalten, wenn es erfolgreich bzw. wirkungsvoll im Sinne der verfolgten und als solchen begründeten Absicht ist.
Adäquat ist Raumverhalten, wenn es in natur- wie sozialräumlicher Hinsicht ethisch wie systemisch verträglich ist.

Zur geographiedidaktischen Diskussion
Wiewohl die Raumverhaltenskompetenz weithin als oberstes oder Leitziel des Geographieunterrichts anerkannt wird, ist der Begriff seit seiner Etablierung durch Köck gleichwohl einer kritischen Diskussion ausgesetzt gewesen. Eingewandt wurde, Raumverhalten sei ein behaviouristischer Reflex, sei zu abstrakt, bloß rational usw. Stattdessen wurden als oberste Ziele „Raumhandlungskompetenz", „die Erde bewahren", „raumverantwortliches Handeln" vorgeschlagen (vgl. ausführlich in Köck 1997). In Anbetracht des Umstandes, dass der Begriff Raumverhaltenskompetenz jedoch die größte begriffliche Weite aufweist und somit in der Lage ist, alle Subziele zu subsumieren, sowie angesichts der Tatsache, dass er durch Einarbeitung verschiedener kritischer Anregungen kontinuierlich weiterentwickelt wurde, dürfte seine Eignung als oberstes bzw. Leitziel des Geographieunterrichts gewährleistet sein.

Literatur
Köck, H. (1980): Theorie des zielorientierten Geographieunterrichts. Köln
Köck, H. (1989): Aufgabe und Aufbau des Geographieunterrichts. In: Geographie und Schule, Jg. 11, H. 57, S. 11–25
Köck, H. (1993): Raumbezogene Schlüsselqualifikationen. In: Geographie und Schule, Jg. 15, H. 84, S. 14–22
Köck, H. (1997): Raumverhaltenskompetenz in der Kritik und die Frage nach möglichen Leitzielalternativen. In: Frank, F., V. Kaminske und G. Obermaier (Hrsg.): Die Geographiedidaktik ist tot, es lebe die Geographiedidaktik. Festschrift zur Emeritierung von J. Birkenhauer (= Münchner Studien zur Didaktik der Geographie, Band 8). München, S. 17–39

Helmuth Köck

Raumverständnis (Entwicklung)

Definition
Das Raumverständnis ist die Fähigkeit, reale und über Medien vermittelte räumliche Infor-

mation aufzunehmen, zu verarbeiten und einzuordnen.

Klassifikation
Verschiedene Klassifikationen gelangen bei unterschiedlichen Ausgangspunkten zu sich ergänzenden Ergebnissen. Insgesamt ist für die Entwicklung eines objektiven Raumverständnisses wichtig, dass sich das Kind von der egozentrierten Sicht löst.
Im Wesentlichen sind in der deutschen Literatur folgende Auffassungen zu unterscheiden:
1. Die weltweit am meisten anerkannte und angewendete Klassifikation der Entwicklung des räumlichen Denkens ist die nach Jean Piaget und Bärbel Inhelder (1948; deutsch 1971, auf die Adoleszenz 1977 erweitert) (Auswahl):
– perspektivischer Raum (ab 7 J.): Erkennen und Anwenden von Fluchtlinien
– reversibler Raum (ab 9 J.): Lage von Bergen in Modellen sowie von Siedlungen auf Lageplänen werden unabhängig vom eigenen Standpunkt erfasst
– objektiver Raum (bis 11–12 J.): über Internalisierung von Lageplänen und Karten
– symbolischer Raum: reversible Handhabung aller Merkmale in der denkenden Vorstellung, dabei zwei Stufen (Piaget/Inhelder 1977):
a) späte Kindheit (formale Stufe A: noch nicht voll reversibel)
b) Adoleszenz (formale Stufe B: voll reversibel)
2. Untersuchungen zum selbstständigen räumlichen Zurechtfinden von Schülern verschiedener Altersstufen wurden von Friedrich Stückrath (1963) unternommen:
– Stufe 1 (6–8 Jahre) Kenntnis einzelner Plätze ohne erlebten Zusammenhang
– Stufe 2 (9–11 Jahre) Unabhängigkeit der räumlichen Situation vom erlebenden Subjekt, aber noch kein „Sehen von außen" möglich
– Stufe 3 (12–15 Jahre) Möglichkeit zur geistigräumlichen Distanzierung
3. Christel Kosmella erfasste sehr detailliert das erdkundliche Verständnis von Grundschülern:

Loslösen von der Egozentrik (zwischen 6 und 10 Jahren).
Beispielhafte Auswahl aus der Untersuchung von 30 Items:
– Schwierigkeiten bei mehr als einer Variablen bleiben (Länge und Höhe, Funktionen von Stadtvierteln)
– große Schwierigkeiten bei räumlichen Veränderungen durch die Zeit (Flusslauf, Siedlungsänderung)
4. Josef Birkenhauer gelangte zu einer Unterscheidung von kindlichem Sehen und Erwachsenensehen:
– Kinder (bis 14/15 Jahren) sind konzentriert auf und sprechen an auf Details, die ihnen interessant erscheinen; Überblicke sind daher erst am Ende einer Unterrichtseinheit sinnvoll.
– Adoleszenz (Klasse 10/11): Ein Ausgehen von Überblicken ist sehr willkommen.

Zur geographiedidaktischen Diskussion
Lehrplanmacher und Schulbuchautoren nehmen auf diese Ergebnisse wenig Rücksicht, obwohl sie nicht bezweifelt werden können. Möglicherweise ist die „Erwachsenensicht" derart internalisiert, dass sie in jedem Fall als selbstverständlich vorausgesetzt wird.
Auch über andere Verfrühungen ist bisher wenig geforscht worden.

Literatur
Birkenhauer, J. (1980): Psychologische Grundlagen des Geographieunterrichts. In: Kreuzer, G. (Hrsg.): Didaktik des Geographieunterrichts. Hannover, S. 104–135
Birkenhauer, J. (1986): Erziehungswissenschaftlicher Rahmen. In: Köck, H. (Hrsg.): Grundlagen des Geographieunterrichts (= Handbuch des Geographieunterrichts, Band 1). Köln, S. 102–111
Birkenhauer, J. (1985/1986): Landschaftsbewertung und perspektivisches Sehen. In: Geographie und ihre Didaktik, Jg. 13, S. 169–181 und Jg. 14, S. 14–35
Kosmella, Ch. (1979): Die Entwicklung des „länderkundlichen" Verständnisses. München

Stückrath, F. (1963): Kind und Raum. München
Piaget, J. und B. Inhelder (1971): Die Entwicklung des räumlichen Denkens beim Kind. Stuttgart
Piaget, J. und B. Inhelder (1977): Von der Logik des Kindes zur Logik des Heranwachsenden. Olten

Josef Birkenhauer

RCFP (Raumwissenschaftliches Curriculum Forschungsprojekt)

Definition
Das RCFP war in den 70er-Jahren ein Großprojekt geographiedidaktischer Curriculumforschung, bei dem in zehn umfassenden Unterrichtseinheiten geowissenschaftliche Inhalte, Materialien und Methoden unter der pädagogischen Zielsetzung einer Vermittlung gegenwarts- und zukunftsrelevanter Qualifikationen erarbeitet wurden.

Zur geographiedidaktischen Diskussion
Vorbild des RCFP war das amerikanische HSGP (High School Geography Project) der 60er-Jahre. Das RCFP wurde durch den Zentralverband der Deutschen Geographen mit Unterstützung durch einzelne Kultusministerien und das Bundesforschungsministerium durchgeführt, wobei zehn regionale Arbeitsgruppen selbst gewählte Themen unter Beratung durch einen hauptamtlichen Stab selbstständig erarbeiteten. Die Themen waren ohne größeren Zusammenhang, eine Art Lehrplan war nicht beabsichtigt. Neu am RCFP waren bei den einzelnen Unterrichtseinheiten eine konsequente Ausrichtung an Lernzielen sowie die umfassende Bereitstellung von Materialien, neu war die enge und beispielhafte Zusammenarbeit von Fachdidaktikern, Fachwissenschaftlern und Lehrern bei der Erstellung und der Evaluierung der Einheiten.
Obwohl das RCFP wie sein amerikanisches Vorbild HSGP vor allem die Öffentlichkeit von der Bedeutung und Notwendigkeit des Geographieunterrichts überzeugen sollte, gelang dies sowohl in den USA als auch in (West-)Deutschland nur unzureichend.
Das RCFP hat seit Mitte der 70er-Jahre für etwa ein Jahrzehnt die geographiedidaktische Diskussion über Ziel, Methoden und Inhalte des Unterrichts beeinflusst. Erkenntnisse wurden auch in Lehrpläne und Schulbücher übernommen. Die einzelnen Unterrichtseinheiten wurden im Unterricht kaum eingesetzt, weil auch damals schon der (zeitaufwendige) Projektunterricht zwar gefordert, jedoch in der Praxis zugunsten einer möglichst großen Zahl unterschiedlicher Inhalte vernachlässigt wurde.

Literatur
Geipel, R. (1975): Das Raumwissenschaftliche Curriculumforschungsprojekt (= Der Erdkundeunterricht, Sonderheft 3). Stuttgart
Schrettenbrunner, H. (1982): Abschlußbericht über die Forschungsarbeiten zum RCFP. In: 18. Deutscher Schulgeographentag Basel. Tagungsband. Basel, S. 290–299

Dieter Böhn

Rechenschaftsablage → **Leistungsmessung**

Regionalgeographische Ansätze

Definition
Regionalgeographische Ansätze beschreiben, erfassen und untersuchen individuelle Räume unterschiedlicher Struktur und Ausdehnung (als Gegenstück zum (→) allgemeingeographischen Ansatz). Mit ihnen wird versucht, die jeweiligen komplexen Kausalgeflechte und räumlich-funktionalen Zusammenhänge eines bestimmten Gebiets zu erschließen (→ Paradigma, → Länderkundlicher Ansatz).

Klassifikation
1. Regionale Geographie im engeren Sinn (→ Länderkundlicher Ansatz)
2. Regionale Geographie im weiteren Sinn, die die unterschiedlichen Regionsklassen wie Territorien (Staaten), Geozonen, Kulturerdteile, Planungsregionen und dergleichen umfasst

Zur geographiedidaktischen Diskussion

Um von der Bezeichnung „Länderkunde" wegzukommen (wegen der negativen Beurteilung), wurde der Begriff „regionale Geographie" eingeführt. Damit sollten neue Betrachtungsweisen akzentuiert werden, nämlich eine erklärend-typisierende sowie eine problemorientierte (Problemländerkunde). Beide Betrachtungsweisen sollten auch die Möglichkeit zum Transfer eröffnen. (Das Einzelbeispiel „Börde" lässt sich auf alle ähnlichen Gunsträume übertragen. Die Probleme von Entwicklungsländern können an einem geeigneten Länderbeispiel so erarbeitet werden, dass daran die grundsätzliche Problematik anderer vergleichbarer Länder verständlich und damit wirklich exemplarisches Arbeiten (→ Exemplarisches Prinzip) möglich gemacht wird.) Nach rd. 25 Jahren z. T. erbitterter Diskussion nach dem Prinzip des „Entweder-oder" (entweder Allgemeine Geographie oder Regionale Geographie) zeigte die Aussprache beim „Zweiten Gothaer Forum" (1994) einen allgemeinen und durchgehenden Konsens für ein gut begründetes Sowohl-als-auch.

Literatur

Birkenhauer, J. (1982): Staatsräume im Unterricht. In: Praxis Geographie, Jg. 12, H. 12, S. 2–7
Birkenhauer, J. (1984): Das funktionale Prinzip in der regionalen Geographie. In: 40. Deutscher Geographentag Münster 1983. Verhandlungsband. Wiesbaden, S. 340–349
Blotevogel, H. H. (1996): Auf dem Weg zu einer Theorie der Regionalität. In: Nomos, S. 44–68
Böhn, D. (1976): Didaktik der Regionalen Geographie. In: Bauer, L. und W. Hausmann (Hrsg.): Geographie. München, S. 60–70
Böhn, D. (1988): Allgemeine und/oder Regionale Geographie. In: Praxis Geographie, Jg. 18, H. 7/8, S. 10–13
Flath, M. und G. Fuchs (Hrsg.) (1995): Fachdidaktische Standorte. Theoretisches Erbe und aktuelle Positionen (= Zweites Gothaer Forum zum Geographieunterricht 1994). Gotha
Köck, H. (1986): Regionalgeographischer Ansatz. In: Köck, H. (Hrsg.): Grundlagen des Geographieunterrichts (= Handbuch des Geographieunterrichts, Band 1). Köln, S. 188–195
Meincke, R. (1995): Das Selbstverständnis des Geographieunterrichts in den neuen Bundesländern. In: Flath, M. und G. Fuchs (Hrsg.): Fachdidaktische Standorte. Theoretisches Erbe und aktuelle Positionen (= Zweites Gothaer Forum zum Geographieunterricht 1994). Gotha, S. 15–22
Richter, D. (1997): Lehrplansäule „Regionale Geographie". In: Haubrich, H. u. a.: Didaktik der Geographie konkret. München, S. 148–149
Sperling, W. (1981): Regionale Geographie im Geographieunterricht. In: Sperling, W.: Geographieunterricht und Landschaftslehre, Band 2. Duisburg, S. 816–819, 835–839, 883–888
Voigt, G. (1994): Geographische Grundpositionen im Widerstreit. In: Zeitschrift für den Erdkundeunterricht, Jg. 46, S. 436 f.

Josef Birkenhauer

Reiseerziehung

Definition

Reiseerziehung zielt auf die Befähigung des Schülers, eine Reise selbstständig und verantwortungsbewusst – im Einklang mit Mensch und Natur sowie für sich persönlich ganzheitlich bereichernd – planen, durchführen und reflektieren zu können.

Klassifikation

Für das Konzept der Reiseerziehung ergeben sich drei aufeinander aufbauende und zugleich interdependente Zielperspektiven:
1. Die Sensibilisierung der Schüler für das Konfliktpotenzial touristischer Nutzungsstrukturen im geoökologischen und soziokulturellen Bereich sowie die selbstreflexive Analyse der eigenen (potenziellen) Konfliktbeteiligung.
2. Die Diskussion möglicher Lösungsstrategien (z. B. die Theorie des sanften Tourismus), das Aufzeigen individueller Partizipationsmöglichkeiten sowie die Konkretisierung und Umsetzung eines umwelt- und sozialverträglichen Reisestils im intrapersonalen Verantwor-

tungsbereich der Reiseplanung, Reisedurchführung und Reflexion.

3. Der anwendungsbezogene Transfer und die Einübung eines entsprechenden Reisestils im Rahmen von Klassenfahrten sowie von Wandertagen und Ausflügen im Naherholungsraum.

Zur geographiedidaktischen Diskussion
Im Zuge der Neuorientierung der Geographiedidaktik zu Beginn der 70er-Jahre fand der Bereich der Urlaubsplanung Eingang in die Lehrpläne des Geographieunterrichts einzelner Bundesländer und dessen Schulbücher. Während es zunächst um die Vermittlung von Kenntnissen und Fähigkeiten zur Reiseplanung ging (z. B. der Beschaffung und sachgerechten Auswertung von Informationsmaterialien), kennzeichnet die gegenwärtige Reiseerziehung eine stärker wertorientierte Dimension. Die Theorie des sanften Tourismus stellt in diesem Zusammenhang ein mögliches Leitbild dar; in nahezu jedem Entscheidungs- und Handlungsfeld einer Reise sind vielfältige Umsetzungsmöglichkeiten gegeben (vgl. Literatur).

Der Geographieunterricht kann – neben ökologisch ausgerichteten Klassen- und Kursfahrten – einen wichtigen Beitrag zu einer umwelt- und sozialverträglicheren Entwicklung des Tourismus leisten.

Literatur
Engelhardt, W. (1990): Die Länder und die Sinne. Reiseerfahrungen – geographiedidaktisch reflektiert. In: Praxis Geographie, Jg. 20, H. 4, S. 26–29

Hemmer, M. (1996): Reiseerziehung im Geographieunterricht. Konzept und empirische Untersuchungen zur Vermittlung eines umwelt- und sozialverträglichen Reisestils (= Geographiedidaktische Forschungen, Band 28). Nürnberg

Hoplitschek, E. u. a. (1991): Urlaub und Freizeit mit der Natur. Das praktische Handbuch für umweltschonendes Freizeitverhalten. Stuttgart/Wien

Thiel, F. und K. Homrighausen (1993): Reisen auf die Sanfte Tour. Ein Handbuch für Urlaubsreisen, Jugendherbergen und Klassenfahrten. Lichtenau/Göttingen

Michael Hemmer

Rollenspiele → Spiele im Geographieunterricht

Sachanalyse/Sachinformation

Definition
Die Sachanalyse (im Rahmen der Unterrichtsplanung) zielt auf das Erfassen der Sachlogik der zu vermittelnden Inhalte ab. Die Sachinformation ist das Ergebnis der in der (→) didaktischen Analyse ausgewählten und strukturierten Inhalte.

Klassifikation
In ihrer zeitlichen Abfolge lässt sich der Prozess der Sachanalyse gliedern in
– Bestimmung des Ziels
– Materialsammlung im Hinblick auf die Zielsetzung
– Erschließung der Sachstruktur
Die Sachstruktur geographischer Unterrichtsinhalte lässt sich ermitteln nach folgenden Gesichtspunkten:
– nach regionalgeographischen Merkmalen, die als idiographische Momente in einem bestimmten Raum vorhanden sind, und allgemeingeographischen Merkmalen, die in einem anschließenden Transfer regelhafte (nomothetische) Einsichten ermöglichen,
– nach physiogeographischen Elementen und anthropogeographischen Elementen (wie z. B. natürliche Voraussetzungen und wirtschaftliche Nutzung),
– nach einzelnen Strukturelementen innerhalb der Physio- bzw. Anthropogeographie, z. B. die Geofaktoren (Klima, Relief und Vegetation),
– nach den Betrachtungsweisen der Geographie (formal, funktional und prozessual),
– nach geographischen und fachübergreifenden Aspekten (z. B. geoökologische und biologische Aspekte der Umwelterziehung),

– nach dem historischen Entstehungsprozess (z. B. früher–heute).
Diese Gesichtspunkte müssen darauf überprüft werden, in welcher Weise sie für den Erwerb der (→) Raumverhaltenskompetenz dienlich sind.

Zur geographiedidaktischen Diskussion
Der Begriff „Sachanalyse" ist missverständlich, weil er fast zwangsläufig die falsche Vorstellung erweckt, dass es sinnvoll sei, vor allen didaktisch-methodischen Überlegungen die „reine" Sache zu analysieren. Er macht den Eindruck, als ob die Fachwissenschaft die wichtigste Instanz für die Festlegung von Lernzielen und Lerninhalten sei. Die Auseinandersetzung des Lehrers mit der „Sache" im Rahmen der Unterrichtsvorbereitung kann jedoch nicht ohne Berücksichtigung der Gesellschafts- und Schülerrelevanz (Kind-Sach-Bezug) im Hinblick auf die vorgegebenen Zielsetzungen im Rahmen der (→) didaktischen Analyse erfolgen. Die Sachstruktur des Unterrichtsinhaltes entspricht somit auch nicht unbedingt der Struktur der Fachwissenschaft. So wird z. B. das Thema „Naturkatastrophen" in der Fachwissenschaft in der sachlogischen Abfolge Ursachen, Auswirkungen, Hilfs- und Gegenmaßnahmen behandelt. Die Sachstruktur des Unterrichtsthemas „Naturkatastrophen" kann aber durchaus der schülergemäßen Gliederung Auswirkungen, Ursachen, Hilfs- und Gegenmaßnahmen folgen, wie in den (→) Betrachtungsweisen der Geographie vorgegeben.

Literatur
Engelhard, K., H. Haubrich und G. Kirchberg (1997): Unterrichtsplanung und -analyse. In: Haubrich, H. u. a.: Didaktik der Geographie konkret. München, S. 367–430
Meyer, H. (1993): Leitfaden zur Unterrichtsvorbereitung. Frankfurt am Main
Schramke, W. (Hrsg.) (1993): Der schriftliche Unterrichtsentwurf. Ein Leitfaden mit Lehrproben-Beispielen. Erdkunde. Hannover
Gisbert Rinschede

Sachkunde → **Heimat- und Sachkunde**

Sachunterrichtlicher Ansatz

Definition
Der sachunterrichtliche Ansatz erstrebt eine wissenschaftsorientierte Vermittlung von Inhalten in der Grundschule.

Klassifikation
(→) Heimat- und Sachkunde, fachintegrativer Ansatz: Die einzelnen Themen gehen zwar von einer Bezugswissenschaft aus, doch erfolgt keine für den Schüler erkennbare Trennung in einzelne Fächer (→ Fächerübergreifender Unterricht).

Zur geographiedidaktischen Diskussion
Der sachunterrichtliche Ansatz wurde besonders in den 70er-Jahren propagiert, als vom Deutschen Bildungsrat und in der Pädagogik die Wissenschaftsorientierung schon in der Grundschule gefordert wurde. In den Lehrplänen z. B. von Bayern (1971) und Nordrhein-Westfalen (1973) wurde der Ansatz verwirklicht, Katzenberger lieferte sowohl theoretische Begründung als auch Beispiele praxisorientierter Umsetzung. Bereits Ende der 70er-Jahre wurde unter dem Schlagwort der „Kindorientierung" eine Abkehr von der Wissenschaftsorientierung gefordert, ohne dass eine Rückkehr zur Heimatkunde erfolgte, wie sie vor 1970 vorherrschte. Man bemüht sich, wissenschaftliches Denken möglichst kindgemäß anzubahnen.

Literatur
Engelhard, K. (1997): Primarstufe. In: Haubrich, H. u. a.: Didaktik der Geographie konkret. München, S. 158–161
Katzenberger, L. (Hrsg.) (1972, 1973, 1975): Der Sachunterricht in der Grundschule in Theorie und Praxis. 3 Bände. Ansbach
Dieter Böhn

Sachzeichnung

Definition
Die Sachzeichnung ist eine vereinfachte grafische Darstellung eines geographisch relevanten Inhalts in schülerangemessener Form (→ Merkbild).

Zur geographiedidaktischen Diskussion
Durch (→) Vereinfachung, Hervorhebung und Wahl der Perspektive kann der Inhalt der Zeichnung den didaktischen Erfordernissen der Sachstruktur und dem Entwicklungsstand der Schüler angepasst werden. Die Vereinfachung birgt zwar die Gefahr einer fehlerhaften Generalisierung oder Akzentuierung, andererseits bietet sie die Möglichkeit zur Konzentration auf das Wesentliche, etwa im Gegensatz zur Fotografie. Durch die hohe Qualität und weite Verbreitung fotografischer Medien ist die Sachzeichnung als reines Anschauungsmaterial heute allerdings vielfach verdrängt.

Dennoch behält sie ihre Berechtigung im Unterricht, und zwar dort, wo sie Sachverhalte und Einsichten besser vermittelt als andere Medien oder wo sie in Kombination mit oder als Reaktion auf neue Medien oder unterrichtliche Konzepte wieder an Bedeutung gewinnt.

1. Die Sachzeichnung ist zur Darstellung von Entwicklungsprozessen oft unverzichtbar. In gedruckter Form findet sie in dieser Funktion sowie zur Veranschaulichung von Sachverhalten besonders im Sachunterricht der Primarstufe Verwendung.
2. Die Sachzeichnung regt zu intensiver Auseinandersetzung mit dem Sachverhalt und zu selbstständiger Tätigkeit an. Als Schüler- oder Lehrerzeichnung kann sie parallel mit der Erarbeitung der Sachstruktur schrittweise entwickelt oder verändert werden. Die Schülerzeichnung bedarf meist eines Vorbildes oder einer Anleitung. Aus diesem Grunde hat die Lehrerzeichnung einen besonderen Stellenwert im Unterricht.
3. Die Sachzeichnung als Gedankenzeichnung trägt zur Bewusstmachung von Wahrnehmungsmustern und Diskrepanzen zwischen verschiedenen Perspektiven eines Sachverhalts (→ Mental maps) bei.
4. Die Sachzeichnung dient als Hilfe zur Erschließung anderer Medien (Texte, Bilder, insbesondere auch komplexe Weltraumbilder).
5. Die Sachzeichnung hat sich als pädagogisch sinnvoll erwiesen, vor allem, weil sie der Überfrachtung mit Informationen, wie sie durch viele audiovisuelle Medien gegeben ist, entgegenwirkt und durch die zeichnerische Arbeit die Schüler zur Auswahl, Strukturierung und Fokussierung und damit zur bewussteren Wahrnehmung führt. Hieraus resultiert die Forderung, Schüler wieder mehr zum Zeichnen anzuleiten, welches angesichts der bestehenden Defizite der Zeichenfähigkeit eine Stufung des Schwierigkeitsgrades und der damit verbundenen Fähigkeiten und Fertigkeiten erfordert.

Auch gedruckte Sachzeichnungen können von der Aussage her eindeutiger sein als beispielsweise ein Foto, weil sie das Wesentliche besser herausheben (z. B. Stockwerkbau des Regenwaldes).

Literatur
Achilles, F.-W. (1977): Zeichnen und Zeichnung im Geographieunterricht der Sekundarstufe I. In: Geographieunterricht, H. 12, S. 388–401

Achilles, F.-W. (1983): Zeichnen und Zeichnungen im Geographieunterricht (= Schulgeographie in der Praxis, Band 4). Köln

Theißen, U. (1993): Messen, Zeichnen, Fotografieren und Videografieren. In: geographie heute, Jg. 14, H. 111, S. 4–9

Thomas Breitbach

Sammlungsraum → Fachraum

Sandkasten

Definition
Der Sandkasten ermöglicht es, geographische Erscheinungsformen und Sachverhalte in ihrer

Dreidimensionalität als stark vereinfachte, konkrete (→) Modelle relativ schnell und einfach herzustellen.

Klassifikation
1. Nach Abmessungen und Arbeitsform:
– als (stationärer) Klassensandkasten (ca. 130 x 110 cm und größer), für die ganze Klasse steht ein Sandkasten zur Verfügung.
– als mehrfach vorhandene, leichte Gruppensandkästen (Kunststoffeinschübe in Schubladenkästen, ca. 60 x 60 cm).
2. Nach dem verwendeten Formmaterial:
– mit echtem (Quarz-) Sand
– mit Xyloform (leichtes, ölgetränktes Sägemehl)
3. Nach der Art der Veranschaulichung und Funktion:
– In inhaltlicher Hinsicht bietet der Sandkasten die Möglichkeit zur Umsetzung zweidimensional dargestellter Sachverhalte (z. B. Karte) in ein dreidimensionales Modell (Visualisierung, Veranschaulichung), umgekehrt aber auch eine Grundlage für die Umsetzung räumlicher, dreidimensionaler Gegebenheiten (Topographie, Relief) in zweidimensionale Darstellungen (Beispiele: einfacher Lageplan, Höhenlinien).
– In prozessualer Hinsicht erlaubt der Sandkasten den Schülern, Gehörtes, Gelesenes, Erfahrenes in eigene kreative Arbeit umzusetzen und mithilfe der eigenen Phantasie und handwerklichen Fertigkeit darzustellen.

Zur geographiedidaktischen Diskussion
Nach einer Phase der Geringschätzung um die Siebzigerjahre wird der Arbeit mit dem Sandkasten wieder ein hoher pädagogischer Stellenwert beigemessen, welcher den bisweilen als hinderlich erachteten hohen Zeitaufwand mehr als rechtfertigt und nicht zuletzt daher rührt, dass der Spieltrieb der Schüler positiv für Unterrichtszwecke umgesetzt werden kann. Traditionell ist der Sandkasten ein angestammtes Lehr- und Arbeitsmittel im (→) Heimat- und Sachkundeunterricht der Grundschule, während er bedauerlicherweise in die weiterführenden Schularten trotz seiner Vorzüge so gut wie keinen Eingang gefunden hat.

Ausgewählte Anwendungsgebiete der Sandkastenarbeit sind:
– Lernhilfe bei der Einführung in das (→) Kartenverständnis: Neben dem einfachen Nachvollziehen des Lageplans (Siedlungsstruktur, Verkehrsnetz, Hydrographie u. a.) kann vor allem der Vorgang der Verebnung (Überführung der dreidimensionalen Wirklichkeit in die zweidimensionale Kartenebene) verständlich gemacht werden – insbesondere durch Projektion von am Geländemodell angelegten Höhenlinien (Wollfäden u. a.) auf eine dem Sandkasten aufgelegte Plexiglasplatte.
– Anfertigung eines (→) Profiles: Transparente Seitenwände des Sandkastens erlauben es, durch Nachfahren des Geländeoberflächenverlaufs mit einem Filzstift direkt zur Profillinie zu gelangen.
– Veranschaulichung bestimmter Oberflächenformen (z. B. Drumlin) sowie Formengesellschaften (z. B. glaziale Serie).
– Vermittlung gesicherter Vorstellungen über räumliche Verteilungsmuster (insbesondere über die Gliederung und Struktur des Heimatraumes).
– Als weiteres Anwendungsgebiet wird in jüngerer Zeit im Rahmen des (→) problemorientierten Geographieunterrichts die Möglichkeit genutzt, raumbezogenes Werten und Entscheiden an einem vorgegebenen Raummodell sichtbar und praktizierbar zu machen (z. B. Führung einer Umgehungsstraße, Festlegen eines Wohn- bzw. Gewerbestandorts u. a.).
– Schließlich besteht die Möglichkeit, geographische Prozesse im Rahmen eines (→) Experiments im Sandkasten in reduziertem Maßstab nachzuvollziehen (z. B. Experimente zur Erosion, zur Windverfrachtung u. a.).

Literatur
Birkenhauer, J. (1997): Konkrete Modelle. In: Birkenhauer, J. (Hrsg.): Medien. Systematik und Praxis (= Didaktik der Geographie). München, S. 44–49

Brucker, A. (1997): Der Sandkasten. In: Haubrich, H. u. a.: Didaktik der Geographie konkret. München, S. 312–313
Reimitz, K. (1994): Einführung der Höhenlinien mit dem Sandkasten. In: Praxis Geographie, Jg. 24, H. 7/8, S. 14–16
Reinhardt, K. H. (1986): Der Sandkasten. In: Brucker, A. (Hrsg.): Medien im Geographie-Unterricht. Düsseldorf, S. 324–334
Schmidtke, K. D. (1977): Geographische Modelle im Sandkasten oder der Wiederbelebungsversuch eines traditionellen Arbeitsmittels. In: Geographie im Unterricht, Jg. 2, H. 9, S. 293–299

Rudolf Schönbach/Thomas Schneider

Satelliten- bzw. Weltraumbilder

Definition

Satelliten- bzw. Weltraumbilder sind Aufnahmen von Ausschnitten der Erdoberfläche, die mit den prinzipiell gleichen Aufnahmesystemen wie (→) Luftbilder gewonnen werden, allerdings vom Satelliten, einem Raumschiff oder einer Raumstation.

Klassifikation

Die Klassifikation entspricht im Wesentlichen derjenigen von Luftbildern. Wie das Luftbild ist das Satellitenbild eine reale Wiedergabe der Erdoberfläche, wenn auch nicht immer in natürlichen Farben. Im Unterschied zum Luftbild ist im Satellitenbild das Erkennen einer Reihe von aus der alltäglichen Erfahrungswelt vertrauten Objekten nur in weit geringerem Umfange möglich, allerdings mit steigender Tendenz wegen der immer höheren räumlichen Auflösung der Aufnahmesysteme.

Zur geographiedidaktischen Diskussion

Das Satellitenbild kann im Unterricht weiter an Bedeutung gewinnen, da zunehmend geeignete Folien zur Verfügung stehen. Die Möglichkeiten des Einsatzes von Satellitenbildern im Unterricht sind vielfältig (vgl. Hassenpflug 1996). Satellitenbilder (z. B. Wärmebilder, Meteosat-Aufnahmen, Veränderungen des Aralsees) sind oftmals als solche faszinierend.

Auch das (→) Internet bietet inzwischen eine Fülle von Möglichkeiten, Satellitenbilder im Unterricht einzusetzen. Im Gegensatz zu früher lassen sich damit aktuelle Satellitenbilder auch preisgünstig oder gar umsonst für den Unterricht erwerben.

Zu beachten ist, dass erkennbare Formen in der Regel nicht mehr aus dem unmittelbaren Erfahrungsbereich vertraut, sondern durch institutionalisiertes Lernen erworben sind, z. B. durch das Einprägen topographischer Raster (wie Maindreieck, Mainviereck, italienischer Stiefel usw.).

Literatur

Ante, U. und D. Busche (1979): Hindernisse beim Einsatz von Satellitenbildern im Geographieunterricht. In: Geographische Rundschau, Jg. 31, H. 2, S. 82–85
Diercke Weltraumbild-Atlas (1982). Braunschweig (dazu Textband)
Gierloff-Emden, H. G. (1989): Fernerkundungskartographie mit Satellitenaufnahmen (= Die Kartographie und ihre Randgebiete, Band IV/1). Wien
Hassenpflug, W. und U.-P. Neumann-Mayer (Hrsg.) (1996): Satellitenbilder (= geographie heute, Jg. 17, H. 137)
Stonjek, D. (1997): Satellitenbilder. In: Birkenhauer, J. (Hrsg.): Medien. Systematik und Praxis (= Didaktik der Geographie). München, S. 99–103
Wieczorek, U. (1997): Wissenschaftliche und technische Grundlagen der Fernerkundung. In: Zeitschrift für den Erdkundeunterricht, Jg. 49, H. 11, S. 390–398

Ulrich Wieczorek

Schemazeichnung

Definition

Die Schemazeichnung ist eine abstrahierende Darstellung von Objekten, Abläufen und funktionalen Zusammenhängen in einer optisch möglichst einprägsamen Form (→ Sachzeichnung, → Modell, → Merkbild, → Tafelbild). Sie bildet geographische Sachverhalte in übersichtlicher Weise ab und kann aus grafischen, textlichen oder zahlenmäßigen Elementen bestehen, die zu einem übersichtlichen Ganzen gestaltet sind.

Klassifikation
Es gibt verschiedene Einteilungsmöglichkeiten:
– Die einfache Schemazeichnung, die mit grafischen Mitteln Sachverhalte einander zuordnet.
– Die Prozess-Schemazeichnung, die Produktions-, Handlungs- und Ereignisabläufe darstellt (z. B. Produktion von Stahl).
– Die Funktions-Schemazeichnung (Funktionsschema oder Strukturskizze), die komplizierte kausale, funktionale oder genetische Zusammenhänge zwischen mehreren geographischen Faktoren darstellt (z. B. tropische Zirkulation).
– Die Kreislauf-Schemazeichnung, die wiederkehrende Abläufe und Zusammenhänge (Wasserkreislauf, Teufelskreis der Armut etc.) darstellt.

Zur geographiedidaktischen Diskussion
Bei Barth und Brucker (1992) sind die Schemazeichnungen als unterschiedliche Formen den Merkbildern untergeordnet, die wiederum den Tafelbildern gleichgesetzt sind.
Die Schemazeichnung erleichtert den Schülern die gedankliche Bewältigung eines Sachkomplexes. Doch liegt in seiner Vereinfachung auch eine gewisse Schwäche und Gefahr, denn ein Schema ist nur ein Merkgerüst, das mit Zusatzwissen gefüllt werden muss, und die Reduktion auf das Wesentliche kann letztlich zu einer falschen Darstellung führen.
Als didaktisch sehr sinnvoll wird gefordert, die Schemazeichnung im Hinblick auf die merkenswerten Einsichten zu strukturieren und parallel zur Erarbeitung zu entwickeln.

Literatur
Achilles, F.-W. (1983): Zeichnen und Zeichnungen im Geographieunterricht. Köln
Barth, L. und A. Brucker (1992): Merkbilder im Geographieunterricht. Berlin
Brucker, A. (1986): Tafelskizze – Tafelzeichnung – Tafelbild. In: Brucker, A. (Hrsg.): Medien im Geographie-Unterricht. Düsseldorf, S. 194–205
Brucker, A. (1997): Das Merkbild (Tafelbild). In: Haubrich, H. u. a.: Didaktik der Geographie konkret. München, S. 302–305

Gisbert Rinschede

Schlüsselbegriffe

Definition
Schlüsselbegriffe ordnen eine Reihe elementarer Begriffe einem übergreifenden Zusammenhang zu. Sie bezeichnen damit ein umfassenderes Bedeutungsfeld (→ Begriffe).

Klassifikation
Schlüsselbegriffe können nach vielfältigen Gesichtspunkten ausgewählt und geordnet werden – je nach dem gesetzten Schwerpunkt der Betrachtung. Betrachtungsschwerpunkte können z. B. sein:
– „Dominanten" von Regionen (jeder Größenordnung) (z. B. Unterentwicklung)
– Begriffssystematiken (z. B.) der physischen Geographie oder eines Teiles davon (z. B. planetarische Zirkulation)
– Schlüsselbegriffe für geographische (→) Problemfelder (z. B. Bevölkerungsexplosion).

Zur geographiedidaktischen Diskussion
Die Notwendigkeit des Begriffslernens, besonders von „Überbegriffen", ist in der Geographiedidaktik unbestritten (vgl. Dorn und Jahn 1966, Kirchberg 1997).
Schlüsselbegriffe eröffnen emanzipatorische Bewusstseinsbildung und sind daher unverzichtbare Elemente des Mündigwerdens. Allerdings können sie auch als Instrumente der Manipulation verwendet werden wegen ihres (an

und für sich positiv zu sehenden) mehrperspektivischen Charakters.
Einigkeit besteht darin, dass Schlüsselbegriffe sorgfältig mithilfe von treffenden Beispielen eingeführt werden müssen. Sie sind die eigentlichen Bausteine des Curriculums (→ Curricularer Ansatz), insbesondere des (→) Spiralcurriculums.

Literatur
Birkenhauer, J. (1986): Begriffe als „Elementarteilchen". In: Köck, H. (Hrsg.): Grundlagen des Geographieunterrichts (= Handbuch des Geographieunterrichts, Band 1). Köln, S. 90–93
Birkenhauer, J. (1995): Sprache und Begriffe als Barrieren im Geographieunterricht. In: Zeitschrift für den Erdkundeunterricht, Jg. 47, H. 11, S. 458–462
Birkenhauer, J. (1996): Begriffe im Geographieunterricht. In: Geographie und ihre Didaktik, Jg. 25, H. 1, S. 1–15 und H. 2, S. 57–70
Dorn, W. und W. Jahn (1966): Vorstellungs- und Begriffsbildung im Geographieunterricht. Berlin
Kaminske, V. (1993): Überlegungen und Untersuchungen zur Komplexität von Begriffen im Erdkundeunterricht (= Münchner Studien zur Didaktik der Geographie, Band 4). München
Kirchberg, G. (1997): Begriffslernen. In: Haubrich, H. u. a.: Didaktik der Geographie konkret. München, S. 58–59
Mietzel, G. (1993): Psychologie in Unterricht und Erziehung. Göttingen
Rhode-Jüchtern, T. (1997): Den Raum lesen lernen. Perspektivenwechsel als geographisches Konzept (= Didaktik der Geographie). München
Ringel, G. (1980): Begriffe im Geographieunterricht und ihre Einführung. In: Zeitschrift für den Erdkundeunterricht, Jg. 32, H. 11, S. 421–434
Ringel, G. (1997): Geographische Begriffe in Schulbüchern. In: geographie heute, Jg. 18, H. 148, S. 40–41
Vielhaber, Ch. (1997): Die Welt der Begriffe. In: GW-Unterricht, H. 66, S. 33–47

Josef Birkenhauer

Schlüsselfach, Geographie als

Definition
Ein Schlüsselfach ist (nach Köck 1992) ein Fach, das eine inhaltliche Schlüsselkategorie besitzt und über (→) Schlüsselqualifikationen grundlegende Voraussetzungen für die kompetente Lebensgestaltung liefert (→ Raumverhaltenskompetenz, → Problemfelder).

Klassifikation
Nach Köck muss ein Schlüsselfach vier Kriterien erfüllen:
– eine Schlüsselkategorie vermitteln (beim Geographieunterricht den Raum),
– Schlüsselqualifikationen vermitteln (im Geographieunterricht die (→) Raumverhaltenskompetenz),
– ein (→) Zentrierungsfach sein (wie der Geographieunterricht für die Raumwissenschaften),
– ein (→) Dienstleistungsfach sein (wie der Geographieunterricht mit der Kategorie „Raum" für eine ganze Reihe von Fächern).

Zur geographiedidaktischen Diskussion
Nach Köck erfüllt der Geographieunterricht die Anforderungen eines Schlüsselfaches. Die Bezeichnung der Geographie als Schlüsselfach gehört zu den zahlreichen Bemühungen, Ansehen und Gewicht des Unterrichtsfaches angesichts drohender Kürzungen der Stundenzahlen und der Integration in andere Fächer unter Verlust wesentlicher geographischer Inhalte zu stärken (vgl. → Internationale Charta der Geographischen Erziehung, → Dienstleistungsfach). Die Bemühungen konnten ein weiteres Zurückdrängen der Geographie nicht verhindern, andererseits waren sie insofern erfolgreich, als geographische Inhalte noch immer zum unverzichtbaren Wissenskanon der einzelnen Schularten und Schulstufen gehören.

Literatur
Köck, H. (1992): Der Geographieunterricht – ein Schlüsselfach. In: Geographische Rundschau, Jg. 44, H. 3, S. 183–185

Dieter Böhn

Schlüsselkategorien → Schlüsselfach

Schlüsselprobleme

Definition
Schlüsselprobleme beschreiben im Sinne einer Allgemeinen Bildung (Klafki) die Probleme der gemeinsamen Gegenwart und der voraussehbaren Zukunft, über deren Notwendigkeit zur Bewältigung bei allen am Bildungsprozess beteiligten Konsens herrschen sollte (→ Problemfelder).

Klassifikation
Schlüsselprobleme müssen entsprechend der sich wandelnden historischen Bedingungen immer wieder neu formuliert werden. Generell sind diese Problembereiche nicht einem einzelnen Schulfach zuzuordnen. Solche mit einem deutlichen geographischen Bezug sind (nach Klafki bzw. Engelhard):
– Umwelt- und Ressourcengefährdung und -sicherung
– soziale Ungleichheit und globale Disparitäten
– Friedenssicherung und Völkerverständigung
– Herrschaft/Macht, Demokratisierung und Menschenrechte
– Arbeit und Arbeitslosigkeit
– Perspektiven und Gefahren des naturwissenschaftlichen, technischen und wirtschaftlichen Fortschritts
– Umgang mit Minderheiten
– Deutsche und Ausländer in Deutschland
– Arbeit und Freizeit

Zur Bewältigung dieser Probleme kann der Geographieunterricht entsprechende Qualifikationsbereiche (→ Schlüsselqualifikationen) fördern.

Zur geographiedidaktischen Diskussion
Ohne den Begriff „Schlüsselprobleme" zu verwenden, haben Birkenhauer bereits 1971 und Geipel bereits 1976 für die Geographie das Aufgreifen lebensrelevanter Themen gefordert. Damit verbunden ist bei Geipel die Forderung, regionalgeographische Inhalte durch sozialgeographische abzulösen. Größere Bedeutung erlangt die Hinwendung zu den Schlüsselproblemen mit deren Einbindung in die Forderung nach Allgemeiner Bildung (Klafki), die den Schüler in die Lage versetzt, kritisch, sachkompetent, selbstbewusst und solidarisch zu denken und zu handeln. Ausdrücklich wird vermerkt, dass Konsens über die allgemeine Bedeutung des Problems bestehen muss, nicht über die Wege oder das Ziel der Lösung.

Die Relevanz der Schlüsselprobleme für den Geographieunterricht ist im Allgemeinen ebenso wenig umstritten wie unter Geographiedidaktikern die Bedeutung des Geographieunterrichts für die Bewältigung der Schlüsselprobleme. In diesem Zusammenhang spielt auch die Frage eine Rolle, ob Fächerintegration oder Fächerkoordination (→ Gemeinschaftskunde) am ehesten geeignet ist, Schlüsselqualifikationen zu vermitteln.

Literatur
Birkenhauer, J. (1971): Erdkunde, Band 1. Düsseldorf

Engelhard, K. (1997): Erziehungswissenschaftliche Grundlagen des Faches. In: Haubrich, H. u. a.: Didaktik der Geographie konkret. München, S. 30–35

Geipel, R. (1976): Didaktisch relevante Aspekte der Geographie aus der Sicht der Sozialgeographie. In: Bauer, L. und W. Hausmann (Hrsg.): Fachdidaktisches Studium in der Lehrerbildung. München, S. 50–59

Jank, W. und H. Meyer (1991): Didaktische Modelle. Frankfurt am Main

Klafki, W. (1985): Konturen eines neuen Allgemeinbildungskonzeptes. In: Klafki, W.: Neue Studien zur Bildungstheorie und Didaktik. Beiträge zur kritisch-konstruktiven Didaktik. Weinheim und Basel, S. 20–30

Köck, H. (1993): Raumbezogene Schlüsselqualifikationen – Der fachimmanente Beitrag des Geographieunterrichts zum Lebensalltag des Einzelnen und Funktionieren der Gesellschaft. In: Geographie und Schule, Jg. 15, H. 84, S. 14–22

Schmidt-Wulffen, W.-D. (1994): „Schlüsselprobleme" als Grundlage zukünftigen Geographieunterrichts. In: Praxis Geographie, Jg. 24, H. 3, S. 13–15

Friedhelm Frank

Schlüsselqualifikationen, raumbezogene

Definition
Raumbezogene Schlüsselqualifikationen leisten einen fachimmanenten Beitrag zum Lebensalltag des Einzelnen und zum Funktionieren der Gesellschaft (Köck 1993) (→ Problemfelder).

Klassifikation
Zu den wichtigsten Schlüsselqualifikationen zählt Köck:
1. Räumliche Orientierungsfähigkeit (z. B. topographisches Wissen)
2. Denken und Handeln in räumlichen Strukturen (z. B. Einordnung raumrelevanter Entscheidungen in ein räumliches Gefüge: Entscheidung über die Wahl des Wohnstandorts in ein Gefüge, z. B. der Entfernungen zur und der Qualität von anderen räumlichen Standorten wie Naherholungsgebieten, Arbeitsstätten)
3. Denken und Handeln in räumlichen Prozessen (z. B. aus der Erkenntnis, dass sich räumliche Strukturen ständig verändern)
4. Denken und Handeln in Geoökosystemen (z. B. beim Wasserkreislauf das Verständnis, räumliche Erscheinungen einerseits als eigenständige Systeme, andererseits als Bestandteil jeweils übergeordneter räumlicher Systeme zu erkennen)
5. Denken und Handeln in weltweiten Zusammenhängen (z. B. in der (→) Umwelterziehung: „Global denken, lokal handeln")
6. Denken und Handeln in Raumgesetzen und Raummodellen (z. B. Stadt-Umland-Systeme, (→) Modelle)
7. Denken und Handeln in raumethischen Kategorien (z. B. Bereitschaft zu einem kompetenten Raumverhalten, vgl. (→) Raumverhaltenskompetenz).

Zur geographiedidaktischen Diskussion
Mit der These, dass der räumliche Bezug die entscheidende inhaltliche Komponente des Unterrichtsfaches sei, setzte sich Köck mit den Gegnern seines Ansatzes auseinander, der die Befähigung und Erziehung zu kompetentem raumbezogenen Verhalten in der Welt (→ Raumverhaltenskompetenz) als die eigentliche Aufgabe des Geographieunterrichts erklärt. Seine Zusammenstellung der grundlegenden raumbezogenen Schlüsselqualifikationen ist in der Geographiedidaktik weitgehend akzeptiert.
Die Diskussion zu Beginn der 90er-Jahre drehte sich um zahlreiche „Schlüssel". So zeigte Schmidt-Wulffen in Anlehnung an Klafki (→) „Schlüsselprobleme" auf (→ Problemfelder des Geographieunterrichts), Köck stellte „Schlüsselqualifikationen" zusammen, die in einem (→) „Schlüsselfach" vermittelt werden.

Literatur
Daum, E. (1992): Wege zur Inkompetenz. Über die Profillosigkeit eines „modernen" Geographieunterrichts. In: geographie heute, Jg. 13, H. 101, S. 41–42

Klafki, W. (1991): Neue Studien zur Bildungstheorie und Didaktik. Weinheim/Basel

Köck, H. (1993): Raumbezogene Schlüsselqualifikationen – Der fachimmanente Beitrag des Geographieunterrichts zum Lebensalltag des Einzelnen und Funktionieren der Gesellschaft. In: Geographie und Schule, Jg. 15, H. 84, S. 14–22

Kroß, E. (1992): Von der Inwertsetzung zur Bewahrung der Erde. In: geographie heute, Jg. 13, H. 100, S. 57–62

Schmidt-Wulffen, W.-D. (1994): „Schlüsselprobleme" als Grundlage zukünftigen Geographieunterrichts. In: Praxis Geographie, Jg. 24, H. 3, S. 13–15

Dieter Böhn

Schulbuch

Definition

Das Schulbuch ist eine an den Vorgaben des Lehrplans orientierte, eigens für den Unterricht erstellte Druckschrift in Form eines Verbundes von Texten, Bildern, Zeichnungen, Diagrammen, Tabellen, Profilen, Blockbildern und Karten.

Klassifikation

1. Nach der Konzeption:
- Das Lernbuch, das die Aufgabe hat, dem Schüler Lern- und Ergebnistexte zu bieten.
- Das Arbeitsbuch, das Materialien anbietet, die einen sach- und schülergemäßen Arbeitsunterricht ermöglichen. Ergebnisse werden nicht genannt, sondern erarbeitet.
- Das kombinierte Lern- und Arbeitsbuch versucht eine Integration: Es werden sowohl zahlreiche Materialien angeboten als auch zusammenfassend Ergebnisse genannt.

2. Nach der Funktion:
- Die Strukturierungsfunktion besteht darin, dass es die dem Lehrplan entsprechenden Inhalte aufteilt und somit dem Lehrer bei der Strukturierung seines Unterrichts behilflich ist.
- Die Repräsentationsfunktion besteht darin, dass es als didaktisch aufbereitete Materialsammlung mithilfe von Informations- und Quellentexten, Karten, Bildern, Zahlen etc. in Art eines Medienverbundes Gegenstände und Räume im Unterricht verfügbar machen kann.
- Die Steuerungsfunktion für den Unterricht besitzt das Schulbuch durch seine Aufgabenstellungen, seine Fragen und Impulse.
- Die Motivierungsfunktion kann es erfüllen, indem es durch eine attraktive inhaltliche und äußere Gestaltung die Lernlust steigert sowie Neugier und Interesse weckt. Das kann inhaltlich vor allem auch durch spielerische Elemente (Fachlich-Witziges, Karikaturen, Comics etc.) geschehen.
- Die Übungs- und Kontrollfunktion besteht darin, dass es Merkhilfen, Aufgaben, Rätsel etc. anbietet.

Zur geographiedidaktischen Diskussion

Bis etwa 1950 gab es im Geographieunterricht ausschließlich Lernbücher, danach verstärkt Arbeitsbücher. Heute entspricht das kombinierte Arbeits- und Lernbuch dem Stand der geographiedidaktischen Diskussion.

Bei Schulbüchern u. a. für die Sekundarstufe I hat sich das so genannte „Aufschlagprinzip" durchgesetzt, d. h. eine Doppelseite entspricht einer Unterrichtsstunde/-einheit.

Das Schulbuch gilt als heimlicher Lehrplan, weil sich viele Lehrkräfte bei der Unterrichtsplanung im Jahresverlauf stark auf das Buch stützen.

Literatur

Birkenhauer, J. (1997): Schulbücher. In: Birkenhauer, J. (Hrsg.): Medien. Systematik und Praxis (= Didaktik der Geographie). München, S. 221–227

Brucker, A. (1977): Das Geographische Arbeitsbuch. In: Geographie im Unterricht, Jg. 2, H. 1, S. 24–30

Brucker, A. (1997): Das Schulbuch. In: Haubrich, H. u. a.: Didaktik der Geographie konkret. München, S. 292–297

Hacker, H. (Hrsg.) (1980): Das Schulbuch. Funktion und Verwendung im Unterricht. Bad Heilbrunn

Jander, L. (1982): Schulbücher im Geographieunterricht. In: Jander, L., W. Schramke und H.-J. Wenzel (Hrsg.): Metzler Handbuch für den Geographieunterricht. Stuttgart, S. 355–362

Kirchberg, G. (1980): Das Arbeitsbuch. In: Praxis Geographie, Jg. 10, H. 2, S. 78–84

Knütter, H. H. (1979): Schulbuchanalyse. In: Stein, G. (Hrsg.): Schulbuchschelte. Stuttgart, S. 156 f.

Kramer, F. (1991): Das Schulbuch im Geogra-

phieunterricht. In: Geographie und ihre Didaktik, Jg. 19, H. 2, S. 70 f.
Thöneböhn, F. (1990): Das Geographiebuch. Bedeutung, Gestaltung und Verwendung. In: geographie heute, Jg. 11, H. 83, S. 4–10
Volkmann, H. (1986): Das Schülerbuch. In: Brucker, A. (Hrsg.): Medien im Geographie-Unterricht. Düsseldorf, S. 372–385
Wieczorek, U. (Hrsg.) (1995): Zur Beurteilung von Schulbüchern (= Augsburger Beiträge zur Didaktik der Geographie, Heft 10). Augsburg

Gisbert Rinschede

Schulfernsehen → Film

Schulfunk

Definition
Der Schulfunk ist das Hörfunkprogramm für den Schulunterricht.

Klassifikation
Es lassen sich folgende Formen der Schulfunksendung unterscheiden:
– die Reportage, die vor Ort aufgenommen wird,
– das Hörspiel, das durch dramaturgische Handlungsabläufe Miterleben und Emotionen hervorruft und Informationen vermittelt,
– das Feature, das als reine Studioaufnahme mit abwechselnden Sprechern und Texten (z. B. Hörspiel- und Interviewsequenzen) Spannung erzeugt und dadurch Informationen leichter vermitteln kann,
– die Diskussionssendung, bei der Meinungen verschiedener Personen gesammelt und von Sprechern verbunden werden. Ziel dieser Form ist es, Anregungen und Argumente für eine Diskussion in der Klasse zu liefern.

Zur geographiedidaktischen Diskussion
Der Schulfunk wird zu Unrecht immer weniger eingesetzt, obwohl gerade bei bestimmten Themen durch Verzicht auf eine Visualisierung die volle Aufmerksamkeit auf die wichtigen verbalen Interaktionen der Gruppen gelenkt wird. Der Schüler wird so eher erkennen können, dass Raumentscheidungen oft Konflikte mit sich bringen und Gruppen- bzw. Wertentscheidungen darstellen. Bei einem Mitschnitt müssen die Urheberrechte beachtet werden.

Literatur
Haubrich, H. (1997): Der Schulfunk. In: Haubrich, H. u. a.: Didaktik der Geographie konkret. München, S. 300–301
Salzmann, W. (1997): Sprachmedien. In: Birkenhauer, J. (Hrsg.): Medien. Systematik und Praxis (= Didaktik der Geographie). München, S. 50–73
Stonjek, D. (1986): Der Schulfunk. In: Brucker, A. (Hrsg.): Medien im Geographie-Unterricht. Düsseldorf, S. 258–270
Zeitschriften der jeweiligen Rundfunkanstalten

Gisbert Rinschede

Schulgarten

Definition
Ein Schulgarten ist ein der Schule angeschlossener Garten, der der Vermittlung biologischer, ökologischer und geographischer Kenntnisse dient.

Klassifikation
Man unterscheidet in der Geschichte der Schulgärten drei Phasen, die auch drei unterschiedliche Gartentypen nach sich ziehen:
1. Botanische Liefergärten (19. Jh.), die zur Versorgung der Schule mit gärtnerischen Produkten dienen
2. Schülerarbeitsgärten (um 1920), die in Übereinstimmung mit den Zielen der Arbeits- und Reformschulbewegung entstanden und der Selbsttätigkeit der Schüler/-innen einen zentralen Platz einräumten und
3. Ökologische Schulgärten der neuen Schulgartenbewegung (ab ca. 1980), die nach einer Phase des Desinteresses im Zusammenhang mit dem Erstarken der Umwelterziehung in vielen Schulen, vor allem Grundschulen, angelegt wurden.

Zur geographiedidaktischen Diskussion
Während in der Biologiedidaktik und Umwelterziehung der Schulgarten durchaus Beachtung fand (z. B. Beck 1984), könnte er im Geographieunterricht eine größere Rolle spielen:
- Anbau einheimischer Pflanzen (z. B. wichtige Getreidearten)
- Orientierung und Einführung in das Plan- und Kartenverständnis
- Erhebung von Wetter-/Klimadaten
- Bestimmung von Bodenarten und Bodentypen
- Erstellung von Lackprofilen von Bodentypen
- Modelle und Experimente zu geographischen Erscheinungen und Prozessen (z. B. glaziale Serie, fluviatile Erosion, Deich usw.).

Dieses Potenzial wurde bislang kaum genutzt. Im Rahmen der (→) Umwelterziehung gibt es darüber hinaus zahlreiche Einsatzmöglichkeiten im kognitiven Bereich (Vermittlung von ökologischen Zusammenhängen) (→ Ökologischer Ansatz), im affektiven Bereich (z. B. Naturerlebnisspiele nach Cornell 1995) und im aktionalen Bereich (Durchführung der anfallenden (Garten)arbeit durch die Schüler nach den Prinzipien des ökologischen Anbaus). Dabei sollten die gemeinsame Ernte und der gemeinsame Verzehr der Produkte nicht fehlen.

Literatur
Akademie für Lehrerfortbildung (Hrsg.) (1989): Arbeit im Schulgarten (= Akademiebericht Nr. 149). Dillingen
Beck, H. (Hrsg.) (1984): Umwelterziehung im Freiland. Köln
Cornell, J. B. (1995): Mit Kindern die Natur erleben. Mülheim
Staatsinstitut für Schulpädagogik und Bildungsforschung (Hrsg.) (1991): Umwelterziehung – Handreichung für Schulleiter an bayerischen Schulen. München
Winkel, G. (1989): Das Schulgartenhandbuch. Seelze

Ingrid Hemmer

Schulkartographie → Kartendidaktik

Schullandheim und Geographieunterricht

Definition
Schullandheime sind Bildungseinrichtungen, die Schulklassen einen Aufenthalt auf dem Lande ermöglichen. Schullandheimaufenthalte sind Bestandteil des öffentlichen Schulwesens.

Klassifikation
Schullandheime sind geeignet für (→) Projekte, (→) Exkursionen, Erfahrungen vor Ort (→ Außerschulische Lernorte), Lernen mit allen Sinnen und als „Schule mit besonderen Möglichkeiten" zur Anwendung und Übung von (→) Arbeitstechniken und Methoden (→ Unterrichtsmethoden), deren Bedeutung für das schulische Lernen unumstritten ist, für die jedoch im organisatorischen Rahmen und im engen Zeitkorsett des Schulalltags keine oder kaum Zeit ist. Bedeutungswandel von Schullandheimaufenthalten seit Bestehen der Schullandheimbewegung:

1. Ab der Jahrhundertwende: Schulaufenthalt (Unterricht) für Kinder aus Industriestädten in gesunder Umgebung auf dem Lande.
2. Einflüsse der Reformpädagogik: Entdeckung der pädagogischen Möglichkeiten eines Zusammenlebens von Lehrkräften und Schülern über einen längeren Zeitraum. Sozial(pädagogische) Aspekte rücken in den Vordergrund.
3. Parallel dazu Trend zu „touristischen Unternehmungen"; die Rolle der Lehrkräfte ähnelt gelegentlich der eines Reiseleiters.
4. Spätestens seit den 1980er-Jahren: Schullandheime als außerschulische Lernorte, als „Schule mit besonderen Möglichkeiten". Schullandheimaufenthalte unterstützen die Umsetzung wichtiger Lehrplanforderungen nach (→) Handlungsorientierung, Projektarbeit (→ Projekt), fächerübergreifendem Lernen (→ Fächerübergreifender Unterricht), Schüleraktivierung und Schülermitverantwortung. (→) Arbeitstechniken und (→) Unterrichtsmethoden werden angewandt und geübt, für die im organisatorischen Rahmen

und im engen Zeitkorsett des Schulalltags keine oder kaum Zeit ist.

Zur geographiedidaktischen Diskussion
Der Neuansatz „Schullandheime als außerschulischer Lernort" forderte die Neueinrichtung und die Umgestaltung vieler Häuser. Einzelne Schullandheime wurden und werden mit fachlichen Schwerpunkten ausgestattet. Zu diesem Konzept gehören neben spezieller räumlicher und technischer Ausstattung auch ausgearbeitete Lehrerhandreichungen. Auch Jugendherbergen stellen sich auf diese Anforderungen ein, da zumindest Häuser auf dem Lande zum größten Teil durch Schulklassen belegt werden (vgl. Staatsinstitut 1994: Klassenzimmer Natur).
Der Schullandheimaufenthalt wird in der geographiedidaktischen Literatur vorwiegend im Zusammenhang mit originaler (→) Begegnung, (→) Exkursion und außerschulischem Lernen (→ Außerschulische Lernorte) genannt. Besondere Bedeutung wird dem außerschulischen Unterricht im Gelände (→ Geländearbeit) beigemessen, wobei unter Gelände nicht nur offene, naturnahe Landschaft oder Kulturlandschaft, sondern auch der bebaute dörfliche oder städtische Raum verstanden wird. Die Schüler können von der Planungsphase an in die Arbeit am Schullandheimaufenthalt eingebunden werden und selbst Verantwortung in allen Phasen des Vorhabens übernehmen. Schullandheimaufenthalte (auch Jugendherbergsaufenthalte) ermöglichen den Übergang von der Fremdbestimmung über die Transparenz und Partizipation bis hin zur Selbstständigkeit bei der Organisation von Lernprozessen; damit dienen sie dem Erwerb von durch den gesellschaftlichen Wandel erforderlich gewordenen Qualifikationen (→ Raumverhaltenskompetenz).

Literatur
Böhn, D. u. P. Pfriem (1996): Geographie im Schullandheim. In: Bayerische Akademie für Schullandheimpädagogik (Hrsg.): Zur Didaktik des Schullandheimaufenthaltes (= Schriftenreihe zum Hobbach-Symposium, Band 2). Eschau – Hobbach
Lindemann, G. (1984): Unterricht im Schullandheim. Flensburg
Pfriem, P. (1996): Geographische Erziehung im Schullandheim als Bestandteil der Lehrerausbildung. In: Verband Deutscher Schullandheime (Hrsg.): Das Schullandheim. H. 4. Hamburg
Sammetinger, A. (1997): Schullandheime öffnen Schule. In: Grundschulmagazin, Jg. 12, H. 6, S. 7–9
Sprick, W. (1994): Projekt Klassenfahrt – Erziehung zur Selbständigkeit. In: 5 bis 10 Schulmagazin, Jg. 9, H. 7/8, S. 83–90
Staatsinstitut für Schulpädagogik und Bildungsforschung (ISB) (1994): Klassenzimmer Natur – Schullandheimaufenthalte mit ökologischem Schwerpunkt. München
Verband Deutscher Schullandheime (Hrsg.) (1975): Pädagogik im Schullandheim – Handbuch. Regensburg

Peter Pfriem

Schülerorientierung

Definition
Schülerorientierung bezeichnet die grundsätzliche Bezogenheit des Unterrichts auf den Horizont, die Erfahrungen, Interessen und Bedürfnisse der Schüler.

Klassifizierung
Da die Schülerorientierung eine primär pädagogische Forderung ist (sowohl seit der Reformpädagogik als auch seit dem Aufkommen der kritisch-konstruktiven Didaktik), ist hier beispielhaft auf entsprechende Bezüge in der Pädagogik und Parallelen im Geographieunterricht aufmerksam zu machen.

Pädagogik	Geographieunterricht
– Interessen und Bedürfnisse	– Freizeitverhalten; Freizeitansprüche und Raumbelastung
– Lebensnähe	– Originale Begegnung, Projekt, Erkundung; Orientierung an den Daseinsgrundfunktionen

- Horizont der Schüler
- Nutzen des Schulwissens
- Lebensentwürfe
- Eigene Erfahrungen, Verstehensbereitschaft
- Lösen von akuten Problemen
- Vergleich verschiedener Länder, Sicht des eigenen Landes

Zur geographiedidaktischen Diskussion

Die Schule ist eine Einrichtung der Gesellschaft zur Sozialisation der Kinder. Für die erfolgreiche Sozialisation ist Schülerorientierung grundlegend und daher allgemein gefordert. Die Schüler erfahren, dass sie in der Schule als Menschen mit den ihnen eigenen originären Erfahrungen ernst genommen werden („Abholen" der Schüler bei sich selbst). Sie lernen mehr und mehr Probleme selbstständig zu lösen.

Die Realisierung ist aber oft schwierig (z. B. Organisation der Schule, Bereitschaft der Lehrer, Vorgaben der Lehrpläne). Insofern als die Lehrpläne auf die Vermittlung von Qualifikationen zielen, die der Schüler erst später benötigt, kann Schülerorientierung nicht bedeuten, sich nach den gegenwärtigen Interessen der Schüler zu richten. Jedoch sollten die zu erwerbenden (→) Qualifikationen von den Interessen der Schüler aus angegangen werden. Der Lehrer muss sich dabei bewusst sein, dass unterschiedliche Schüler auch unterschiedliche Interessenlagen und Erfahrungen haben. Um eine Vernachlässigung der einen auf Kosten der anderen Schüler zu vermeiden, ist Abwechslung notwendig.

Am besten sind die pädagogischen Bezüge bisher in der Grundschule verwirklicht.

Köck (1984) und Kaminske (1993) untersuchten, welche chorologischen bzw. geographischen Begriffe Schüler interessieren bzw. welche altersgemäßen Schwierigkeiten auftreten. Eindeutig bevorzugt wurden „länderkundlich"-konkrete Begriffe, während so genannten chorologischen Begriffen gegenüber (z. B. Ballung, Netz, Hierarchie, Distanz, Gradient, Zentrum) erhebliche Schwierigkeiten bestanden. Ab Klasse 11 gab es keinerlei Schwierigkeiten mehr (Kaminske). Damit wurden die Untersuchungen Birkenhauers zur schüler- und altersgemäßen Sprache sowohl bestätigt als auch fortgeführt.

Literatur

Bastian, J. (1992): Schülerorientierung. In: geographie heute, Jg. 13, H. 100, S. 45–54

Birkenhauer, J. (Hrsg.) (1983): Sprache und Denken im Geographieunterricht. Paderborn

Birkenhauer, J. (1986): Schülerorientierung. In: Köck, H. (Hrsg.): Grundlagen des Geographieunterrichts (= Handbuch des Geographieunterrichts, Band 1). Köln, S. 124

Fend, H. (1994): Die Entdeckung des Selbst und die Verarbeitung der Pubertät. Band III. Bern

Hasse, J. (1990): Region als „Biographie" – Biographie als „Region". Für eine „biographieorientierte" Geographie am „regionalen Faden". In: Praxis Geographie, Jg. 20, H. 4, S. 18–21

Hemmer, I. und M. Hemmer (1996): Welche Themen interessieren Jungen und Mädchen im Geographieunterricht? In: Praxis Geographie Jg. 26, H. 12, S. 41–43

Hemmer, I. und M. Hemmer (1997): Welche Länder und Regionen interessieren Mädchen und Jungen? In: Praxis Geographie, Jg. 27, H. 1, S. 40–41

Hemmer, I. und M. Hemmer (1997): Arbeitsweisen im Erdkundeunterricht – Ergebnisse einer empirischen Untersuchung zum Schülerinteresse und zur Einsatzhäufigkeit. In: Frank, F., V. Kaminske und G. Obermaier (Hrsg.): Die Geographiedidaktik ist tot, es lebe die Geographiedidaktik. Festschrift zur Emeritierung von Josef Birkenhauer (= Münchner Studien zur Didaktik der Geographie, Band 8). München, S. 67–78

Kaminske, V. (1993): Überlegungen und Untersuchungen zur Komplexität von Begriffen im Erdkundeunterricht (= Münchner Studien zur Didaktik der Geographie, Band 4). München

Köck, H. (1984): Schüler und geographische Begriffe. In: Köck, H. (Hrsg.): Studien zum Erkenntnisprozeß im Geographieunterricht. Köln, S. 166–237

Obermaier, G. (1998): Struktur und Entwicklung des geographischen Interesses von Gymnasialschülern in der Unterstufe – eine bayern-

weite Untersuchung (= Münchner Studien zur Didaktik der Geographie, Band 9). München
Josef Birkenhauer

Simulationsspiele → **Spiele im Geographieunterricht**

Sozialgeographischer Ansatz

Definition
Der sozialgeographische Ansatz betont die Raumwirksamkeit menschlicher Gruppen und Individuen (→ Inwertsetzung).

Klassifikation
Die Sozialgeographie entstand in Deutschland um 1970 (Ruppert/Schaffer 1969) und betont (soziale oder verhaltenshomogene) menschliche Gruppen als Gestalter des Raumes, der als „Registrierplatte" und „Prozessfeld" menschlichen Handelns gesehen wird. Mit der Betonung des Prozesses wurde der Faktor Zeit entscheidend, der prognostisch auf die Planung ausgeweitet wurde. Als Einteilungskriterien für die räumlichen Aktivitäten übernahm man (→) Daseinsgrundfunktionen, die ursprünglich für die Stadtplanung entwickelt wurden (Partzsch 1964). Der sozialgeographische Ansatz steht im direkten Gegensatz zu einem früher teilweise vertretenen Ansatz, bei dem die Raumnutzung durch den Menschen vorwiegend von den natürlichen Gegebenheiten bestimmt wird (→ Geodeterminismus).

Zur geographiedidaktischen Diskussion
Der sozialgeographische Ansatz setzte sich zeitgleich mit seinem Durchbruch in der Fachwissenschaft auch im Schulunterricht durch. Bereits 1971 wurde z. B. in Bayern ein neuer Lehrplan für die Grundschule eingeführt, der die Inhalte des Unterrichts nach Daseinsgrundfunktionen gliederte. In den 70er-Jahren bestimmten vor allem die Daseinsgrundfunktionen die Lehrpläne der Grundschule und teilweise der Hauptschule in Bayern und anderen Bundesländern, während die (raumwirksame) Tätigkeit menschlicher Gruppen stark vereinfacht in den anderen Schularten behandelt wurde. In den 80er-Jahren wurde der sozialgeographische Ansatz mit seiner Betonung des Menschen als entscheidendem Gestalter des Raumes (→ Inwertsetzung) durch den (→) ökologischen Ansatz ergänzt und teilweise abgelöst. Geblieben ist vom sozialgeographischen Ansatz die Erkenntnis, dass nicht „der Mensch an sich" raumwirksam handelt, sondern dass die Raumwirksamkeit von sozialen Gruppen und deren (→) Wertvorstellungen ausgeht und deswegen differenziert ist.

Literatur
Hausmann, W. (1997): Sozialgeographischer Ansatz. In: Haubrich, H. u. a.: Didaktik der Geographie konkret. München, S. 120–121
Ruppert, K. und F. Schaffer (1969): Zur Konzeption der Sozialgeographie. In: Geographische Rundschau, Jg. 21, H. 6, S. 205–214
Dieter Böhn

Spezielle Prinzipien für den Geographieunterricht in der DDR

Definition
(→) Unterrichtsprinzipien sind Orientierungshilfen für die Unterrichtsplanung des Lehrers. Während die didaktischen Prinzipien für alle Unterrichtsfächer gültig sind, gelten die speziellen Prinzipien für den Geographieunterricht nur für dieses Fach und sind aus der dem Unterricht zugrunde liegenden Wissenschaft abgeleitet worden.

Klassifikation
Es existieren die folgenden fünf speziellen Prinzipien:
– Prinzip des Zusammenhanges von Territorial- und Komponentenbetrachtung
Dieses Prinzip besagt, dass im Geographieunterricht die Behandlung von Komponenten (z. B. Relief, Bau, Klima, Industrie, Bevölkerung oder Landwirtschaft) und Territorien (z. B.

Landschaften, geographische Zonen, Staaten, Wirtschaftsgebiete oder Standorte unter Beachtung mehrerer Komponenten und ihrer Merkmalskorrelationen) miteinander abwechselt. Bei der Behandlung der einzelnen Unterrichtsthemen kann die eine oder die andere Seite dominieren. Unabhängig davon jedoch, welche Dominanz zu beachten ist, muss der Zusammenhang zwischen Territorial- und Komponentenbetrachtung jederzeit hergestellt werden.
– Prinzip des Zusammenhanges von naturwissenschaftlicher und gesellschaftswissenschaftlicher Betrachtung

Dieses Prinzip besagt, dass im Geographieunterricht die Behandlung von physisch- oder wirtschafts- und sozialgeographischen Komponenten bzw. Territorien miteinander abwechselt. Bei der Behandlung der einzelnen Unterrichtsthemen kann die eine oder die andere Seite dominieren. Unabhängig davon jedoch, welche Dominanz zu beachten ist, muss der Zusammenhang zwischen naturwissenschaftlicher und gesellschaftswissenschaftlicher Betrachtung jederzeit hergestellt werden.
– Prinzip des Zusammenhanges von Struktur- und Prozessbetrachtung

Dieses Prinzip besagt, dass im Geographieunterricht die Behandlung von Territorialstrukturen und von in Territorien ablaufenden Prozessen miteinander abwechselt. Bei der Behandlung der einzelnen Unterrichtsthemen kann die eine oder die andere Seite dominieren. Unabhängig davon jedoch, welche Dominanz zu beachten ist, muss der Zusammenhang zwischen Struktur- und Prozessbetrachtung im Rahmen der stofflichen Möglichkeiten hergestellt werden.
– Prinzip des (→) Maßstabswechsels

Dieses Prinzip besagt, dass im Geographieunterricht Territorien in unterschiedlichen Maßstäben behandelt werden. Der jeweils gewählte Maßstab bestimmt die Konkretheit der Aussagen. Unabhängig davon jedoch, in welchem Maßstab ein Unterrichtsthema behandelt wird, macht sich ein (→) Maßstabswechsel im Unterricht erforderlich. Dabei ist zu beachten, dass bei diesem Prinzip immer von relativen Maßstabsbeziehungen ausgegangen wird. Eine Vergrößerung des Maßstabs kann beispielsweise immer noch bedeuten, dass die Behandlung im kleinen Maßstabsbereich der Geographie erfolgt.
– Das (→) heimatkundliche Prinzip

Dieses Prinzip ist anerkannt, seit das Unterrichtsfach Geographie existiert. Es besagt, dass im Geographieunterricht permanent eine Auseinandersetzung der Schüler mit Sachverhalten aus der engeren Heimat (vom Schüler erlebbare Umgebung) und der weiteren Heimat (dem Vaterland der Schüler) erfolgt. Das geschieht einerseits durch die intensive Behandlung der (→) Heimat selbst und andererseits bei der Behandlung fremder Territorien durch vielfältige Rückbezüge auf die Heimat.

Zur geographiedidaktischen Diskussion

Die ständige Verbesserung des Unterrichts erfordert das zunehmend bewusste Handeln des Lehrers auf der Grundlage der von ihm verinnerlichten Unterrichtstheorie. Die Unterrichtstheorie kann ihrer Funktion (Praxisanleitung) jedoch nur gerecht werden, wenn sie dem Lehrer konkrete Anleitung zum Handeln gibt, wenn sie ihm für sein strategisches Denken in der Planung und im Unterricht Entscheidungshilfen zur Verfügung stellt. Die zunehmende Befähigung des Lehrers zum strategischen Denken ist eine Schlüsselfrage bei der weiteren Verbesserung des Unterrichts.

Die speziellen Prinzipien sollen den Lehrer in zweifacher Weise orientieren:
– Im Rahmen der Ziel-Stoff-Planung erleichtern sie die Entscheidungen des Lehrers zur Auswahl des Unterrichtsstoffes sowie zur Gewichtung der einzelnen Stoffelemente (Bedeutsamkeit innerhalb des komplexen Bildungs- und Erziehungsprozesses). Diese Entscheidungen sind auf unterschiedlichen Ebenen des hierarchisch gegliederten Unterrichtsprozesses (für Stoffeinheiten, Unterrichtsstunden und Unterrichtsabschnitte) zu fällen.
– Im Rahmen der Planung des Unterrichtsablaufes (methodische Gestaltung des Unter-

richtsprozesses) erleichtern sie die Entscheidungen des Lehrers zur Auswahl geeigneter Unterrichtsmethoden aus der Menge der zur Verfügung stehenden Methoden und deren Gewichtung für die Erfüllung der Unterrichtsziele.

Literatur
Barth, L. (1980): Unterrichtsmethoden für das Fach Geographie in der sozialistischen Schule der DDR, Teil I, Pädagogische Hochschule Dresden, Sektion Geographie

Ludwig Barth/Klaus Frey

Spiele im Geographieunterricht

Definition
Spiele im Geographieunterricht sind zielorientierte Unterrichtsformen, eingesetzt mit der Absicht, Wahrnehmen, Denken, Entscheiden und Handeln zu fördern.

Klassifikation
1. Lernspiele:
Sie dienen zur Verarbeitung von Informationen und zum Einüben von Regeln, Fähigkeiten und Fertigkeiten sowie zum Einprägen von Wissen bei festgelegten Spielergebnissen. Gängige Formen sind Puzzles (z. B. Staaten Europas), Kartenspiele (z. B. Frage- und Antwortkarten zur Topographie und Allgemeinen Geographie), Würfelspiele (z. B. Deutschlandreise) sowie Rate- und Quizspiele. Lernspiele können käuflich erworben oder von Lehrkräften bzw. Schülern im Rahmen von (→) Projekten selbst hergestellt werden.
Die Bandbreite ihrer Einsatzmöglichkeiten reicht von der Einführung von Unterrichtsstoffen über die Anwendung und Übung bis hin zur Wiederholung und (→) Lernzielkontrolle oder Sicherungsphase.
2. Simulationsspiele:
Simulationsspiele umfassen Spielformen, bei denen Planungsprozesse oder andere wirklichkeitsnahe Situationen aufgrund fundierter Information nachvollzogen werden.

2.1 Simulationsspiele mit offener Struktur
2.1.1 Rollenspiele:
Schüler übernehmen im darstellenden Spiel Rollen von Personen, welche in eigenem Interesse oder als Vertreter von Behörden/Interessengruppen raumwirksame Entscheidungen zu treffen haben. Innerhalb dieser Spielegruppe sind zu unterscheiden:
a) Stegreifrollenspiele, in denen Schüler Rollen spielen, deren Argumentationsumfeld ihnen vertraut ist. Rahmen ist eine den Schülern bekannte Problemstellung.
b) Rollenspiele mit vorgegebener Beweisführung, in denen Schüler nach Rollenbeschreibung (z. B. auf Karten) auf Darstellungen der Mitspieler argumentativ reagieren müssen.
Grundsätzlich tragen Rollenspiele zum Erwerb von für das Zusammenleben in der Gesellschaft nötigen Grundfähigkeiten bei.
2.1.2 Planspiel
Im Planspiel besorgen sich die Schüler selbst die Sach- und Fachinformationen und erarbeiten eigenständig rollenspezifische Argumente.
Der Spielverlauf gliedert sich in 4 Phasen:
– Vorbereitungsphase (u. a. Aufzeigen der Problemlage, Rollenverteilung)
– Informationsphase (Rollenstudium, eigene Untersuchungen, Entwicklung von Strategien)
– Entscheidungsphase (Präsentation von Statements; Versuch in der Rolle einer Interessengruppe die „eigenen" Ziele durchzusetzen; Entscheidung durch Abstimmung)
– Reflexionsphase (Analyse der Interaktionen und Handlungsstrategien, Normen und Entscheidungen)
2.2 Simulationsspiele mit geschlossener Struktur:
Sie simulieren raumwirksame Prozesse auf Spielbrettern oder am (→) Computer.
Dabei sind feste Regeln anzuwenden, wobei Zufälle als Parameter ins Spiel gebracht werden können (z. B. „Ereigniskarten"). In einer klar vorgegebenen Situation können die Auswirkungen von Entscheidungen getestet werden. Dabei erfolgt eine sofortige Rückmeldung. Entschei-

dungen sind nur innerhalb einer vorgegebenen Bandbreite möglich.

Zur geographiedidaktischen Diskussion
Im Unterricht ist besonders das aktivierende Moment des Spiels von Bedeutung, das Lernprozesse unterstützt. Über die kognitiven Ergebnisse hinaus sind besonders die sozialen Interaktionen und Lernprozesse bedeutsam. Simulationsspiele mit offener Struktur fördern die Empathie (sich in den Partner hineinversetzen und dessen Bedürfnisse einschätzen können), die Ambiguitätstoleranz (Akzeptanz von Meinungen, die der eigenen widersprechen) und die kommunikative Kompetenz (eigenes Rollenverhalten der jeweiligen Situation anpassen können).
Lernspiele und Simulationsspiele mit geschlossener Struktur ermöglichen eine motivierende Rhythmisierung des Unterrichts und sind darüber hinaus in Lern- und Übungszirkeln im Rahmen „offener Unterrichtsformen" anwendbar. Simulationsspiele mit offener Struktur werden in der Praxis wegen des relativ hohen Zeitaufwandes oft nur innerhalb von (→) Projekten oder projektorientiertem Unterricht durchgeführt.

Literatur
Gudjons, H. (1997): Handlungsorientiert lehren und lernen. Bad Heilbrunn, S. 109–111
Haubrich, H. (1994): Spielen. In: geographie heute, Jg. 15, H. 123, S. 50–51
Haubrich, H. (1997): Spiele. In: Haubrich, H. u.a.: Didaktik der Geographie konkret. München, S. 188–193
Klingsiek, G. (1997): Spielen und Spiele im Geographieunterricht. In: Praxis Geographie, Jg. 27, S. 4–10
Theißen, U. (1986): Organisationsformen des Unterrichts. In: Köck, H. (Hrsg.): Grundlagen des Geographieunterrichts (= Handbuch des Geographieunterrichts, Band 1). Köln, S. 237–239

Peter Pfriem

Spiralcurriculum

Definition
Bei einem Spiralcurriculum sind die Lehrpläne (über die Schuljahre hinweg in so genannten Lernplateaus) so aufeinander abgestimmt, dass Ziele und Themen kontinuierlich wieder aufgegriffen, vertieft und verfestigt werden. Dabei wird zeitlich voranschreitend zu immer komplexeren Aufgaben und Problemstellungen geführt.

Klassifikation
Leitende Absicht ist die Vernetzung des Wissens, da nur vernetztes Wissen auf Dauer behalten wird. Daher müssen zwei Bedingungen gewährleistet sein:
1. Kontinuität des Wissenszuwachses
2. Ein häufiges Wiederaufgreifen des schon Gelernten (so genanntes Überlernen) in andersartigen Zusammenhängen.

Zur geographiedidaktischen Diskussion
Das Spiralcurriculum geht vom Ideal einer „durchgehenden lernlogischen Gesamtkonzeption" aus, wie Geipel (1968) formulierte. (Dabei verwendete er statt der Metapher „Spirale" das Bild „Rampe", daher auch Rampenmodell genannt.) Das Ideal ist im Geographieunterricht angestrebt, aber bisher nicht erreicht worden. Diskutiert wurden folgende Wege (z. T. sich jeweils ergänzend):
– das Erarbeiten von (→) Schlüsselbegriffen,
– das Gewinnen von Modellvorstellungen (→ Modelle)
– das Festlegen von (→) Problemfeldern bzw. Schlüsselproblemen,
– die altersgemäße Stufung (→ Altersgemäßheit) von Begriffen.
Im Übrigen gilt das Spiralprinzip auch für die Schulung immer anspruchsvollerer Fertigkeiten (Instrumentale Lernziele).

Literatur
Bruner, J. S. (1970): Der Prozeß der Erziehung. Berlin
Geipel, R. (1968): Die Geographie im Fächer-

kanon der Schule. In: Geographische Rundschau, Jg. 20, H. 2, S. 41–45
Kaminske, V. (1993): Überlegungen und Untersuchungen zur Komplexität von Begriffen im Erdkundeunterricht (= Münchner Studien zur Didaktik der Geographie, Band 4). München
Kirchberg, G. (1980): Rampenstruktur und Spiralcurriculum der Geographie in der Sekundarstufe I. In: Geographische Rundschau, Jg. 32, H. 5, S. 256–264
Köck, H. (1986): Modelle der zielorientierten Hierarchie. In: Köck, H. (Hrsg.): Grundlagen des Geographieunterrichts (= Handbuch des Geographieunterrichts, Band 1). Köln, S. 171–179
Richter, D. (1997): Lehrplanaufbau. In: Haubrich, H. u. a..: Didaktik der Geographie konkret. München, S. 134–135
Schlimme, W. (1975): Zur Strukturierung des Stoffes im Erdkundeunterricht. Berlin

Josef Birkenhauer

Spiralmodell → Lehrplan

Spuren, Spurensuche

Definition
Spuren sind Indikatoren, die Hinweise auf natürliche, gesellschaftliche, politische u. a. Zustände und Entwicklungen geben. Spurensuche ist das gezielte Aufsuchen solcher Zeichen. Ziel ist ein bewusstes Sehen und Verstehen primär erdräumlicher Gegebenheiten.

Klassifikation
Es sind grundsätzlich viele Klassifikationen möglich, von denen zwei vorgestellt werden:
1. Nach den Phänomenen, die als Spuren dienen
– materielle Spuren:
geologische Spuren (z. B. Fossilien); archivalische Zeugnisse (z. B. Altkarten, Urkunden, Aufzeichnungen); botanische Spuren (z. B. Brennnesseln als Wüstungsindikator); Siedlungsspuren (z. B. Hausreste); landwirtschaftliche Spuren (z. B. Ackerterrassen, Wölbäcker); Verkehrsspuren (z. B. Altstraßen, Hohlwege, ehem. Bahndämme) u. a.
– immaterielle Spuren:
sprachliche Spuren (z. B. Orts-, Flur-, Straßen- und Geländenamen); Zeugnisse über Lebens- und Arbeitsformen (z. B. Bräuche, Spiele) u. a.
2. Nach den Erkenntniszielen
– naturgeographische Einsichten:
Prozesse der Bodenbildung können über die Horizonte eines Profils erschlossen werden; die Flussgeschichte spiegelt sich in Altwässern, Mäanderdurchstichen u. a.; die Bodenerosion hat ihr Pendant in Aufschüttungen vor Ackerterrassen usw.
– kulturgeographische Einsichten:
räumliche Disparitäten werden aus unterschiedlichen Formalelementen und spezifischer Funktionsausstattung erkannt; kulturlandschaftliche Phasen (Progression, Stagnation oder Regression) lassen sich aus Ruinen, Wüstungen, Neubauvierteln, Straßennamen u. a. erschließen.

Zur geographiedidaktischen Diskussion
Die Beobachtung von Spuren und insbesondere die Spurensuche dienen im Unterricht vor allem dem Erlernen des aspektbezogenen, zielgerichteten Sehens und Denkens. Ausgangspunkte des Spurenlesens sind in der Regel Gegenstände der Alltagswelt (z. B. Pflanzen, Straßenschilder, bauliche oder landschaftliche Phänomene), die – bislang mehr oder weniger bewusst erlebt – in einen nachprüfbaren Erklärungszusammenhang gebracht werden. „Ein solches Spurenlesen ist umso reizvoller, je detektivischer man vorgeht und je mehr der alltäglich darüberhingleitende Blick unalltäglich verfremdet, der Alltagsgegenstand sozusagen exotisiert wird" (Hard 1988 b, S. 16).
Mittel der Spurensuche sind u. a. Foto, Film, Video, Tagebücher, Erzählungen, Kartierungen. In einem Fotosuchspiel können die aufbereiteten Ergebnisse zusammengefasst und weitergegeben werden.
Neben dem Einsatz im Geographieunterricht kommt der Beschäftigung mit Spuren auch in

der Erwachsenenbildung und in der Freizeitpädagogik erhöhte Bedeutung zu.

Literatur
Hard, G. (1988 a): Die ökologische Lesbarkeit städtischer Freiräume. In: geographie heute, Jg. 9, H. 60, S. 10–15
Hard, G. (1988 b): Umweltwahrnehmung und mental maps im Geographieunterricht. In: Praxis Geographie, Jg. 18, H. 7/8, S. 14–17
Isenberg, W. (1987): Geographie ohne Geographen (= Osnabrücker Studien zur Geographie, Band 9). Osnabrück
Mücke, H. (1987): Historische Geographie als Beitrag zur praktischen Lebensweltanalyse. Frankfurt
Reich, H. (1998): Fotosuchspiel Neukirchen – eine spielerische Form der Stadterkundung. In: geographie heute, Jg. 19, H. 157, S. 42–43
Rhode-Jüchtern, T. (1997): Den Raum lesen lernen (= Didaktik der Geographie). München
Theißen, U. (Hrsg.) (1986): Spuren (= geographie heute, Jg. 7, H. 41)

Johann-Bernhard Haversath

Stationenzirkel → Offener Unterricht, Statistik → Zahl und Statistik, Stereotyp → Vorurteil

Strukturanalyse

Definition
Eine Strukturanalyse ist die systematische Analyse raumprägender Strukturen und raumwirksamer Prozesse mithilfe von fachspezifischen Methoden, um damit zu einem tieferen Verstehen komplexer räumlicher Zusammenhänge und zu einer Prognose zukünftiger Entwicklungen zu gelangen.

Klassifikation
Nach ihrem wissenschaftlichen und methodischen Ansatz lassen sich zwei unterschiedliche Verfahren feststellen:
– Analytisch-länderkundliches Verfahren: Einzelne Geofaktoren und Phänomene des Untersuchungsgebietes werden nacheinander untersucht und in ihrem Zusammenwirken sowie in ihrer Entwicklung erfasst.
– Dynamisches themen- bzw. problemorientiertes Verfahren: Ausgangspunkt der Strukturanalyse ist ein aktuelles Problem, das in seinen raumrelevanten Aspekten untersucht wird.

Zur geographiedidaktischen Diskussion
Nachdem bei der Einführung der Strukturanalyse in die Lehrpläne in den 70er-Jahren zunächst das analytisch-länderkundliche Verfahren im Vordergrund stand, wird inzwischen dem dynamischen, problemorientierten Verfahren eindeutig der Vorzug gegeben. In diesem Verfahren geht man von aktuellen, wahrnehmungsgeographischen (→ Raum- und Umweltwahrnehmung) oder hypothesengeleiteten Fragestellungen aus, um das Untersuchungsgebiet unter statischer, dynamischer, rekonstruktiver und prognostischer (→) Betrachtungsweise auf verschiedenen Komplexitätsebenen zu analysieren. Im Sinne fächerübergreifender politischer Bildung z. B. sollen die Schüler damit befähigt werden, planerische Maßnahmen zu beurteilen und dazu Stellung zu nehmen. Die eigentätige Anwendung geographischer Arbeitsweisen steht im Vordergrund der Schüleraktivitäten. Aus diesem Grund besteht Konsens, dass ein Problem aus dem Nahraum der Schule Gegenstand der Strukturanalyse sein soll. Die Bezeichnung „Nahraumanalyse" ist deshalb ebenfalls gebräuchlich.
Vor allem in der Sekundarstufe II wird die Strukturanalyse in den Dienst wissenschaftspropädeutischen Arbeitens gestellt. Zur Verwirklichung ihrer Zielsetzungen ist das Projekt die ideale Organisationsform.

Literatur
Böhn, D. u. a. (1993): Geographie 11. Gymnasien Bayern. Berlin. Darin: Strukturanalyse des Heimatraumes. S. 128 ff.
Deuringer, L. (Hrsg.) (1993): Fundamente. Jahrgangsstufe 11. Deutschland – Natur-, Wirt-

schafts- und Sozialräume. Stuttgart. Darin: Strukturanalyse des Heimatraumes. S. 162 ff.
Jahn, W. (1976): Strukturanalyse eines Raumes. Beispiel Allgäu. Einführungsheft. In: Himmelstoß/Jahn: Erdkunde. Sekundarstufe II. München und Paderborn
Popp, H. (1979): Strukturanalyse eines Raumes im Erdkundeunterricht. Beiträge zur Landeskunde von Mittelfranken. Didaktische Reihe für den Sekundarbereich. Donauwörth.
Ruppert, H. (1982): Strukturanalyse – was ist das? In: geographie heute, Jg. 3, H. 9, S. 2-9
Volkmann, H. J. (1984): Angewandte Geographie in der bayerischen Hauptschule – Revision eines curricularen Konzepts. Augsburg

Friedhelm Frank/Kilian Popp

Strukturgitter

Definition
Unter Strukturgitter versteht man einen zweiachsigen Ordnungsraster mit zunächst leeren Feldern, der zur Lernzielfindung bzw. -legitimation dient. Das Gitter wird durch die Achsen zweier unabhängiger Variablen konstruiert, z. B. aus fachlichen Inhalten und gesellschaftlichen Zielsetzungen.
Mit diesem Gitter, auch Matrix genannt, sollen Schwerpunkte für den Lehrplan und für Unterricht(-sthemen) begründet werden.

Klassifikation
1969 wurde von Blankertz u. a. an der Universität Münster die Idee des didaktischen Strukturgitters entwickelt. Für das Fach Geographie wurden seither verschiedene Konzeptionen vorgelegt:
1. Mehr an Politikwissenschaft und Soziologie orientierte Vorschläge, z. B. Rhode-Jüchtern 1982 (S.52) mit den Achsen „gesellschaftstheoretisch angeleitete fachwissenschaftliche Kriterien" und „Didaktische Kriterien" oder Kroß 1979 (S.167).
2. Stärker die Strukturierung des Unterrichtsfaches Geographie betonende Darstellungen.

2.1 Begründungen der unterrichtlichen Relevanz von Themenbereichen
- z. B. Oestreich (in Kroß 1979, S. 60), der „Medien geographischer Systemleistung" und „erkenntnisleitende Interessen" oder
- Birkenhauer 1988 (S. 180), der „Komponenten der allgemeinen Bildung" und „geographiedidaktische Relevanz" verknüpft.
2.2 Konkrete Ausarbeitungen zu den Inhalten eines Lehrplans, z. B.
- Birkenhauer (in Kroß 1979, S. 40/41), der „Geographische Kategorien" und „Situations- und Problemfelder" (in lernpsychologischer Anordnung),
- Göller/Leusmann 1989 (S. 41), die „Gegenstandsbereiche" der Fachwissenschaft und „bedeutsame Gegenwartsprobleme und Zukunftsaufgaben" (Lehrplan Hauptschule NRW) oder
- Thöneböhn (in Flath/Fuchs 1995, S. 62), der „Ausschnitte der Lebenswirklichkeit" und „fachliche Erschließungsdimensionen" (Lehrplan Realschule NRW) als jeweilige Strukturierungen von Abszisse und Ordinate einer Matrix aufeinander beziehen.

Zur geographiedidaktischen Diskussion
Seit 1969 (s. o.) wird die bildungstheoretische Legitimation von Lernzielen und Lehrplänen mithilfe von Strukturgittern versucht – ein allgemein akzeptiertes Gitter hat sich bisher nicht durchgesetzt. Dies liegt weitgehend an folgenden Gründen:
1. Grundsätzlich bereitet die Darstellung der drei Determinanten Schüler-Gesellschaft-Wissenschaft in einem Gitter große Schwierigkeiten.
2. Es sind zahlreiche andere unabhängige Variablen möglich.
3. Ein bundesweiter Konsens, welche Elemente aus den drei Bereichen relevant sind, konnte nie erzielt werden. Eine Lösung könnte sich über die Ansätze (→) „Schlüsselprobleme" und (→) „Problemfelder" ergeben.

Literatur
Birkenhauer, J. (1988): Geographieunterricht und Allgemeinbildung. In: Geographie und ihre Didaktik, Jg. 16, H. 4, S. 173–182
Daum, E. (1980): Didaktische Neuorientierung als Schicksal? Zur Diskussion um geographiedidaktische Strukturgitter. In: Geographische Rundschau, Jg. 32, H. 7, S. 341–344
Flath, M. u. G. Fuchs (Hrsg.) (1995): Fachdidaktische Standorte. Theoretisches Erbe und aktuelle Positionen. Gotha
Göller, H. u. C. Leusmann (1989): Eine Matrix zentraler Inhaltsbereiche als Kern eines Lehrplans für das Fach Erdkunde in der Sekundarstufe I. In: Geographie und Schule, Jg. 11, H. 57, S. 39–43
Kroß, E. (Hrsg.) (1979): Geographiedidaktische Strukturgitter, eine Bestandsaufnahme (= Geographiedidaktische Forschungen, Band 4). Braunschweig
Lenzen, D. u. H. L. Meyer (1975): Das didaktische Strukturgitter. Aufbau und Funktion in der Curriculumentwicklung. In: Lenzen, D. (Hrsg.): Curriculumentwicklung in der Kollegstufe. Frankfurt/M., S. 185–251
Rhode-Jüchern, T. (1982): Didaktisches Strukturgitter. In: Jander, L., W. Schramke und H.-J. Wenzel (Hrsg.): Metzler Handbuch für den Geographieunterricht. Stuttgart, S. 49–54

Alois Müller

Strukturskizze

Definition
Die Strukturskizze stellt für den Gesamtzusammenhang relevante Einzelelemente in ihrem funktionalen Zusammenhang dar.
(→ Kartenskizze, → Merkbilder, → Sachzeichnung, → Schemazeichnung, → Tafelbild)

Zur geographiedidaktischen Diskussion
Strukturskizzen werden als grafische Darstellung räumlicher Eigenschaften und Prozesse erarbeitet. Schrand sieht in der Strukturskizze eine Möglichkeit, Texte zu erfassen.

Literatur
Schrand, H. (1986): Der Sachtext. In: Brucker, A. (Hrsg.): Medien im Geographie-Unterricht. Düsseldorf, S. 238

Dieter Böhn

Synthetische Einführung in das Kartenverständnis → Kartenverständnis

Systemanalytischer/ systemtheoretischer Ansatz

Definition
Der systemanalytische/systemtheoretische Ansatz ist ein Verfahren, Vernetzungen, positive und negative Rückkoppelungen von Geofaktoren zu erfassen und zu verstehen, durch die diese funktionell und strukturell miteinander in Beziehung stehen (z. B. Wasserkreislauf und die Möglichkeiten menschlichen Eingreifens in diesen) (→ Ökologischer Ansatz).

Klassifikation
Man kann hinsichtlich der Hierarchie unterscheiden zwischen vertikaler Struktur, z. B. zwischen
– Systemen (z. B. Nährstoffkreislauf in der Biosphäre),
– Subsystemen (z. B. Nährstoffkreislauf im Boden),
und vertikal/horizontaler Struktur, z. B. zwischen
– regionalen Systemen (z. B. der deutsche Küstenraum),
– globalen Systemen (Ozeane und ihre Inwertsetzung).
Hinsichtlich der Erkenntnisebenen ist nach Köck zu unterscheiden zwischen
– systemanalytischer Ebene
– systemtheoretischer Ebene
– allgemeinsystemtheoretischer Ebene (→ Systemtheoretischer Geographieunterricht)

Zur geographiedidaktischen Diskussion
Köck fordert die Realisierung von Systemdenken und Systemverhalten als unterrichtliches

Prinzip. Es ist nämlich als ein integraler und hierarchisch zu entwickelnder Bestandteil des Leitziels Raumverhaltenskompetenz ein permanent zu realisierender Denkansatz.

Literatur
Finke, L. (1986): Landschaftsökologie (= Das Geographische Seminar). Braunschweig
Köck, H. (1985): Systemdenken – geographiedidaktische Qualifikation und unterrichtliches Prinzip. In: Geographie und Schule, Jg. 7, H. 33, S. 15–28
Kroß, E. (1991): Geographiedidaktik heute. Probleme und Perspektiven 20 Jahre nach dem Umbruch. In: Hasse, J. und W. Isenberg (Hrsg.): Die Geographiedidaktik neu denken. Perspektiven eines Paradigmenwechsels (= Bensberger Protokolle 73). Bensberg, S. 11–24

Ulrich Wieczorek

Systematisieren

Definition
Im Geographieunterricht ist das Systematisieren ein Prozess, bei dem der Unterrichtsgegenstand (Objekt, Sachverhalt, Aussage) aus einer Primärordnung (der Ordnung, innerhalb derer die Erstaneignung von Wissen erfolgt) herausgelöst und in eine übergeordnete Sekundärordnung eingruppiert wird. Dabei wird das Wissen verallgemeinert und der Anwendung zugängig gemacht (→ Transfer).

Klassifikation
Das Systematisieren kann nur dann erfolgreich durchgeführt werden, wenn folgende Regeln beachtet werden:
– Die Schüler sollen hinsichtlich des zu systematisierenden Gegenstandes über klare Vorstellungen (Kenntnis der äußeren Eigenschaften) und exakte Begriffe (Kenntnis der für den Begriff wesentlichen Merkmale) verfügen.
– Nach der Behandlung mehrerer geographischer Objekte gleicher Art sind die gemeinsamen Merkmale für die gesamte Gruppe zu erfassen (→ Vergleich).
– Es ist möglichst von einer Problemstellung auszugehen. Als besonders fruchtbar erweist es sich, Widersprüche auszulösen, indem früher gewonnene Erkenntnisse erneut in Frage gestellt werden.
– Das Systematisieren kann die Funktion übernehmen, entweder den Inhalt (Intension) oder den Umfang (Extension) für einen geographischen (→) Begriff zu verdeutlichen. Sofern das Systematisieren auf die Extension des Begriffes zielt, sind aus einer Gruppe geographischer Objekte diejenigen auszusondern, die auf der Grundlage eines gemeinsamen Merkmales einer Klasse zugeordnet werden können.
– Der didaktische Ort für Systematisierungsaufgaben sollte möglichst oft die einleitende oder hinführende Wiederholung sein. Grundlage dafür können vorbereitende Hausaufgaben sein.
– In Wiederholungsstunden am Ende größerer Stoffeinheiten (des Schuljahres, der Schulzeit) sollen sowohl Aufgaben gelöst werden, die der Wiederholung in der Primärordnung dienen, als auch solche, mithilfe derer Sekundärordnungen hergestellt werden (Systematisierungsaufgaben).

Die Systematisierung, die vor allem in Form von (→) Vergleichen erfolgt, kann unter verschiedenen Aspekten realisiert werden:
– Räumlicher Aspekt
– Historisch-genetischer Aspekt
– Kausaler Aspekt
– Quantitativer Aspekt
– Aspekt des Formenvergleichs

Zur geographiedidaktischen Diskussion
Im Geographieunterricht werden sehr viele individuelle Sachverhalte behandelt, die oft isoliert von anderen Kenntnissen vom Schüler angeeignet werden. Diese Isolation, die Ursache für eine hohe Vergessensquote ist, kann aufgehoben werden, wenn Unterrichtsergebnisse unterschiedlicher Gebiete thematisch zueinander in Beziehung gesetzt werden (z. B. vulkanische Erscheinungen in Europa mit eben solchen Erscheinungen in Asien usw.). Dabei können

die Erscheinungen, die in die Systematisierung einbezogen werden, zeitlich unterschiedlich lange zurückliegend behandelt worden sein.

Literatur
Barth, L. (1969): Zum Systematisieren von Wissen im Geographieunterricht. Berlin

Ludwig Barth / Klaus Frey

Systemtheoretischer Geographieunterricht

Definition
Systemtheoretischer Geographieunterricht meint ein Verständnis von Geographieunterricht, das auf allen Ebenen und in allen Dimensionen geographieunterrichtlicher Theorie und Praxis der Tatsache Rechnung trägt, dass sowohl die geosphärische Welt als auch die unterrichtliche Auseinandersetzung mit ihr systemischen Charakter haben.

Klassifikation
Ausgehend vom Verständnis eines Systems als einer Gesamtheit von miteinander wie mit der Außenwelt interagierenden Elementen, kann zunächst jeglicher Unterrichtsgegenstand im Geographieunterricht in seiner Eigenschaft als integraler Bestandteil der Geosphäre wie auch die Geosphäre selbst als System aufgefasst werden. Dabei lässt sich zwischen systemanalytischer (die Element-Element-Beziehung betreffend), systemtheoretischer (das System als Gesamtheit betreffend) und allgemeinsystemtheoretischer (allgemeine Strukturen und Prozesse von Systemen betreffend) Betrachtung unterscheiden. Indem der Geographieunterricht so verfährt, fungiert die Systemtheorie als erkenntnisleitender Ansatz.

Da der Geographieunterricht darauf abzielt, die Schüler zu einem effektiven und adäquaten Raumverhalten in der systemisch geschaffenen geosphärischen Welt, mithin zu einem auch systemisch effektiven und adäquaten Raumverhalten zu befähigen und zu erziehen, fungiert das Umgehen mit Systemen und ihrem Verständnis zugleich auch als eine fundamentale Zieldimension des Geographieunterrichts.

Auch die methodische Dimension sowie die Planungsdimension sind in der Systemtheorie evident, insofern jegliches methodische Handeln ein systemisches Interagieren darstellt bzw. insofern der unterrichtliche Planungsprozess ein Denken in und Antizipieren von systemischen Verflechtungen zwischen den Unterrichtsfaktoren und innerhalb der Unterrichtsfaktoren darstellt.

Zur geographiedidaktischen Diskussion
Die bisherige geographieunterrichtliche Anwendung der Systemtheorie erfolgte vor allem auf der Inhaltsebene und speziell unter geoökologischem Vorzeichen. Dieses eingeengte Systemdenken sollte jedoch überwunden werden, da sich jeglicher Erdsachverhalt systemisch interpretieren lässt und zum Zwecke seines adäquaten Verständnisses bzw. des adäquaten Verhaltens in einem solchen Sachverhalt und zu ihm systemisch interpretiert werden muss.

Denn der Geographieunterricht ist lange schon bestrebt, auch die innerhalb der erdräumlichen Sachverhalte sowie den zwischen ihnen bestehenden Wechselwirkungen zum Gegenstand von Erkenntnis bzw. zur festen Größe im Verhaltenskalkül zu machen.

Weiterhin sind jedoch auch sein curriculares sowie sein methodisches und planerisches Potenzial offenkundig und daher verstärkt zu berücksichtigen.

Literatur
Coffey, W. J. (1981): Geography: Towards a General Spatial Systems Approach. London
Haggett, R. (1980): Systems Analysis in Geography. Oxford
Köck, H. (Hrsg.) (1985): Systemdenken (= Geographie und Schule, Jg. 7, H. 33 mit Beiträgen von J. Hagel, R. Hantschel, D. Klaus, H. Köck)
Köck, H. (1997): Der systemtheoretische Ansatz im Geographieunterricht. In: Convey,

A. und H. Nolzen (Hrsg.): Geographie und Erziehung (= Münchner Studien zur Didaktik der Geographie, Band 10). München, S. 137–146

Wieczorek, U. (1992): Geographie als Systemanalyse. In: Geographie und ihre Didaktik, Jg. 20, H. 2, S. 65–89

Helmuth Köck

Tabellen → Zahl und Statistik

Tafelbild

Definition
Das Tafelbild ist die strukturierte Darstellung von Ergebnissen einer Unterrichtsstunde. Es zeigt geographische Sachverhalte in übersichtlicher und vereinfachter Weise. Meist wird es während der Unterrichtsstunde entwickelt und steht am Ende einer Unterrichtsstunde als gestaltetes Ganzes an der Tafel bzw. auf einer Folie. Es dient damit der Transparenz des Unterrichts für den Schüler. Der Hefteintrag der Schüler entsteht in der Regel mit dem Tafelbild und ist meist mit ihm identisch.

Klassifikation
Tafelbilder enthalten verbale, nummerische und graphische Informationen, die oft miteinander verflochten sind.

Zur geographiedidaktischen Diskussion
Die Bedeutung von Tafelbildern für den Unterricht ist unstrittig. Umstritten ist lediglich die Frage der Präsentation an der Tafel oder auf Folie. Theißen akzeptiert den Einsatz der Tafel nur dort, wo kein Tageslichtschreiber zur Verfügung steht, während Brucker die Tafel gegenüber der Folie als überlegen sieht und fordert, alles was an der Tafel ohne Schwierigkeiten entwickelt werden kann, nicht auf Folie zu zeigen. Viele der zu Unterrichtsanregungen veröffentlichten Tafelbilder zeigen, dass bei der Präsentation auf Folie die Gefahr besteht, zu viele Informationen in ein Tafelbild zu packen. Die Tafel zwingt zu einer inhaltlichen Reduktion.

Literatur
Achilles, F.-W. (1983): Zeichnen und Zeichnungen im Geographieunterricht. Köln

Barth, L. und A. Brucker (1992): Merkbilder im Geographieunterricht. Berlin

Brucker, A. (1997): Das Merkbild (Tafelbild). In: Haubrich, H. u. a.: Didaktik der Geographie konkret. München, S. 302–305

Bühs, R. (1986): Tafelzeichnen kann man lernen. Hamburg

Buske, H. (1984): Das Tafelbild im Erdkundeunterricht. In: Geographie im Unterricht, Jg. 9, H. 1, S. 13–24

Theißen, U. (1986): Tafelbild. In: Köck, H. (Hrsg.): Grundlagen des Geographieunterrichts (= Handbuch des Geographieunterrichts, Band 1). Köln, S. 280

Friedhelm Frank

Tellurium

Definition
Das Tellurium ist ein Modell, mit dem die Bewegung der Erde um die Sonne (sowie die dabei gleichzeitig erfolgende Bewegung des Mondes um die Erde) und die Drehung der Erde um ihre eigene Achse demonstriert werden können.

Klassifikation
Mit dem Tellurium sind folgende Demonstrationsmöglichkeiten gegeben:
- die Rotation der Erde um ihre eigene Achse und die daraus resultierende Verteilung von Tag und Nacht
- die Bewegungen des Mondes um die Erde (Mondphasen)
- die Bewegung der Erde und des Mondes um die Sonne und die daraus resultierende Entstehung der Jahreszeiten, Tag- und Nachtgleiche, Polartag und Polarnacht
- die scheinbare Wanderung der Sonne zwischen den Wendekreisen
- die Entstehung von Sonnen- und Mondfinsternis
- die ursächliche Wirkung der Schrägstellung der Erdachse

Zur geographiedidaktischen Diskussion

Das Tellurium kann dazu beitragen, das immer noch teilweise vorhandene geozentrische Weltbild zu korrigieren, da es klarstellt, dass die Erde nur ein kleiner Planet des Sonnensystems ist und ihre herausragende Stellung lediglich der Tatsache verdankt, dass wir Menschen auf ihr leben. Das Tellurium sollte deshalb auch in Zusammenhang mit dem (→) Planetarium eingesetzt werden. Man kann mit dem Tellurium vor allem auch die Ableitung der Klima- und Vegetationszonen aus den Beleuchtungszonen erarbeiten.

Das Tellurium konnte sich in den Schulen und auch in der universitären Ausbildung nie recht durchsetzen, weil es in der Anschaffung zu teuer und in den Einsatzmöglichkeiten zu beschränkt war. Zudem ist seine wissenschaftlich exakte Anwendung teilweise mit Schwierigkeiten verbunden. So sind z. B. die Dimensionen nicht korrekt zu vermitteln: Zwar lässt sich die Größenrelation Erde – Mond nachvollziehen, nicht jedoch die eigentliche Dimension der Entfernung (Abstand Erde – Mond – Sonne).

Es gibt Computeranwendungen, die anschaulicher sind und dadurch zu einem konkreteren Verstehen der Sachverhalte führen.

Literatur

Birkenhauer, J. (1997): Konkrete Modelle. In: Birkenhauer, J. (Hrsg.): Medien. Systematik und Praxis (= Didaktik der Geographie). München, S. 44–45

bp-Tellurium 98 (1998): Programmbeschreibung. In: Geo Computer, H. 29, S. 4–22

Brucker, A. (1997): Tellurium. In: Haubrich, H. u. a.: Didaktik der Geographie konkret. München, S. 316

Helmer Vogel

Test

Definition

Ein Test ist ein Diagnoseverfahren, mit dessen Hilfe Eigenschaften und Verhaltensweisen einer Person oder (repräsentativ) ausgewählten Personengruppe (z. B. einer Schulklasse) nach bestimmten Gütekriterien gemessen und durch den Lehrer ausgewertet, interpretiert und für sein pädagogisches Handeln nutzbar gemacht werden können.

Klassifikation

1. Formen von Tests allgemein

Mögliche Klassifizierung verschiedener Arten von Tests, die in der Schule Anwendung finden können:

– Fähigkeitstest: Hier werden unter genormten Bedingungen spezielle Merkmale oder Fähigkeiten erfasst, z. B. Intelligenz oder Geschicklichkeit, z. B. räumliches Vorstellungsvermögen.

– Eignungstest: Er stellt die Befähigung für zukünftige Leistungsanforderungen fest, z. B. Schulreife oder Berufseignung.

– Persönlichkeitstest: Es werden für den schulischen Erfolg maßgebliche Merkmale untersucht, z. B. Motivation oder Interesse.

– (Schul-) Leistungstest: Es handelt sich dabei um einen vom Lehrer entworfenen, informellen Test. Er dient der möglichst objektiven Erfassung schulischer Leistungen im Hinblick auf die im Unterricht behandelten Lernziele, z. B. Topographiekenntnisse.

2. Formen von Schulleistungstests

Schriftliche Leistungstests in der Schule können nach verschiedenen Kriterien unterschieden werden:

– nach der wissenschaftlichen Normierung der einzelnen Aufgaben: standardisiert – informell;

– nach der Gebundenheit der Schülerantwort: freie – gebundene Antworten;

– nach dem „Überraschungseffekt" für den Schüler: angesagt – unangesagt;

– nach dem Umfang des zugrunde liegenden Stoffes: letzte Stunde – mehrere Stunden;

– nach dem Charakter der geschriebenen Arbeit: Klausur – Stegreifaufgabe/Extemporale;

– nach der Vergleichbarkeit: zentral – klassen- oder schulorientiert.

3. Gütekriterien bei der Testerstellung

Bei der Testkonstruktion sollte der Lehrer darauf Wert legen, die grundlegenden Güte-

kriterien in möglichst großem Umfang zu erreichen:
- Die Validität bzw. Gültigkeit, d. h. der Test soll tatsächlich das messen, was er zu messen vorgibt.
- Die Reliabilität oder Zuverlässigkeit, d. h. die Messung soll den tatsächlichen Leistungen und Fähigkeiten des Probanden entsprechen und nicht nur ein Zufallsergebnis sein.
- Die Objektivität, also die Unabhängigkeit des Testergebnisses von der messenden Person, d. h. dieses sollte bei einem anderen Prüfer identisch ausfallen.

Weitere Gütekriterien, die von verschiedenen Autoren zusätzlich gefordert werden, sind z. B.:
- Die Trennschärfe, d. h. die Unterscheidbarkeit der zu lösenden Aufgaben.
- Die Ökonomie, d. h. die Messung muss vom Lehrer mit vertretbarem Arbeits- und Zeitaufwand durchgeführt werden können.
- Die Transparenz oder Durchsichtigkeit der (→) Leistungsmessung.
- Die Komplexität der Leistungsmessung, die aus einer Vielzahl von Komponenten bestehen soll, z. B. Reproduktion, (→) Transfer usw.
- Der angemessene Schwierigkeitsgrad über alle Aufgaben hinweg.

4. Gütestandards bei der Auswertung

Nicht nur bei der Erstellung, sondern auch bei der Auswertung von Leistungstests ist auf die Einhaltung bestimmter Standards zu achten:
- Bereits bei der Erstellung sollte der Lehrer einen Erwartungshorizont erstellen, der allerdings im Hinblick auf die tatsächlichen Schülerleistungen modifizierbar sein muss.
- Den Schülern muss das Bewertungsverfahren, das zur Verteilung der Rohpunkte führt, zugänglich gemacht und von ihnen als transparent akzeptiert werden.

Die einzelnen Testergebnisse können dann in folgende Bezugssysteme eingeordnet und miteinander verglichen werden:
- Beim Individualbezug (subjektiv) wird der Lernfortschritt des Einzelnen gegenüber einem früheren Zeitpunkt gemessen.
- Beim Gruppenbezug (intersubjektiv) wird hingegen die individuelle Leistung mit der von anderen Mitgliedern der Lerngruppe verglichen.
- Kriterien- oder Sachbezug (objektiv) bedeutet den Vergleich der schülerischen Einzelleistung mit einem vorab definierten Sachanspruch.

Für den Unterricht wird in erster Linie ein Kriterienbezug angestrebt, der in der Unterrichtspraxis allerdings in der Regel durch den Gruppenbezug und in Ausnahmefällen auch durch den Individualbezug modifiziert werden kann.

Zur geographiedidaktischen Diskussion

Die in der Schulpraxis gängigen Tests entsprechen in aller Regel nicht den aus wissenschaftlicher Sicht erforderlichen Gütekriterien, da sie nicht an einer repräsentativen Schülerstichprobe geeicht sind.

Bundesweit vergleichbare Schulleistungstests im Fach Geographie sind aber nur dann sinnvoll durchführbar, wenn sie auf die Lehrpläne aller Bundesländer bezogen sind. Im anderen Fall ist nämlich nicht auszuschließen, dass unzulängliche Testergebnisse in einem Bundesland auf fehlende Inhalte des betreffenden Fachlehrplans zurückzuführen sind.

Aus der Sicht der Geographiedidaktik haben inhaltlich die geographische Informationsverarbeitung sowie Einstellungen und Werthaltungen einen hohen Stellenwert. Da sich diese Inhalte in Tests aber nur schwer überprüfen lassen, stellt kognitives Faktenwissen auf einem weniger anspruchsvollen Niveau (z. B. Topographie) meist den Hauptanteil standardisierter Leistungstests. Die Einsicht in komplexe geographische Zusammenhänge oder die Beurteilung räumlicher Strukturen und Prozesse findet demgegenüber eher in informellen Tests Anwendung.

Literatur

Birkenhauer, J. (1986): Tests als objektivierte Form der Lernkontrolle. In: Köck, H. (Hrsg.): Grundlagen des Geographieunterrichts (= Handbuch des Geographieunterrichts, Band 1). Köln, S. 297–302

Haubrich, H. (1994): Testen im Geographieunterricht. In: geographie heute, Jg. 15, H. 125, S. 2–4

Ingenkamp, K. (1985): Lehrbuch der Pädagogischen Diagnostik. Weinheim und Basel

Kirchberg, G. (1997): Lernkontrollen und Leistungsbewertung. In: Haubrich, H. u. a.: Didaktik der Geographie konkret. München, S. 327–366

Niemz, G. (1994): Lernerfolgsfeststellung und -beurteilung im Geographieunterricht – Notwendige Aufgabe für jede Lehrkraft. In: Zeitschrift für den Erdkundeunterricht, Jg. 46, H. 7/8, S. 292–297 und H. 9, S. 353–359

Schröder, H. (1976): Leistungsmessung und Schülerbeurteilung. Stuttgart

Gerd Bauriegel

Thematische Geographie in regionaler Anordnung

Definition
Thematische Geographie in regionaler Anordnung ist die Verbindung von Themen und Inhalten aus der Allgemeinen Geographie zu einer regional geordneten Abfolge.

Klassifikation
Bei der Umsetzung dieses Konzeptes in den Lehrplänen der Länder sind grundsätzlich drei Varianten zu unterscheiden:
1. Der thematische Aspekt wird betont. Ein allgemeingeographisches Thema (z. B. „Der wirtschaftende Mensch gestaltet Räume", „Auswirkungen von Hitze und Trockenheit") wird an regionalen Fallbeispielen erarbeitet. Die Themen bestimmen die inhaltliche Schwerpunktsetzung, die Fallbeispiele sind austauschbar und nicht verbindlich.
2. Der regionale Aspekt wird betont. Hauptübungsräume (z. B. Deutschland, Europa, Asien usw.), die im Verlauf der Jahrgangsstufen wechseln, bilden die Fundgrube für Fall- oder Raumbeispiele, an denen allgemeingeographische Zusammenhänge erarbeitet werden.
3. Die Durchsicht der länderspezifischen Lehrpläne zeigt, dass auch Konzeptionen mit wechselnden oder anders gewichteten Schwerpunkten vorliegen, die einer Mischgruppe zuzuordnen sind.

Zur geographiedidaktischen Diskussion
Der Dualismus von Allgemeiner Geographie (→ Allgemeingeographischer Ansatz) und Länderkunde (→ Länderkundlicher Ansatz, → Regionalgeographische Ansätze) leitet sich aus dem System der Geographie ab; er hat einerseits terminologische, andererseits wissenschaftstheoretische Ursachen und darf nicht darüber hinwegtäuschen, dass beide Teilgebiete in Wissenschaft und Unterricht einander ergänzen. Diese Einsicht hat den pointierten Positionen der 70er-Jahre – z. B. „Allgemeine Geographie statt Länderkunde" – die Spitze genommen.

Auf der Suche nach einer Synthese ist das generelle Bemühen zu erkennen, in den Lehrplänen der Länder thematisch-allgemeingeographische und regional-länderkundliche Aspekte zu verbinden. Die unterschiedliche Gewichtung thematischer und regionaler Elemente spiegelt nicht nur eine differenzierte Beurteilung dieser Komponenten wider, sondern sie reflektiert und bewertet auch die Erfahrungen aus den 70er- und 80er-Jahren. So ist es aus dieser disziplingeschichtlichen Phase zu erklären, dass die länderspezifischen Konzeptionen heute weiter auseinander liegen als in früheren Zeiten. Die auffallende Einheitlichkeit unter den neuen Ländern, in denen die regionale Anordnung Priorität genießt, ist mit der länderkundlichen Prägung und Stofforientierung in der DDR zu erklären.

Vor diesem Hintergrund bekommen die Bemühungen um einen neuen Basislehrplan, mit dem die divergierenden Entwicklungen wieder gebündelt werden könnten, erhöhtes Gewicht.

Literatur
Böhn, D. (1988): Allgemeine und/oder Regionale Geographie. In: Praxis Geographie, Jg. 18, H. 7/8, S. 10–13

Engelhard, K. (1987): Allgemeine Geographie

und Regionale Geographie. In: Geographische Rundschau, Jg. 39, H. 6, S. 358–361
Hausmann, W. und G. Kirchberg (1997): Thematisch-regionaler Ansatz. In: Haubrich, H. u. a.: Didaktik der Geographie konkret. München, S. 124–127
Haversath, J.-B. (1997): Das Oasenbild in den Erdkundelehrplänen und Schulbüchern Deutschlands. In: Geographische Rundschau, Jg. 49, H. 2, S. 116–119

Johann-Bernhard Haversath

Topographie

Definition
Unter Topographie versteht man die Beschreibung und Darstellung, Festlegung und Lokalisierung geographischer Örtlichkeiten durch Namens- und Lagebeziehungen.

Klassifikation
Die topographische Arbeit zielt im Geographieunterricht auf folgende Bereiche:
– Topographisches Wissen: Um ein räumliches Bild von der Erde aufzubauen, sind topographische Kenntnisse unerlässlich. Das Wissen um die Gestalt von Kontinenten und Ländern, um die Namen von Städten, Flüssen, Gebirgen oder Landschaften sowie deren Lage, aber auch die Kenntnis räumlicher Ordnungsvorstellungen (Raumstrukturen, zonale Ordnungen u. a.) gehören hierher.
– Topographische Fertigkeiten: Der selbstständige Umgang mit Karten (Messen, Lokalisieren, Vergleichen u. a.) oder der (→) Maßstabswechsel bei der Arbeit mit Atlanten bilden als Teil der Kartenkompetenz eine wichtige Säule des geographischen Ausbildungsprofils.
– Topographische Fähigkeiten: Auf der Grundlage systematischen Wissens und eingeübter Fertigkeiten wird die Fähigkeit zur Orientierung angestrebt. Auf der Basis sicherer Raumvorstellungen zielt sie darauf, in bekannten und unbekannten Räumen ein rasches Zurechtfinden zu ermöglichen, Raumstrukturen um neue Erkenntnisse zu erweitern sowie schulisches und außerschulisches topographisches Wissen zu verknüpfen.

Zur geographiedidaktischen Diskussion
Kaum ein Begriff wird unter Fachdidaktikern so kontrovers diskutiert wie Topographie. Dies ist eine Folge ihrer unterschiedlichen Bedeutung im Laufe der Geschichte des Geographieunterrichts. Bildete sie beim (→) länderkundlichen Durchgang noch einen wichtigen Teil, so wurde sie anschließend als funktionslos, motivationshemmend, oberflächlich u. Ä. abgestempelt. Gleichwohl bildet sie ein geographisches Spezifikum, das für den systematischen Aufbau eines Bildes von der Erde unerlässlich ist. Im Gegensatz zu früher wird jedoch heute die thematische Einbindung der topographischen Inhalte betont; topographisches Wissen muss mit Inhalten verknüpft werden.
Um die Fülle der topographischen Begriffe hierarchisch zu ordnen und um einen systematischen Aufbau topographischen Wissens und topographischer Fähigkeiten zu ermöglichen, schlagen Böhn/Haversath (1994) das Konzept der topographischen Raster vor; sie bezeichnen hiermit Raumausschnitte mit vereinfachten Umrissen und ausgewählten erdräumlichen Inhalten. Auf den verschiedenen Maßstabsebenen unterscheiden sie Feinraster (lokal), Mittelraster (regional, national) und Grobraster (kontinental, zonal, global).
Umstritten ist weiterhin die Frage des so genannten topographischen Mindestwissens. Vorgeschlagene Begriffskataloge (z. B. Böhn 1995, Birkenhauer 1996) sind in keinem Fall kanonisch zu verstehen, sondern sie versuchen Antworten auf Fragen zu geben, die von den Unterrichtspraktikern gestellt werden.
Kernpunkte der fachdidaktischen Diskussion bleiben die Auswahlkriterien für topographische Begriffe, die Umsetzung lernpsychologischer Erkenntnisse zur Entwicklung des (→) Raumverständnisses bei Kindern und Jugendlichen sowie die wissenschaftliche Reaktion auf Forderungen von Elternverbänden und politischen Organisationen.

Literatur
Birkenhauer, J. (1996): Topographisches Mindestwissen. In: Praxis Geographie, Jg. 26, H. 7/8, S. 38–42
Böhn, D. u. a. (1995): Deutschland. Einhundert topographische Begriffe. In: geographie heute, Jg. 16, H. 131, S. 49–53
Böhn, D. und J.-B. Haversath (1994): Zum systematischen Aufbau topographischen Wissens. In: Geographie und ihre Didaktik, Jg. 22, H. 1, S. 1–20
Hüttermann, A. (1998): Kartenlesen – (k)eine Kunst (= Didaktik der Geographie). München
Richter, D. (1997): Lehrplansäule „Sich orientieren". In: Haubrich, H. u. a.: Didaktik der Geographie konkret. München, S. 142–145
Schultze, A. (1996): Topographie. In: Schultze, A. (Hrsg.): 40 Texte zur Didaktik der Geographie. Gotha, S. 33–35

Dieter Böhn/Johann-Bernhard Haversath

Transfer

Definition
Geographischer Transfer besteht in der Übertragung bekannter Einsichten und Verfahren auf vergleichbare räumliche Situationen. Nach lernpsychologischen Forschungen ist Transfer für Lernen zwingend erforderlich (→ Allgemeingeographischer Ansatz, → Exemplarisches Prinzip).

Klassifikation
Es werden folgende Transferarten unterschieden:
1. Räumlicher Transfer: Übertragen der an einem Fallbeispiel gewonnenen Einsichten auf ähnliche Fälle (Niloase – Stromoasen)
2. Inhaltlich-kognitiver Transfer: Einordnung von Elementen (z. B. Landflucht) in komplexere kognitive Strukturen (Push-Pull-Faktoren)
3. Methodischer Transfer: Umsetzen einer Statistik in ein Diagramm.

Zur geographiedidaktischen Diskussion
Die Bedeutung des Transfers sowie die Anerkennung der Wege, über die er erzielt werden kann, ist unbestritten.

Literatur
Kirchberg, G. (1997): Transfer. In: Haubrich, H. u. a.: Didaktik der Geographie konkret. München, S. 62–63

Josef Birkenhauer

Übersichtsexkursion → Exkursion

Umwelterziehung

Definition
Umwelterziehung ist Erziehung in der Auseinandersetzung mit der natürlichen, sozialen und gebauten Umwelt mit dem Ziel, die Bereitschaft und die Kompetenz zum Handeln unter Berücksichtigung ökologischer Gesetzmäßigkeiten zu entwickeln (→ Ökologischer Ansatz).

Klassifikation
Aufgrund des umfassenden Anspruchs der Umwelterziehung soll sie als fächerübergreifendes Prinzip (→ Fächerübergreifender Unterricht) in jedes Schulfach einbezogen werden. Dabei stehen jeweils unterschiedliche Aspekte im Vordergrund:
– Geographieunterricht: räumliche Auswirkungen der Mensch-Umwelt-Beziehungen
– Biologieunterricht: biotische Gemeinschaften
– Chemieunterricht: organische und anorganische Prozesse
– Religions- und Ethikunterricht: theologische und ethische Fragen.

Zur geographiedidaktischen Diskussion
Sowohl Geographie als auch Biologie stellen entscheidende Zentrierungsfächer (→ Zentrierungsfach Erdkunde) für die Umwelterziehung dar. Allerdings kann der Zusammenhang zwischen Mensch und Umwelt von keinem Schulfach kompetenter aufgezeigt werden

als von der Geographie, weil sie (vgl. Stein 1986):
- eine regionale Differenzierung von Umweltproblemen vornimmt,
- unterschiedliche (→) Maßstabsdimensionen berücksichtigt (lokal bis global),
- auf Fernwirkungen von Umweltproblemen aufmerksam macht,
- gesellschaftliche Konflikte in die Betrachtung einschließt.

Obwohl eine notwendige und wünschenswerte Ökologisierung des gesamten Geographieunterrichts in Teilen bereits realisiert wurde, haben empirische Untersuchungen (z. B. Eulefeld u. a. 1993, Otto 1997) ergeben, dass Umwelterziehung in den Schulen weder quantitativ noch qualitativ hinreichend betrieben wird. Weiter wurde herausgefunden, dass trotz hohen Interesses an Umweltthemen und großer empfundener Betroffenheit (affektive Dimension) das Wissen (kognitive Dimension) unzulänglich ist und die Bereitschaft zum umweltbewussten Handeln (aktionale Dimension) zu wünschen übrig lässt.

Um umweltbewusstes Handeln zu erreichen, ist die rationale Durchdringung komplexer Umweltthemen zwar notwendig, aber nicht hinreichend. Vielmehr sind im Unterricht alle drei Dimensionen zu berücksichtigen. Eröffnet der Unterricht Möglichkeiten umweltbewussten Handelns und übt er diese ein, so zeigen die Schüler ein nachweisbar umweltbewussteres Verhalten (Braun 1995). Die affektive Dimension kann z. B. durch Naturerfahrungen und Umweltspiele angesprochen werden. Um die Handlungsdimension abzudecken, empfiehlt es sich, Themen zu wählen, die aktuell sind und/oder im Nahbereich der Schüler liegen. Methodisch eignet sich besonders das Lernen vor Ort (vgl. Beck 1984) an Umweltstudienplätzen oder im (→) Schulgarten. Besonders geeignet sind auch (→) Experimente und Projektarbeit (→ Projekt), die im Geographieunterricht, aber auch fächerübergreifend stattfinden können.

Unabdingbar für die Glaubwürdigkeit und Effektivität der Umwelterziehung ist die Vorbildfunktion der Schulen (Umweltpapier, Pfandflaschen, Gestaltung des Schulgebäudes usw.) und der Lehrpersonen. Als wichtige Voraussetzung für die Erreichung einer wirkungsvollen Umwelterziehung wird die quantitative und qualitative Verbesserung der Lehrerbildung in diesem Bereich angesehen.

In den letzten Jahren wurde als Folge der Agenda 21 die nachhaltige Entwicklung zum neuen Leitbild der Umwelterziehung erhoben. Dies führte zu einer stärkeren Verknüpfung der Aspekte Umwelt und Entwicklung sowie der globalen und lokalen Sicht (vgl. Kroß 1995, Seybold 1997).

Literatur
Beck, H. (Hrsg.) (1984): Umwelterziehung im Freiland. Modelle und Ansätze. Köln
Bolscho, D. (1986): Umwelterziehung in der Schule. Ergebnisse aus der empirischen Forschung. Kiel
Braun, A. (1995): Umweltbewußtsein Jugendlicher im zeitlichen Wandel. In: Praxis Geographie, Jg. 25, H. 7/8, S. 68–71
Eulefeld, G. u. a. (1993): Entwicklung der Praxis schulischer Umwelterziehung in Deutschland. Kiel
Kroß, E. (1995): Umwelt und Entwicklung aus der Sicht der Geographiedidaktik. In: Engelhard, K. (Hrsg.): Umwelt und Entwicklung. Eine Herausforderung für Wissenschaft, Politik und Schule. Münster/New York, S. 149–162
Otto, K. H. (1997): Umwelthandeln in der Schule, das Beispiel „Abfall und Entsorgung". Münster
Schwarz, H. (Hrsg.) (1987): Empfehlungen zur Umwelterziehung in der Grundschule. Frankfurt
Seybold, H. (1997): Umweltbildung unter dem Anspruch nachhaltiger Entwicklung – Aufgaben und didaktisch-methodische Konsequenzen. In: Flath, M. und G. Fuchs (Hrsg.): Umwelterziehung im Geographieunterricht. Beiträge zum 4. Gothaer Forum zum Geographieunterricht. Gotha, S. 16–28
Stein, Ch. (1986): Umwelterziehung als Hand-

lungsänderung. In: Praxis Geographie, Jg. 16, H. 6, S. 6–8

Ingrid Hemmer

Umweltstudienplätze → Schullandheim, → Umwelterziehung,
Unmittelbare Begegnung → Begegnung

Unterrichtsanalyse, Unterrichtskritik

Definition
Unterrichtsanalyse ist das Verfahren, den von verschiedenen Faktoren beeinflussten Unterrichtsprozess aufzuschlüsseln, zu ordnen, zu gliedern und zu interpretieren sowie den Unterricht als Ganzes oder in bestimmten Aspekten nach didaktischen Kriterien zu beurteilen. Als Überprüfung der Effizienz der vorangegangenen Planung an der Wirklichkeit des Unterrichtsverlaufs und -ergebnisses liefert sie unverzichtbare Grundlagen für die zukünftige Optimierung von Unterrichtsplanung und -durchführung.

Klassifikation
Die Unterrichtsanalyse umfasst zwei Schritte:
1. Erfassung von Unterricht
– Beobachtung (gelenkte und strukturierte Beobachtung sowie Selbst- oder Fremdbeobachtung) und
– Dokumentation der Beobachtung (Videoaufnahmen, Tonbandaufnahmen, schriftliche Aufzeichnungen usw.)
2. Analyse: Unterrichtskritik und -beurteilung
– Interpretation als Selbst- oder Fremdreflexion und
– Beurteilung.
Nach dem zur Verfügung stehenden Zeitraum kann sich die Unterrichtsanalyse beziehen auf
– eine kürzere Lernsequenz wie z. B. Unterrichtsstunde oder einzelne Unterrichtsphasen oder auf
– eine längerfristige Unterrichtsabfolge wie z. B. einer größeren Lerneinheit (z. B. Projekt).

Die Analyse kann sich beziehen auf
– beteiligte Personen (Verhalten des Lehrers, einzelner Schüler und Schülergruppen)
– Medieneinsatz
– Inhaltsstrukturen
– Fachmethoden
– Sozial- und Aktionsformen
– einzelne Unterrichtsabschnitte usw.

Zur geographiedidaktischen Diskussion
Die Unterrichtsanalyse und Unterrichtskritik/ -beurteilung haben ihre Bedeutung vor allem im Rahmen der zweiten Phase der Lehrerbildung. Sie sollte allerdings später vom Lehrer selbst oder in kollegialer Zusammenarbeit durchgeführt werden (Supervision).
Die Erfassung, Interpretation und Beurteilung von Unterricht hat mit ähnlichen Schwierigkeiten zu rechnen wie die Lernzielkontrolle, Leistungsmessung und Leistungsbeurteilung bei Schülern. Nur eine kontinuierliche Analyse kann zu einem begründeten Urteil führen.

Literatur
Haubrich, H. (1997): Unterrichtsanalyse, Unterrichtskritik und -beurteilung. In: Haubrich, H. u. a.: Didaktik der Geographie konkret. München, S. 418–425
Köck, P. u. H. Ott (1989): Wörterbuch für Erziehung und Unterricht. Donauwörth
Meyer, H. (1993): Leitfaden zur Unterrichtsvorbereitung. Frankfurt
Scholz, G. u. H. Bielefeldt (1982): Kompendium Didaktik Schuldidaktik. München

Gisbert Rinschede

Unterrichtsentwurf

Definition
Der Unterrichtsentwurf (= Unterrichtsskizze) ist eine schematische Darstellung des geplanten Unterrichtsverlaufs. Er soll dem Lehrer bei der komplizierten Planungsaufgabe helfen, vor allem hinsichtlich der Bemühungen um eine optimale Planung der Verknüpfung zwischen den verschiedenen Unterrichtsdeterminanten.

Klassifikation

Aufgrund der unterschiedlichen Beurteilung von Verflechtungen, die zwischen bestimmten Faktoren vorliegen, ergeben sich auch unterschiedliche Unterrichtsentwürfe, sodass ein Konsens über ein als optimal zu beurteilendes Planungsschema bei den verschiedenen Fachdidaktiken noch nicht erkennbar ist. Als Minimum-Forderung sollten in jedem Fall folgende entscheidende Faktoren des Unterrichts berücksichtigt werden: Lernziel, Inhalt, Medium, Methode (Aktionsform des Lehrers und der Schüler, Sozialform). Zusätzlich kann der Zeitfaktor angegeben werden.

Bezüglich des zeitlichen Ablaufs des Unterrichts ist eine Gliederung entsprechend den aufeinander folgenden Unterrichtsphasen (Einstieg, Erarbeitung, Sicherung und Anwendung) (→ Verlaufsplanung) erforderlich. Zum Unterrichtsentwurf gehört das (→) Tafelbild.

Zur geographiedidaktischen Diskussion

Ziel des schematischen Unterrichtsentwurfs ist es, die den Unterrichtsverlauf beeinflussenden Faktoren und die wechselseitigen Verflechtungen deutlich zu machen. Hierdurch ist z. B. eine mögliche Methoden- und Mediendramaturgie leicht erkennbar. Bei der textlichen Formulierung der Aktionsformen (geplantes Lehrer- und erwartetes Schülerverhalten) sollte im Allgemeinen auf wörtliche Fragestellungen, Impulse und Antworten/Schüleräußerungen verzichtet werden, da der Unterricht in der Regel nicht in der geplanten Art ablaufen wird.

Literatur

Engelhard, K., H. Haubrich und G. Kirchberg (1997): Unterrichtsplanung und -analyse. In: Haubrich, H. u. a.: Didaktik der Geographie konkret. München, S. 367–430

Meyer, H. (1980): Leitfaden zur Unterrichtsvorbereitung (= Scriptor Ratgeber Schule, Band 6). Frankfurt/Main

Gisbert Rinschede

Unterrichtsgang → Exkursion, **Unterrichtskritik** → Unterrichtsanalyse

Unterrichtsmethoden

Definition

Unterrichtsmethoden sind die Formen und Verfahren, mit denen Lehrer und Schüler über Lerninhalte Lernziele erreichen, d. h. Regeln des (schulischen) Lernweges.

Klassifikation

In Bezug auf den Methodenkomplex insgesamt müssen unterschieden werden:

Die (→) Unterrichtsprinzipien als Leitlinien für Lernzielanordnung und Stoffgliederung bzw. als Grundsatz oder Regulativ für unterrichtliches Vorgehen.

Die Unterrichtsmethoden im engeren Sinne oder Unterrichtsformen als konkrete Verfahren bzw. Organisation des Unterrichts; hierzu nachfolgend eine Auswahl von Unterteilungen, die aus zwei Wissenschaftsbereichen abgeleitet sind.

1. Aus der Schulpädagogik bzw. Allgemeinen Didaktik

1.1 Meyer (1987):
- Sozialformen, z. B. Frontalunterricht (Sozialformen beschreiben/regeln, wer in welcher Form an der Kommunikation beteiligt ist)
- Aktionsformen, z. B. Unterrichtsgespräch (Aktionsformen oder Handlungsmuster beschreiben/regeln, wer auf welche Weise agiert)
- Unterrichtsschritte, z. B. Einstieg, Erarbeitung, Ergebnissicherung, Übung und Anwendung

1.2 Klingberg (1989):
a) Äußere (direkt beobachtbare) Seite der Unterrichtsmethode, unterschieden in
- methodische Grundformen (z. B. erarbeitender Unterricht) und
- Kooperationsformen der Unterrichtsarbeit (z. B. Lernen in Gruppen).

b) Innere Seite der Unterrichtsmethode als „methodischer Gang", der drei Strukturlinien folgt:
- den didaktischen Schritten (z. B. Hinführung, Zielstellung, Arbeit am neuen Stoff),

- den logischen Verfahren (z. B. Analysieren, Synthetisieren, Vergleichen ...),
- der Akzentuierung der Methode durch algorithmische Vorschriften oder heuristische Verfahren (z. B. programmierter Unterricht, problemhaft-entwickelnder Lehrervortrag).
2. Aus der Fachdidaktik Geographie
2.1 Kreuzer (1980):
- Fachspezifische Unterrichtsverfahren, z. B. (→) Topographie
- Fachrelevante Organisationsformen (Aktions- und Sozialformen)
- Fachspezifische und fachrelevante (→) Arbeitstechniken, z. B. Kartieren
2.2 Theißen (1986):
- Unterrichtsverfahren als Konzeptionen zur Erschließung geographischer Inhalte, z. B. das (→) dynamische Prinzip
- Organisationsformen des Unterrichts, unterteilt in solche der unmittelbaren und mittelbaren (→) Begegnung, letztere wiederum in Frontal-, Individual- und Sozialformen
2.3 Haubrich u. a. (1997):
- Sozialformen
- Aktionsformen
- Organisation der Unterrichtsinhalte, z. B. idiographisches und nomothetisches Verfahren (→ Paradigma)
2.4 Paul (1998):
- Sozialformen
- Darstellungsformen, z. B. (→) Strukturskizze
- Arbeitsweisen (Handlungsmuster), z. B. (→) Experiment
- (→) Arbeitstechniken (fachspezifisch oder fachunabhängig), z. B. Luftbildinterpretation (→ Luftbilder)
- Aneignungsverfahren, z. B. Vergleichen (→ Vergleich)

Zur geographiedidaktischen Diskussion
Zwei Hauptproblembereiche müssen unterschieden werden. Zum einen besteht kein Konsens zur Frage, was zum Bereich der Unterrichtsmethoden gezählt werden soll. Hier ist zunächst die Abgrenzung von (→) Unterrichtsprinzipien zu Unterrichtsmethoden/-formen strittig (Haubrich u. a. 1997 beispielsweise ordnen die Prinzipien dem Punkt „Organisation der Unterrichtsinhalte" unter). Vor allem von der Seite der Schulpädagogik bzw. der Allgemeinen Didaktik werden auch die Artikulationsformen (Formalstufen, Unterrichtsschritte etc.) zum Bereich „Unterrichtsmethode" gezählt (z. B. Meyer 1987, Klingberg 1989, Wiater 1993). Auch der Medienbereich (→ Medien) wird bisweilen der Unterrichtsmethodik subsumiert (z. B. Theißen 1986). Unstrittig ist einzig, dass Aktions- und Sozialformen die wesentlichen Elemente der Unterrichtsmethoden darstellen. Zum anderen löst keiner der vorliegenden Systematisierungsversuche die Schwierigkeiten bei der Einordnung von Einzelformen. Dies ist v. a. dadurch bedingt, dass Oberbegriffe wie Arbeitstechniken, Handlungsmuster etc. uneinheitlich definiert und nicht klar voneinander abgrenzbar sind.

Literatur
Haubrich, H. u. a. (1997): Didaktik der Geographie konkret. München
Klingberg, L. (1989): Einführung in die Allgemeine Didaktik. Berlin
Kreuzer, G. (Hrsg.) (1980): Didaktik des Geographieunterrichts. Hannover
Meyer, H. (1987): Unterrichtsmethoden (2 Bände). Frankfurt/Main
Paul, H. (1998): Methodenkompetenz als Unterrichtsziel. In: Praxis Geographie, Jg. 28, H. 1, S. 4–9
Theißen, U. (1986): Organisation der Lernprozesse. In: Köck, H. (Hrsg.): Grundlagen des Geographieunterrichts (= Handbuch des Geographieunterrichts, Band 1). Köln, S. 209–287
Wiater, W. (1993): Unterrichten und lernen in der Schule. Donauwörth

Alois Müller

Unterrichtsplanung

Definition
Unterrichtsplanung ist die Vorbereitung des Unterrichtsgeschehens unter Berücksichtigung der

am Unterrichtsprozess beteiligten Faktoren. Dazu gehören Ziele, Inhalte, Methoden, Medien, Ausgangslage und antizipiertes Verhalten der Lernenden und Lehrenden, institutionelle und situative Bedingungen, zeitliche Abfolge, die in die Artikulation des Unterrichts eingehen, und die Erfolgskontrolle.

Klassifikation
Die Unterrichtsplanung läuft nach Schulz (1981) auf verschiedenen Ebenen der zeitlichen Abfolge und Konkretisierung ab:
– Perspektivplanung (= Jahres-/Halbjahresplanung)
Sie hat die Aufgabe, die leitenden fachdidaktischen Grundperspektiven herauszuarbeiten, die für die Umsetzung der Unterrichtsziele in einem längeren Zeitraum richtungsweisend sind.
Beispiel: Interkulturelle Erziehung anhand von Kulturerdteilen in der 8. Jgst.
– Umrissplanung (= Planung einer Unterrichtsreihe/-sequenz)
Diese Planung bezieht sich auf eine thematisch abgrenzbare Sinneinheit, die einen zeitlich überschaubaren Rahmen ausfüllt. Das Ziel der Unterrichtsreihe wird in verschiedene Ziele von Unterrichtseinheiten aufgegliedert.
Beispiel: Orient (8. Jgst.)
– Prozessplanung (= Verlaufsplanung einer Unterrichtseinheit)
Sie erbringt den Plan zum Verlauf einer Unterrichtseinheit (Unterrichtsstunde/Doppelstunde). Das in der Umrissplanung grob formulierte Ziel der Unterrichtseinheit wird hier in einzelne Teilziele zerlegt, denen zu ihrer Erreichung notwendige Medien und Methoden zugeordnet werden.
Beispiel: Die orientalische Stadt (8. Jgst.)
– Die Planungskorrektur beinhaltet die während der Realisierung des Planes infolge nicht vorgesehener Planungswirkungen erforderlichen Änderungsmaßnahmen.
Die Planung einer Unterrichtseinheit erfolgt in folgenden Schritten, denen entsprechende Grundfragen zuzuordnen sind:

– Lehrplananalyse (Was wird verlangt?)
– Didaktische Analyse (Was? Warum? Wozu?) (inkl. Zielbestimmung)
– Sachanalyse (Was?)
– Situationsanalyse (Für wen?)
– Teilzielbestimmung (Was soll im Einzelnen erreicht werden?)
– Medienplanung (Womit?)
– Methodische Planung (Wie?)
– Verlaufsplanung (In welcher Abfolge?)
– Erfolgskontrolle (Mit welchem Erfolg?)

Zur geographiedidaktischen Diskussion
Die Unterrichtsplanung ist ein offener Prozess. Die Abfolge innerhalb der Planung einer Unterrichtseinheit entspricht zwar grob dem idealen Planungsablauf, versteht sich aber nicht als eine streng logische und zwingende Abfolge. Es darf dabei die Mitwirkung der Schüler nicht verbaut werden.

Literatur
Engelhard, K., H. Haubrich und G. Kirchberg (1997): Unterrichtsplanung und -analyse. In: Haubrich, H. u. a.: Didaktik der Geographie konkret. München, S. 367–430
Köck, P. und H. Ott (1989): Wörterbuch für Erziehung und Unterricht. Donauwörth
Peterßen, W. H. (1994): Handbuch Unterrichtsplanung. München
Scholz, G. u. H. Bielefeldt (1982): Kompendium Didaktik Schuldidaktik. München
Schulz, W. (1981): Unterrichtsplanung. München, Wien, Baltimore

Gisbert Rinschede

Verbundmedien → Medien

Unterrichtsprinzipien

Definition
Unterrichtsprinzipien sind regulative Grundsätze zur optimalen Anordnung und Vermittlung der Inhalte des Unterrichts.

Klassifikation

Unterrichtsprinzipien bilden eine offene Reihe, es gibt sie in beliebiger Anzahl.
Aus der Vielzahl von Unterrichtsprinzipien seien die folgenden angeführt:
- Zielorientierung
- (→) Wissenschaftsorientierung
- (→) Schülerorientierung
- (→) Handlungsorientierung
- Anschaulichkeit
- Interdisziplinarität
- (→) Interkulturelles Lernen
- Motivation
- (→) Begegnung
- deduktives Vorgehen
- induktives Vorgehen
- (→) Altersgemäßheit (mit Elementarisierung, Individualisierung)
- (→) dynamisches Prinzip
- (→) Aktualität
- Transparenz
- (→) heimatkundliches Prinzip
- idiographisches Prinzip
- nomothetisches Prinzip

Zur geographiedidaktischen Diskussion

Die Unterrichtsprinzipien sind untereinander nicht gleichwertig. Eine sachlogisch einwandfreie Einteilung in Gruppen ist schwierig, da sie im Unterricht ständig ineinander greifen. Ihre jeweilige Angemessenheit ist nach Umständen, Inhalten und Schülern zu überprüfen.
Über die Gewichtung, die Reihenfolge und Zuordnung der Unterrichtsprinzipien bestehen Meinungsunterschiede wie ebenfalls über den Begriff selbst („Methode", „Ansatz", „Vorgehen").

Literatur

Birkenhauer, J. (1986): Didaktische Prinzipien und ihre Bedeutung für den Geographieunterricht. In: Köck, H. (Hrsg.): Grundlagen des Geographieunterrichts (= Handbuch des Geographieunterrichts, Band 1). Köln, S. 120–128
Haubrich, H. (1997): Unterrichtsprinzipien. In: Haubrich, H. u. a.: Didaktik der Geographie konkret. München, S. 248–250

Heursen, G. (1996): Didaktische Prinzipien. In: Pädagogik, Jg. 48, H. 2, S. 48–52
Köck, P. und H. Ott (1994): Wörterbuch für Erziehung und Unterricht. Donauwörth
Wolf, A. (1981): Prinzipien des Unterrichts. In: Twellmann, W. (Hrsg.): Handbuch Schule und Unterricht, Band 4.1. Düsseldorf, S. 328–343

Josef Birkenhauer

Vaterländische Erdkunde

Definition

Vaterländische Erdkunde war eine Richtung im Geographieunterricht mit der Betonung der Bedeutung Deutschlands als dem Vaterland aller Deutschen. Diese Bevorzugung Deutschlands wurde als das „nationale Grundgesetz" bezeichnet. Geographische Bildung wurde zur nationalen Integrationsideologie.

Klassifikation

Grundlegende Aussagen und Argumente sind:
1. Die Bevorzugung Deutschlands – in allen Fächern – ist eine nationale Notwendigkeit.
2. Die allseitige gründliche Betrachtung Deutschlands ist die Basis des gesamten Geographieunterrichts und damit der geographischen Bildung.
3. Durch diese Basis wird der Blick für das Verständnis des Wesentlichen geöffnet.
4. Diese wahre Bildung legt schließlich den Grund für das Verständnis aller übrigen Länder.

Zur geographiedidaktischen Diskussion

Besonders Schultz (1989) zeigt minutiös auf, auf welchen pädagogisch-nationalen Forderungen für alle Fächer die oben formulierten Basissätze beruhen, die hier den „Fünf Thesen" von Harms 1895 entnommen wurden. Nach Schultz ist Harms allerdings kein Einzelfall, doch ist er als engagiertester und erfolgreichster Vertreter des nationalen Prinzips anzusehen. Auch von den führenden wissenschaftlichen Geographen jener Jahrzehnte (z. B. Ratzel, Hettner, Maull) wurde eine nationale Geographie vertreten. Mit dieser Praxis stand die deutsche Geographie in Europa jedoch nicht allein. Der Ausdruck „vaterländische Erdkunde" findet sich zuerst bei Matzat (1885). Schultz (1989) hat den Ursprung bereits 100 Jahre früher ausmachen können, und zwar in einer Anweisung Friedrichs des Großen von 1765. Es handelt sich also um eine alte Instrumentalisierung von Schulfächern zu Zwecken der Politik – ein Vorgang, der nicht nur im deutschen Kaiserreich seit 1870 wieder belebt und auch für die Kolonialpolitik aktiviert, sondern auch mit den anderen Ländern Europas betrieben wurde.

Literatur
Harms, H. (1895): Fünf Thesen zur Reform des geographischen Unterrichts. In: Schultze, A. (Hrsg.) (1996): 40 Texte zur Didaktik der Geographie. Gotha, S. 68–71
Harms, H. (1897): Vaterländische Erdkunde. Braunschweig
Hauptmann, E. (1911): Nationale Erdkunde. Straßburg
Langhans, P. (Hrsg.) (ab 1902): Die deutsche Erde. Gotha
Schultz, H.-D. (1989): Die Geographie als Bildungsfach im Kaiserreich (= Osnabrücker Studien zur Geographie, Band 10). Osnabrück

Josef Birkenhauer

Vereinfachung

Definition
Vereinfachung ist ein inhaltlicher und methodischer Vorgang. Inhaltlich handelt es sich um die Reduktion auf das Wesentliche, methodisch um die Überführung eines Sachverhaltes in die Verständnisebene des Adressaten (Transformation).

Klassifikation
Man unterscheidet zwischen den folgenden zwei Arten der Vereinfachung:
– Reduktion auf das Wesentliche bzw. auf die Ebene des für den Adressaten Sinnvolle und das verständlich Darstellbare eines geographischen Sachverhaltes (inhaltliche bzw. vertikale Vereinfachung)
– Transformation, die Überführung eines geographischen Sachverhaltes von einer weniger anschaulichen in eine anschaulichere Darstellung, z. B. die Überführung einer Tabelle in eine Grafik bzw. in vereinfachende Sprache (methodische bzw. horizontale Vereinfachung).

Eine spezifische Form der Vereinfachung ist die Elementarisierung, d. h. die Auswahl der grundlegenden Bestandteile eines Sachverhalts.

Zur geographiedidaktischen Diskussion
In der Grundschule erfolgt die Vereinfachung geographischer Sachverhalte weitgehend in der Form der Elementarisierung. Grundlegende fachbezogene Kenntnisse und Vorstellungen werden in der Reflexion und Analyse der Raum- und Umwelterfahrungen des Kindes bzw. des Raumverhaltens ihm bekannter sozialer Gruppen gewonnen (→ Heimatkundliches Prinzip, → Exkursion). Dabei bezieht sich der Unterricht auf die Sozial- und Funktionsräume des (→) Nahraums (Wohnung, Schule, Spielplatz, Wohnviertel, Heimatort und erfahrbarer Umkreis).
In den weiterführenden Schulen steht neben den verschiedenen Formen der methodischen Transformation die vereinfachende Auswahl der Lehrinhalte im Vordergrund (→ Allgemeingeographischer Ansatz, → Exemplarisches Prinzip).

Literatur
Schönbach, R. (1987): Elementarisierung geographischer Sachverhalte in der Grundschule (= Augsburger Beiträge zur Didaktik der Geographie, Heft 8). Augsburg
Schönbach, R. (1998): Vereinfachung geographischer Sachverhalte im Unterricht mit Beispielen von Ulrich Wieczorek und Dieter Hirschberg (= Augsburger Beiträge zur Didaktik der Geographie, Heft 11). Augsburg
Sperling, W. (1981): Vereinfachung. In: Geographieunterricht und Landschaftslehre, Band 1. Duisburg, S. 284–290

Rudolf Schönbach/Ulrich Wieczorek

Vergleich

Definition
Der Vergleich ist ein Verfahren zur Erkenntnisgewinnung durch Überprüfung von mindestens zwei (geographischen) Objekten oder Sachverhalten auf wenigstens ein gemeinsames Merkmal hin.

Klassifikation
Es gibt zahlreiche Möglichkeiten einer Kategorisierung, weil es zahlreiche gemeinsame Merkmale gibt. Nachfolgend sind einige Kategorien genannt:
1. Inhalts- bzw. fachbezogene Vergleiche
1.1 Räumlicher Vergleich (Lage, Größe)
1.2 Zeitlicher Vergleich (Prozesse, (→) Prozessualer Ansatz)
1.3 Quantitativer Vergleich (Mengen)
1.4 Homologievergleich (gleichartige Raumstrukturen, z. B. Suez- und Panamakanal)
1.5 Analogievergleich (z. B. Golfstrom als Warmwasserheizung)
1.6 Länderkundlicher Vergleich (z. B. Hochländer von Bolivien und Tibet)
(Zusammenstellung nach Stroppe 1981)

2. Methodische Möglichkeiten des Vergleichs
2.1 Typisierendes Vergleichen (z. B. Kongobecken und Amazonastiefland)
2.2 Kontrastierendes Vergleichen (z. B. Landwirtschaft in den USA und in Russland)
2.3 Anwendendes Vergleichen (z. B. Übertragung des Stadtplans einer orientalischen Stadt auf das Modell der orientalischen Stadt)
2.4 Immanentes Vergleichen (Landwirtschaft im Heimatraum im Vergleich zu anderen Agrarräumen)
2.5 Topographisches Vergleichen (z. B. Lage und Lagebeziehungen der USA)
(Zusammenstellung nach Kirchberg 1997)

3. Zielstrukturen des Vergleichs
3.1 Regionale Erkenntniserweiterung (z. B. Vergleich einer anderen Region mit der Heimatregion)
3.2 Erarbeitung von allgemeingeographischen Regelhaftigkeiten (z. B. Bevölkerungsentwicklung im Vergleich von drei Entwicklungsräumen)
3.3 Erarbeitung von Begriffen (z. B. Begriff Naherholungsgebiet durch Vergleich von vier Gebieten)
3.4 Typisierung (z. B. Stadt und Einzugsgebiet durch Vergleich der Einzugsbereiche von fünf Städten)
3.5 Erkennen eines Prozessablaufs (z. B. „Verstädterung")
(Zusammenstellung nach Ruppert 1987)

Zur geographiedidaktischen Diskussion
Der Vergleich gilt als wichtiges Verfahren zur Erschließung räumlicher Strukturen. Er wird vor allem bei der Erarbeitung von Gesetzmäßigkeiten und beim (→) Transfer verwendet. Es gilt, stets auch die Grenzen des Vergleichs dem Schüler bewusst zu machen: die Aussagekraft des Vergleichs bezieht sich nur auf die Merkmale, die bei dem Vergleich herangezogen wurden. Für andere Merkmale können sich völlig andere Aussagen ergeben.

Literatur
Birkenhauer, J. (1986): Vergleich. In: Köck, H. (Hrsg.): Grundlagen des Geographieunterrichts (= Handbuch des Geographieunterrichts, Band 1). Köln, S. 97–98
Kirchberg, G. (1997): Vergleichendes Verfahren. In: Haubrich, H. u. a.: Didaktik der Geographie konkret. München, S. 234–235
Ruppert, H. (1987): Der Vergleich im Erdkundeunterricht. In: geographie heute, Jg. 8, H. 51, S. 4–7
Stroppe, W. (1981): Zur methodischen Grundlegung und unterrichtspraktischen Anwendung des Vergleichs im Geographieunterricht der Sekundarstufe I. In: Geographie und Schule, Jg. 3, H. 14, S. 17–29

Dieter Böhn

Verlaufsplanung

Definition
Die Verlaufsplanung (= Prozessplanung) beschreibt die Phasen eines zielgerichteten Lehr- und Lernprozesses.

Klassifikation
Die Begrifflichkeit der einzelnen Phasen ist nicht eindeutig und basiert z. T. auf theoretischen Stufen- und Phasenkonzepten des Unterrichts. Zu den wichtigsten drei Unterrichtsphasen/didaktischen Orten gehören Bezeichnungen wie:
- Einstieg, Motivation, Begegnung, Vorbereitung, Einleitung, Hinführung, Zielorientierung, Eröffnung, Problemformulierung, Problemstellung, Themenfindung, Aufgabenstellung usw.
- Erarbeitung, Verarbeitung, Informationsphase, Arbeitsphase, Problemlösung, Vertiefung, Darbietung usw.
- Sicherung, Anwendung, Ergebnissicherung, Übung, Zusammenfassung, Schlussphase, Transfer etc.

Da die (→) Hausaufgaben in einem sinnvollen, einsichtigen Kontext mit dem Unterrichtsverlauf stehen, sind sie zu Beginn bzw. Schluss des Unterrichts in ihrer Funktion als Lernkontrolle bzw. Festigung/Einprägung/Übung aufgeführt.

Literatur
Engelhard, K., H. Haubrich und G. Kirchberg (1997): Unterrichtsplanung und -analyse. In: Haubrich, H. u. a.: Didaktik der Geographie konkret. München, S. 367–430
Grell, J. und M. Grell (1979): Unterrichtsrezepte. München
Meyer, H. (1994): Unterrichtsmethoden I u. II. Frankfurt/Main
Peterßen, W. H. (1994): Handbuch Unterrichtsplanung. München
Schramke, W. (Hrsg.) (1993): Der schriftliche Unterrichtsentwurf. Ein Leitfaden mit Beispielen. Erdkunde. Hannover

Gisbert Rinschede

Völkische Erdkunde

Definition
Völkische Erdkunde war eine Richtung im Geographieunterricht, in der die kulturellen Leistungen einzelner Deutscher wie auch des gesamten deutschen Volkstums in länderkundlichen Zusammenhängen einseitig positiv betont und vorzugsweise dargelegt werden.

Klassifikation
Zwei Phasen der völkischen Erdkunde müssen unterschieden werden:
1. Die Weimarer Zeit (1918–1933)
Betont werden besonders folgende Kriterien:
- die deutsche Kulturlandschaft in ganz Mitteleuropa, die als „Leistung unserer Väter" geschaffen, verteidigt und ausgeweitet worden ist
- die Gründung deutscher Städte als Orte zentraler, überlegener und daher befruchtender Kultur in Ostmitteleuropa, in den Kolonien, aber auch in Brasilien, in den USA
- die Anwerbung deutscher Siedler und Bergleute für andere Länder
- die deutschen Anteile bei der Erschließung fremder Länder
- die bedeutende Rolle Deutschlands in der weltweiten Verflechtung
- die überragende Rolle der deutschen Wissenschaft (Robert Koch u. a.)
- die Pflege der Kontakte zu den ehemaligen deutschen Kolonien und zum Deutschtum im Ausland.
2. Die Zeit des Nationalsozialismus (1933–1945)
Es traten die folgenden Akzentuierungen hinzu:
- vor allem die Idee „Blut und Boden" (das deutsche Volk als Bluts-, Willens- und Raumgemeinschaft mit der Verwurzelung im Boden der deutschen Kulturlandschaft)
- die teils günstige, teils ungünstige wehrpolitische Lage Deutschlands („Verkeilung")
- die Deutschen als Volk ohne Raum mit dem natürlichen Recht der Erweiterung des deutschen Lebensraumes nach Osten
- die kulturelle Abwertung so genannter min-

derwertiger Rassen (Juden, Zigeuner, Slawen, Neger)
- die Betonung des „nordischen" Blutsanteils als der wertvollsten Kraftquelle des deutschen Volkes
- das erzieherische Vorbild des heldischen Einzelnen als wagemutiger Entdecker oder Forscher
- das körperertüchtigende Erwandern der Heimatlandschaft.

Zur geographiedidaktischen Diskussion
Das Adjektiv „völkisch" tritt ab etwa 1900 immer häufiger in der Geographie (sowohl in den Schulen als auch an den Universitäten) auf. Die deutsche Kulturlandschaft wurde betrachtet als Spiegel der Seele des deutschen Volkes. Der „deutsche Gedanke" wurde nach der Niederlage im 1. Weltkrieg zunächst in den Lehrplänen Preußens (Volksschule 1922, besonders einflussreich Gymnasium 1924) gepflegt und in der Folge von den anderen Ländern des Deutschen Reiches zum großen Teil übernommen. Die im Kaiserreich (1871 bis 1918) begonnene politische Instrumentalisierung von Fächern (→ Vaterländische Erdkunde) wurde somit fortgesetzt, allerdings zunächst ohne die martialischen Töne. Der Nachdruck lag auf den kulturellen Leistungen. Deutsche sollten sich als weltweit zu respektierendes Kulturvolk trotz der militärischen Niederlage weiterhin achten. Den Fächern Deutsch, Geschichte und Erdkunde wurde die Pflege des deutschen Gedankens aufgetragen. Sie wurden zu „Kernfächern" des Lehrplanes erhoben. Erdkunde wurde durchgängig in allen Klassen mit zwei Stunden pro Woche ausgestattet.
Die nationalsozialistische Ära knüpfte nahtlos an, jedoch mit maßlosen Übersteigerungen. Das „Völkische" diente der Legitimation für die Annektionen noch vor dem 2. Weltkrieg und für den Versuch im Krieg, Russland für das „Volk ohne Raum" zu erobern.

Literatur
Schnass, F. (1935): Zehn Thesen für den Erdkundeunterricht. In: Pädagogische Warte, S. 714

Schultz, H.-D. (1989): Die Geographie als Bildungsfach im Kaiserreich (= Osnabrücker Studien zur Geographie, Band 10). Osnabrück

Josef Birkenhauer

Vorurteil

Definition
Der Begriff Vorurteil bezeichnet eine vorgefasste Meinung oder Einstellung (gegenüber einer Person, einer Personengruppe oder einem Gegenstand). In der Regel handelt es sich um stark vereinfachte, überakzentuierte und zumeist negative Einstellungen, die äußerst resistent gegenüber Veränderungen sind.

Klassifikation
Als spezielle Ausprägung einer Einstellung weist das Vorurteil – in Anlehnung an den Dreikomponentenansatz von Rosenberg/Hovland (1960) – eine kognitive, affektive und konative Dimension auf.
Die kognitive Komponente umfasst das vermeintliche Wissen der Vorurteilsträger: z. B. Schotten sind geizig, in Großbritannien regnet es ständig. Unter einem Stereotyp versteht man in diesem Zusammenhang die Charakterisierung einer Gruppe bzw. ihrer Mitglieder durch allgemeine Merkmale bei Vernachlässigung der individuellen Differenzen (Tajfel 1991): z. B. Italiener sind leidenschaftlich, Deutsche fleißig. Das Autostereotyp bezeichnet das Bild der eigenen, das Heterostereotyp das Bild der fremden Gruppe.
Während die affektive Dimension den Grad der persönlichen Betroffenheit widerspiegelt (z. B. Amerikaner sind mir sympathisch), sind die potenzielle und faktische Handlungsbereitschaft (z. B. Ich würde mich nicht zu einem Andersgläubigen an den Tisch setzen) Kennzeichen der konativen Dimension.

Zur geographiedidaktischen Diskussion
Für den Geographieunterricht ist der Abbau von Vorurteilen eine zentrale Aufgabe (→ Charta der Geographischen Erziehung). Sachliche

Informationen über die Lebensbedingungen in verschiedenen Regionen der Erde reichen hier jedoch nicht aus; Vorurteile sind letztlich irrational begründet und bedürfen einer ganzheitlicheren Begegnung. Über die konkreten Vorschläge von Kirchberg (1997) hinausgehend fordert Ittermann (1989) – als grundlegende Voraussetzung für (→) interkulturelles Lernen – die Kulturoffenheit von Unterricht und Lernumgebung. Da Vorurteile nicht angeboren sind, sondern im Zuge der Sozialisation erworben und bereits im Kindes- und Jugendalter verfestigt werden (vgl. Allport 1971), darf der Einfluss der Schule nicht unterschätzt werden. Eine Thematisierung – u. a. der Funktion und Auswirkung von Vorurteilen im Alltag – sollte möglichst früh erfolgen.

Das Bewusstmachen von Vorurteilen im Geographieunterricht – beispielsweise mithilfe semantischer Differenziale (z. B. fleißig-faul), (→) Mental maps oder der Analyse von Schulbüchern, Reiseprospekten etc. – stellt ein wichtiges Moment der Aufklärungsarbeit dar. Eine unzureichende Aufarbeitung und Reflexion der Mental maps kann jedoch auch dazu beitragen, dass vorhandene Vorurteile und Stereotypen eher verstärkt als abgebaut werden.

Empirische Untersuchungen über nationale Vorurteile und Stereotypen liegen innerhalb der geographiedidaktischen Forschung zu Lateinamerika (Kroß 1977, 1989), zum Afrikabild deutscher Schüler (Tröger 1993) und zur Europawahrnehmung von Jugendlichen (Haubrich/Schiller 1997) vor. Darüber hinaus bieten u. a. die Bibliographie von Hoffmann (1986) und die Bibliothek des Instituts für Auslandsbeziehungen in Stuttgart einen Ausgangspunkt für weiter reichende Literaturrecherchen.

Literatur
Allport, G. W. (1971): Die Natur des Vorurteils. Köln
Bosch, H. (1983): Vorurteile und Erdkundeunterricht. In: Internationale Schulbuchforschung, Jg. 5, H. 1, S. 26–43
Filipp, K. (1981): Stereotype und geographisch-politische Bildung. In: geographie heute, Jg. 2, H. 7, S. 2–12
Haubrich, H. (1995): Selbst- und Fremdbilder von Ländern und Völkern. In: geographie heute, Jg. 16, H. 133, S. 42–47
Haubrich, H. und U. Schiller (1997): Europawahrnehmung Jugendlicher. Nürnberg
Hoffmann, J. (1986): Stereotypen, Vorurteile, Völkerbilder in Ost und West – in Wissenschaft und Unterricht. Wiesbaden
Ittermann, R. (1989): Abbau von Vorurteilen durch den Geographieunterricht. In: Praxis Geographie, Jg. 19, H. 11, S. 6–9
Karsten, A. (Hrsg.) (1978): Vorurteil. Ergebnisse psychologischer und sozialpsychologischer Forschung. Darmstadt
Kirchberg, G. (1997): Selbst- und Fremdbilder. In: Haubrich, H. u. a.: Didaktik der Geographie konkret. München, S. 80–84
Kroß, E. (1977): Fremde Länder und Völker im Urteil von Schülern. In: Haubrich, H. u. a. (Hrsg.): Quantitative Didaktik der Geographie. Braunschweig, S. 192–217
Kroß, E. (1989): Wissen und Einstellung deutscher Schüler zu Lateinamerika. In: geographie heute, Jg. 10, H. 70, S. 44–47
Tajfel, H. (1991): Vorurteil. In: Arnold, W. u. a. (Hrsg.): Lexikon der Psychologie. Freiburg, S. 2508–2512
Tröger, S. (1993): Das Afrikabild bei deutschen Schülerinnen und Schülern. Saarbrücken

Michael Hemmer

Wahrnehmungsgeographischer Ansatz → **Raum- und Umweltwahrnehmung**

Weltbild, geographisches

Definition
Das geographische Weltbild besteht aus Wissen um globale Größen- und Lageverhältnisse wie auch Verständnis für unterschiedliche Lebensweisen und Wirtschaftsformen und Kenntnisse über die ihnen zugrunde liegenden natur- und kulturgeographischen Bedingungen. Es ist durch subjektive Darstellung und Wahrneh-

mung geprägt (→ Raum- und Umweltwahrnehmung, → Vorurteil).

Klassifikation
1. Subjektives Weltbild: In der Vorstellung des Einzelnen vorhandene, durch persönliche Lebenserfahrung und Lebenssituation, Eindrücke, schulische und außerschulische Medien geprägtes Muster. Haubrich (1996) gliedert als Beispiele für „Wahrnehmungsgeographische Weltbilder" die Kategorien zentralistisch, national, fließend, xenophobisch und angstvoll aus.
2. Objektiviertes Weltbild: Durch möglichst umfassende geographische und sonstige Information erzeugte Sichtweise, welche ein besseres Verständnis für Strukturen und Problemfelder im globalen Zusammenhang erlaubt und entsprechendes ethisches und ökologisches Handeln bewirkt.

Zur geographiedidaktischen Diskussion
Eines der Ziele und eine der Aufgaben des Geographieunterrichts muss es sein, eine Objektivierung des durch subjektive Wahrnehmung und Darstellung geprägten Weltbildes der Schüler herbeizuführen. Hierbei liegt es nahe, auch auf fächerübergreifende Lösungen (→ Fächerübergreifender Unterricht) zurückzugreifen.
Für das Weltbild und die Weltanschauung der Schüler spielen die im Geographieunterricht vermittelten Inhalte eine besonders wichtige Rolle; dennoch ist das in den Richtlinien vieler Bundesländer geforderte Ziel der Vermittlung eines objektivierten („geordneten") Weltbildes nicht unproblematisch. In soziokultureller Hinsicht führt die Auswahl und Art der Darstellung länderkundlicher Inhalte zu bestimmten Vorstellungen über die Lebensbedingungen und ihre Verbreitungsmuster auf der Erde, in topographischer Hinsicht prägt die Auswahl und Art der Darstellung auf topographischen (aber auch thematischen) Karten das Verortungs- und Verteilungsmuster im Bewusstsein der Schüler.
(→) Mental maps und Verortungsmuster als Folge subjektiver Wahrnehmung der Wirklichkeit in Verbindung mit Kenntnisdefiziten bauen sich nicht nur im großmaßstäbigen Rahmen (Wohnumfeld usw.) auf, sondern sie werden auch im kleinmaßstäbigen (z. B. Europabild) bis hin zum erdumspannenden Rahmen (Weltbild – hier im topographischen, nicht-ideologischen Sinne gebraucht) erzeugt, wobei die zentrale, gleichzeitig aber verantwortungsvolle und schwierige Rolle des Geographieunterrichts offensichtlich wird. So kann beispielsweise durch starke Reduktion (→ Vereinfachung), aber auch durch die exemplarische Vorgehensweise (→ Exemplarisches Prinzip) oft kein abgerundetes, vollständiges Bild eines (→) Problemfeldes vermittelt werden. Hunger am Beispiel des Sahel abzuhandeln, kann bedeuten, dass für Schüler das Problem der Unterernährung nur mit Trockengebieten in Verbindung gebracht wird. Hier ist der Lehrer gefordert, den (→) Transfer über das im (→) Schulbuch Angebotene hinaus zu leisten.

Im topographischen Kontext wird das Weltbild nicht nur der Schüler auch durch Karten und kartenähnliche Darstellungen geprägt, denen man im Alltag (Tagesthemen, Zeitungen) und in der Schule begegnet. Auch die topographische Karte ist nur vordergründig objektiv! Die Welt, dargestellt in einem deutschen Schulatlas, stellt sich deutlich anders dar als etwa in einem japanischen oder nordamerikanischen, da das jeweilige Land im Zentrum der Darstellung liegt, während der gewählte Netzentwurf gegen die Ränder hin mehr oder weniger starke Verzerrungen auftreten lässt. Auch die in letzter Zeit stark propagierte Peters-Projektion vermag dieses Problem nicht zu lösen. Es ist die Aufgabe des Lehrers, die Schüler auf diese Problematik hinzuweisen und beispielsweise durch parallele Verwendung eines möglichst großen (→) Globus ein Korrektiv zur Verfügung zu stellen.

Literatur
Birkenhauer, J. (1994): Veränderte Weltbilder. In: geographie heute, Jg. 15, H. 120, S. 50–52
Hard, G. (1988): Umweltwahrnehmung und mental maps im Geographieunterricht. In: Praxis Geographie, Jg. 18, H. 7/8, S. 14–17

Haubrich, H. (1995): Zur globalen Dimension geographischer Erziehung. In: Tagungsberichte u. wissenschaftliche Abhandlungen des 49. Deutschen Geographentags Bochum 1993. Band 3, S. 219–229

Haubrich, H. (1996): Weltbilder und Weltethos. In: geographie heute, Jg. 17, H. 145, S. 4–9

Hüttermann, A. und U. Schade (1998): Untersuchungen zum Aufbau eines Weltbildes bei Schülern. In: Geographie und Schule, Jg. 20, H. 112, S. 22–33

Rinschede, G. (1996): Weltbilder und Religionen. In: geographie heute, Jg. 17, H. 145, S. 28–33

Schmidt-Wulffen, W.-D. (1982): Ethnozentrismus/Eurozentrismus. In: Jander, L., W. Schramke und H.-J. Wenzel (Hrsg.): Metzler Handbuch für den Geographieunterricht. Stuttgart, S. 55–60

Thomas Schneider

Weltraumbild → Satellitenbild

Werteerziehung

Definition
Werteerziehung im Geographieunterricht zielt auf verantwortungsbewusste (→) Raumverhaltenskompetenz, die aus einer Bejahung ethischer Einstellungen resultiert.

Klassifikation
Folgende Werte bestimmen als Bildungsziele – ohne Anspruch auf Vollständigkeit – Inhalte des Geographieunterrichts:
– humanistische Werte, z. B. Völkerverständigung, Menschenrechte, Emanzipation,
– kritisch-emanzipatorische Werte, z. B. Mündigkeit bei der Teilnahme an raumwirksamen Planungsentscheidungen,
– ökologische Werte, z. B. Naturbewahrung, nachhaltige Nutzung natürlicher Ressourcen (→ Umwelterziehung),
– (→) fächerübergreifende Bildungs- und Erziehungsaufgaben,
– religiöse Werte, z. B. Ehrfurcht vor der Schöpfung,
– politische Werte, z. B. Demokratie.

Zur geographiedidaktischen Diskussion
Werte werden meist in den Präambeln der Lehrpläne und teilweise bei Unterrichtssequenzen in den Lehrplänen genannt (z. B. Völkerverständigung, Ehrfurcht vor der Schöpfung, Wertschätzung der Heimat, Weltoffenheit, Verantwortung für den Lebensraum). Wie in allen Bereichen der Erziehung, so kommt auch im Geographieunterricht den Werten eine hohe Bedeutung zu. Die Schwerpunkte der Werteerziehung wandelten sich im Verlauf der letzten Jahrzehnte mehrfach (vgl. → Geschichte der Geographiedidaktik). Kam bis 1970 der (→) Allgemeinbildung ein hoher Wert zu, so wurde in den 70er-Jahren die Emanzipation betont, in den 80er- und 90er-Jahren die Umweltverantwortung und auch wieder die Allgemeinbildung (z. B. in der Pädagogik Klafki, von Hentig). Manche Werte werden verschieden bewertet, z. B. die Bedeutung der Heimat (→ Heimatkundliches Prinzip).
In der Internationalen (→) Charta der Geographischen Erziehung hat Haubrich in den 90er-Jahren gültige Werte als wichtige Grundlage des Geographieunterrichts zusammengestellt.
Im Unterricht werden Werte selten thematisiert, sie sind in kognitiven Inhalten „versteckt" und werden vielen Schülern nicht bewusst. Eine Aufgabe der Lehrer besteht daher darin, Schülern die Werte selbst aufzuzeigen, die entweder global oder in verschiedenen Teilen der Welt unterschiedlich die Handlungen der Menschen prägen (vgl. → Wertvorstellungen). Im Planspiel (→ Spiele) kann den Schülern auf der affektiven Lernzielebene die Bedeutung von Werten für die Entscheidung nahe gebracht werden, besonders in der Reflexionsphase sollten die einzelnen Werte in ihren Auswirkungen auf das jeweilige Verhalten besprochen werden.

Literatur
Gross, D. (1994): Ökologische Bildung, Wertevermittlung und Handlungsorientierung im geographischen Unterricht (= Veröffentlichun-

gen des Verbandes Deutscher Schulgeographen, Landesverband Berlin). Berlin

Haubrich, H. (1994): Internationale Charta der Geographischen Erziehung (= Geographiedidaktische Forschungen, Band 24). Nürnberg

Haubrich, H. (1997): Ziele des Geographieunterrichts. In: Haubrich, H. u. a.: Didaktik der Geographie konkret. München, S. 36–38

Haubrich, H. (1997): Wertorientierung. In: Haubrich, H. u. a.: Didaktik der Geographie konkret. München, S. 249

Havelberg, G. (1990): Ethik als Erziehungsziel des Geographieunterrichts. In: Geographie und Schule, Jg. 12, H. 65, S. 5–15

Hentig, H. von (1993): Schule neu denken. München

Hoffmann, R. (1995): Auf der Suche nach „Leitbildern" für den Geographieunterricht. In: Zeitschrift für den Erdkundeunterricht, Jg. 47, H. 3, S. 132–136

Klafki, W. (1990): Allgemeinbildung für eine humane, fundamental-demokratisch gestaltete Gesellschaft. In: Bundeszentrale für politische Bildung (Hrsg.): Umbrüche in der Industriegesellschaft. Herausforderungen für die politische Bildung (= Schriftenreihe der Bundeszentrale für politische Bildung, Band 284). Bonn, S. 287–310

Kroß, E. (1992): Von der Inwertsetzung zur Bewahrung der Erde. In: geographie heute, Jg. 13, H. 100, S. 57–62

Kroß, E. (1995): Global lernen. In: geographie heute, Jg. 16, H. 134, S. 4–9

Otto, G. (1992): Geographieunterricht aus der Sicht der ästhetischen Erziehung – oder: Theoreme des Ästhetischen angewendet auf den Geographieunterricht. In: geographie heute, Jg. 13, H. 100, S. 52–55

Rhode-Jüchtern, T. (1995): Der Dilemma-Diskurs. Ein Konzept zum Erkennen, Ertragen und Entwickeln von Werten im Geographieunterricht. In: Geographie und Schule, Jg. 17, H. 96, S. 17–27

Rhode-Jüchtern, T. (1997): Den Raum lesen lernen. Perspektivenwechsel als geographisches Konzept (= Didaktik der Geographie). München

Rohwer, G. (1996): Interkulturelles Lernen im Geographieunterricht. In: geographie heute, Jg. 17, H. 141, S. 4–10

Schrand, H. (1995): Werterziehung im Geographieunterricht. Probleme und Möglichkeiten. In: Geographie und Schule, Jg. 17, H. 96, S. 7–12

Dieter Böhn

Wertvorstellungen, Raumwirksamkeit von

Definition

Wertvorstellungen bestimmen als eine wichtige Grundlage menschlichen Handelns die Gestaltung des Raumes. Der geographiedidaktische Ansatz der Raumwirksamkeit von Wertvorstellungen zeigt den Zusammenhang von Werten und Raumstrukturen auf (→ Werteerziehung).

Klassifikation

Eine Taxonomie der Wert-Raum-Beziehungen umfasst verschiedene (→) Maßstabsdimensionen. Böhn (1988) stellte eine solche Taxonomie vor:

Wert	räumlicher Wirkungsbereich
1. Existenzsicherung	global
2. Befriedigung v. Grundbedürfnissen	global
3. ökonom. Grundnormen	global
4. Ideologien	subglobal
5. Kulturerdteil-Werte	(sub)kontinental
6. nationale Werte	national
7. regionale Werte	regional
8. Sozialgruppenwerte	regional-national
9. individuelle Werte	sublokal

Es gibt zwei mögliche Ansätze:
– Ausgehen von den Werten, Überprüfung ihrer Raumwirksamkeit (Beispiel: Individuelle Werte führen zur Gestaltung von Wohnsiedlungen.)
– Ausgehen von räumlichen Strukturen, Erfassen der darin wirksamen Werte (Beispiel: Anhand der Gestaltung von Wohnsiedlungen lassen sich die zugrunde liegenden Werte erkennen.)

Zur geographiedidaktischen Diskussion

Die Raumwirksamkeit von Wertvorstellungen wurde im Geographieunterricht stets beachtet, etwa bei der Erklärung der „sozialistischen Stadt" oder des „American Way of Life".

So einfach sich Bezüge zwischen Wertvorstellungen und räumlichen Strukturen aufzeigen lassen, so schwierig ist eine eindeutige, v. a. eine quantitative Zuordnung. Außerdem besteht die Gefahr, räumliche Strukturen durch Werte-Klischees zu erklären.

Literatur

Böhn, D. (1986): Raumwirksamkeit von Wertvorstellungen als Erklärungsansatz im Erdkundeunterricht. In: Köck, H. (Hrsg.): Theoriegeleiteter Geographieunterricht (= Geographiedidaktische Forschungen, Band 15). Lüneburg, S. 133–142

Böhn, D. (1988): Allgemeine und/oder Regionale Geographie. In: Praxis Geographie, Jg. 18, H. 7/8, S. 10–13

Böhn, D. (1997): Die Raumwirksamkeit von Wertvorstellungen. Lust, Last und Leistung eines geographiedidaktischen Ansatzes zur Auswahl relevanter Inhalte für den Unterricht. In: Jahrbuch der Geographischen Gesellschaft Bern, Band 60, S. 71–80

Rinschede, G. (1996): Weltbilder und Religionen. In: geographie heute, Jg. 17, H. 143, S. 28–33

Dieter Böhn

Wissenschaftsorientierung

Definition

Wissenschaftsorientierung ist ein regulativer Grundsatz (→ Unterrichtsprinzipien), der beinhaltet, dass der Unterricht an den verschiedenen Aspekten von Wissenschaft – inhaltlichen, methodischen und gesellschaftlichen – orientiert ist.

Klassifikation

Gilt Wissenschaftsorientierung als Oberbegriff und allgemeines Prinzip, das für alle Schulstufen und -arten Geltung haben soll, so wird im Hinblick auf die Sekundarstufe II spezieller von Wissenschaftspropädeutik gesprochen.

Der wissenschaftspropädeutische Unterricht soll sich in einem anspruchsvolleren Sinn als in den vorangehenden Schulstufen an
– grundlegenden inhaltlichen Strukturen (Gegenstandsbereichen, Fragestellungen, Konzepten, wissenschaftlichen Ergebnissen und Theorien),
– grundlegenden methodischen Strukturen (fachspezifische und fächerübergreifende Methoden, Arbeitstechniken, Haltungen und methodenbezogene Wissenschaftskritik) und
– gesellschaftlichen Bezügen (z. B. historisch gesellschaftliches Eingebundensein, Forschungsziele, Anwendung) der jeweiligen Fachwissenschaft orientieren.

Zur geographiedidaktischen Diskussion

In der Geographiedidaktik setzten sich zunächst vor allem Köck (1978), Hendinger (1981), Birkenhauer (1988) und Engelhard (1988) mit den Möglichkeiten der Realisierung des Prinzips der Wissenschaftsorientierung im Geographieunterricht auseinander. Wissenschaftsorientierung wird dabei als Orientierung an wissenschaftlichen Methoden und/oder Inhalten verstanden. Köck (1978) erläutert das wissenschaftsorientierte Vorgehen am Beispiel der Modellbildung. Birkenhauer (1988) schlägt vor, zu den von Hentig (1980) konstruierten Leitfragen (Wie kann Objektivierung erreicht werden? Wie werden Abstraktionen vorgenommen? Wie sieht Experimentieren in der Natur, im Denken, in der sozialen Wirklichkeit aus?) für den Geographieunterricht passende Themen zu finden. Engelhard u. Hemmer (1989) versuchen in Anlehnung an Klafki (1985) und in teilweiser Übereinstimmung mit Hendinger (1981), das Prinzip der Wissenschaftsorientierung für den Geographieunterricht aller Stufen zu konkretisieren. Die Schüler sollen dabei nicht primär auf spätere wissenschaftliche Studien vorbereitet werden, sondern zu einem angemessenen Wirklichkeits- und Selbstverständnis sowie zu einer entsprechenden Handlungsfähigkeit in der modernen, von Wissenschaft mitbestimmten Welt gelangen. Für alle Schulstufen gilt, dass bezüglich der Auswahl der Unterrichtsinhalte die Geographie auf ihr Lösungspotenzial für Lebensprobleme zu befragen ist, um die Anknüpfung an die Alltagswelt zu gewährleisten.

Wurde bislang die Orientierung nur auf Inhalte und vor allem Methoden bezogen, so ist auch eine Orientierung an der gesellschaftlichen Funktion von Wissenschaft zu fordern (vgl. Hemmer 1992). Der jeweils sich wandelnde und vielgestaltige Gesellschaftsbezug aller wissenschaftlichen Theorie und Praxis ist am Beispiel der Geographie aufzudecken. Wissenschaftliche Haltungen und Wissenschaftskritik müssen unter methodischen und gesellschaftlichen Perspektiven einbezogen werden. Die Bezüge zur Lebenspraxis als Ausgangs-, Anwendungsbereich und Lebensumfeld sind dabei notwendigerweise herzustellen. Bei einem so gestalteten wissenschaftsorientierten Unterricht stehen sich die Unterrichtsprinzipien Schüler- und Wissenschaftsorientierung nicht als Gegensätze gegenüber, sondern ergänzen sich.

Unterrichtspraktische Aufbereitungen der theoretischen Vorstellungen gibt es bislang nur von wenigen Autoren, z. B. Hennings (1987), Köck (1983), Hagel (1985) und Popp (1986). Hemmer (1992) entwickelte ein theoretisch fundiertes Konzept für wissenschaftspropädeutisches Arbeiten im Geographieunterricht der Oberstufe.

Literatur

Birkenhauer, J. (1988): Geographieunterricht und Allgemeinbildung. In: Geographie und ihre Didaktik, Jg.16, H. 4, S. 173–182
Engelhard, K. (1988): Wissenschaftspropädeutische Ausbildung, Auftrag und Problem des Geographieunterrichts in der Sekundarstufe II. In: Praxis Geographie, Jg. 18, H. 7/8, S. 34–37
Engelhard, K. und I. Hemmer (1989): Der unterrichtliche Lernprozeß zwischen Lebenspraxis und Wissenschaftsorientierung. In: Geographie und Schule, Jg. 11, H. 57, S. 26–33
Hagel, J. (1985): Möglichkeiten der Darstellung von Systemen im Geographieunterricht. In: Geographie und Schule, Jg. 7, H. 33, S. 19–29
Hemmer, I. (1992): Untersuchungen zum wissenschaftspropädeutischen Arbeiten im Geographieunterricht der Oberstufe. Nürnberg
Hendinger, H. (1981): Aufgaben gegenwärtiger Curriculum-Revision in der Geographie. In: Hendinger, H. und H. Schrand: Curriculumkonzepte in der Geographie. Köln
Hennings, W. (1987): Theoriegeleiteter Unterricht. Wissenschaftspropädeutik und forschendes Lernen. In: Geographie und ihre Didaktik, Jg. 15, H. 4, S. 177–198
Hentig, H. von (1980): Die Krise des Abiturs und eine Alternative. Stuttgart
Klafki, W. (1985): Neue Studien zur Bildungstheorie und Didaktik. Weinheim und Basel
Köck, H. (1978): Wissenschaftsorientierter Geographieunterricht: Zum Beispiel durch Modellbildung. In: Geographie und ihre Didaktik, Jg. 6, H. 2, S. 43–77
Köck, H. (1983): Erkenntnisleitende Ansätze im Geographieunterricht. In: Geographie im Unterricht, Jg. 8, S. 317–325
Popp, K. (1986): Das Partial-Modell von W. Alonso im Erdkundeunterricht der Kollegstufe. In: Köck, H. (Hrsg.): Theoriegeleiteter Geographieunterricht (= Geographiedidaktische Forschungen, Band 15). Lüneburg, S. 83–100

Ingrid Hemmer

Wissenschaftspropädeutik → **Wissenschaftsorientierung, Wochenplanarbeit** → **Offener Unterricht**

Zahl und Statistik

Definition

Bei Zahlen und Statistiken handelt es sich um eine Darstellungsform quantitativer Eigenschaften von geographischen Tatbeständen.

Klassifikation

Für den Geographieunterricht sind von Bedeutung:

1. absolute Zahlen, die als quantitative Maßstäbe das Verständnis vertrauter und unbekannter Räume erleichtern, wie z. B. Bevölkerungszahlen und Wirtschaftsdaten. In Tabellen werden sie häufig noch in Teilmengen aufgegliedert.
2. relative Zahlen, die als Prozent- oder Beziehungszahlen zu anderen Größen in Beziehung gesetzt werden, wie etwa Bezug auf Kopfzahlen: Bruttosozialprodukt pro Einwohner; auf Flächeneinheit: Einwohner pro km^2; auf Zeiteinheit: Niederschlag pro Jahr. Erst durch den Vergleich führen die Zahlenangaben zu wesentlichen Erkenntnissen.
3. Durchschnittszahlen (Mittelwerte), die u. a. als arithmetisches Mittel gebildet werden und dem Einzelfall entsprechendes Gewicht verleihen können (z. B. Tages-, Monats- und Jahresmitteltemperaturen).
4. Zeitreihen, bei denen verschiedene Daten (absolute Zahlen, Relativ-, Durchschnitts- und Indexzahlen) Abläufe, Entwicklungen, Bewegungen und Veränderungen darstellen.
5. Indexzahlen, die z. B. in Zeitreihen zur Basiszahl eines bestimmten Jahres in Beziehung gesetzt werden. Ein bestimmter Messwert eines Jahres wird gleich 100 gesetzt und die Werte aller folgenden Jahre werden in Indexzahlen angegeben.
6. Extremwerte, die Minimum- bzw. Maximumangaben etwa bei Temperaturen nennen und so die Größe der Abweichungen vom Durchschnittswert aufzeigen.

Zur geographiedidaktischen Diskussion

Zahlen haben im Geographieunterricht eine große Bedeutung. Absolute Zahlen belegen allerdings nur einen Sachverhalt und erbringen sinnvolle Informationen, wenn sie in vergleichenden Zusammenhängen interpretiert werden. Vor allem relative Zahlen machen auf solche Zusammenhänge aufmerksam und haben im Geographieunterricht deshalb eine tragende Bedeutung. Bestimmte Bezugsgrößen, so genannte „eiserne Zahlen" z. B. aus dem Nahraum und Deutschland, bilden eine wichtige Voraussetzung für den geographischen Vergleich.

Viele Zahlen stellen häufig nicht die aktuellen Werte dar. Hierzu gehören z. B. Angaben über die Bevölkerungszahlen in den meisten Ländern der Erde, da diese Zahlen zwischen Volkszählungen fortgeschrieben werden.

Auch bei der Ermittlung von Durchschnittszahlen kommt es manchmal zu Informationsverlust und zu falschen Schlüssen. So geben Jahresmitteltemperaturen oder Jahresniederschläge keinen Aufschluss über die Verteilung auf die einzelnen Monate oder Tage. Klimastationen mit gleichen Jahreswerten haben teilweise eine unterschiedliche Verteilung der Werte auf die verschiedenen Monate und somit verschiedene Klimate (z. B. gleiche Jahreswerte auf der Nord- und Südhalbkugel).

Trotz ihrer Aussagekraft bleibt die Statistik ein abstraktes Arbeitsmittel und bedarf in ganz besonderer Weise der Veranschaulichung durch (→) Diagramme und (→) Kartogramme. Zum besseren Verständnis sollen die Schüler beispielhaft in entsprechende Verfahren der Erhebung und Aufbereitung von Statistiken eingeführt werden.

Literatur

Baral, J. (1982): Die statistische Lüge. In: geographie heute, Jg. 3, H. 11, S. 29–35

Birkenhauer, J. (1997): Numerische Medien. In: Birkenhauer, J. (Hrsg.): Medien. Systematik und Praxis (= Didaktik der Geographie). München, S. 110–124

Brucker, A. (Hrsg.) (1986): Medien im Geographie-Unterricht. Düsseldorf, S. 90–100

Büschenfeld, H. (1977): Statistik. In: Beiheft Geographische Rundschau, Jg. 7, H. 4, S. 152–154

Engelhard, K. (1997): Zahl und Statistik. In: Haubrich, H. u. a.: Didaktik der Geographie konkret. München, S. 274–275

Heilig, G. u. a. (1980): Einführung in statistische Daten. Stuttgart, S. 202–204

Theißen, U. (1986): Numerische Arbeitsmittel. In: Köck, H. (Hrsg.): Grundlagen des Geographieunterrichts (= Handbuch des Geographieunterrichts, Band 1). Köln, S. 285–286

Wieczorek, U. (1997): Statistik für Geographen

und Geographiedidaktiker, Teil I (= Augsburger Beiträge zur Didaktik der Geographie, Heft 10). Augsburg

Gisbert Rinschede

Zentrierungsfach Erdkunde

Definition
Als Zentrierungsfach führt der Geographieunterricht grundlegende Einsichten zusammen, die zur Erde und Geosphäre in verschiedenen Wissenschaften gewonnen werden.

Klassifikation
Als „Filter" für die Auswahl der Einsichten fungiert deren Eignung zur „Lebensmeisterung" und dem „Verstehen von Welt".
Es handelt sich u. a. um folgende Einsichtsbereiche:
– Erde als Himmelskörper (Astronomie)
– Aufbau des Erdkörpers (Geophysik)
– Plattentektonik, Gebirgsbildung, Erdbeben, Vulkanismus (Geologie)
– Verbreitung und Bildung von Bodenschätzen (Geologie)
– Ursachen der Geozonierung (Klimageographie, Meteorologie)
– Ökosysteme und Landschaftspflege (Integration verschiedener Wissenschaften, die sich mit den zu verknüpfenden Haushalten von Gesteinen, Böden, Energie, Wasser und dem Einfluss der menschlichen Inwertsetzung beschäftigen)
– Räumliche Planungen aller Größenordnungen
– Städtebau
– Demographie
– Völkerkunde
– Wirtschaftswissenschaften
– Verkehrswissenschaft
– Religionswissenschaft
Damit vermittelt der Geographieunterricht wesentliche Erkenntnisse mit räumlichem Bezug aus Wissenschaften, die als Schulfach nicht oder nur kaum vertreten sind.

Zur geographiedidaktischen Diskussion
Der Gedanke der Erdkunde als fächerübergreifendes Zentrierungsfach wurde bereits von Herder (1744–1803) vertreten. Geipel (1971) sah die Erdkunde – angesichts der curricularen Herausforderung durch Robinsohn (1967) – als „raumwissenschaftliches" Zentrierungsfach und legte dabei den Akzent auf die raumplanerischen Wissenschaften.

Literatur
Geipel, R. (1971): Wege zu veränderten Bildungszielen im Schulfach Erdkunde. In: Der Erdkundeunterricht, Sonderheft 1. Stuttgart
Köck, H. (1993): Raumbezogene Schlüsselqualifikationen. In: Geographie und Schule, Jg. 15, H. 84, S. 2–4
Richter, D. (1997): Geographie als Zentrierungsfach. In: Haubrich, H. u. a.: Didaktik der Geographie konkret. München, S. 110–111

Josef Birkenhauer

Didaktik der Geographie
...die Reihe, die nichts auslässt!

Kartenlesen – (k)eine Kunst
Einführung in die Didaktik
der Schulkartographie
148 Seiten, Best.-Nr. 88036-5

Von der Einführung in die Kartenarbeit bis zur Nutzung außerschulischen Kartenmaterials.

Didaktik der Geographie konkret
(3. Neubearbeitung),
464 Seiten, Best.-Nr. 88029-2

Das Standardwerk der Geographiedidaktik komplett überarbeitet mit neuen Akzenten! Sämtliche Teilbereiche des geographischen Unterrichts unter Berücksichtigung von Theorie und Alltag werden abgedeckt.

Medien – Systematik und Praxis
254 Seiten, Best.-Nr. 88035-7

Erdkundliche Medien unter der Lupe: Klassifikation, Wirkung und Aufgabe von Medien und Medienerziehung.

Den Raum lesen lernen
Perspektivenwechsel
als geographisches Konzept
212 Seiten, Best.-Nr. 88037-3

Bisherige Leitbilder der Geographie werden diskutiert und Möglichkeiten für eine reflexive und konstruktive Geographie gefunden.

Methodologie
200 Seiten, Best.-Nr. 88033-0

Ein wissenschaftstheoretischer Grundriss der Geographiedidaktik.

Oldenbourg